Un regard sur...

la pédagogie de l'espagnol

Jean-Marc BEDEL
Carolina BERMEJO
Andrés BLANCO
Marie-Bernard MARTINEAU

Un regard sur…

la pédagogie de l'espagnol

CRDP des Pays de la Loire
5, route de la Jonelière - BP 92226 - 44322 Nantes cedex 3

ISBN : 2-86628-253-1

Droits réservés.

Le Code de la propriété intellectuelle n'autorisant aux termes de l'article L 122-5 2° et 3° d'une part que « les copies ou reproductions strictement réservées à l'usage du copiste et non destinées à une utilisation collective » et, d'autre part, que « les analyses et courtes citations justifiées par le caractère critique, polémique, pédagogique, scientifique ou d'information de l'œuvre à laquelle elles sont incorporées », toute reproduction intégrale ou partielle faite sans le consentement du CRDP des Pays de la Loire, est illicite (article L 122-4). Cette reproduction par quelque procédé que ce soit constituerait une contrefaçon sanctionnée par les articles L 335-2 et suivants du Code de la propriété intellectuelle.

© 1996, CRDP des Pays de la Loire, Nantes.

Avant-propos	7

Première partie : Analyse de la méthode — 9

Notions fondamentales et principes didactiques — 11

Chapitre I :	Finalités de l'enseignement de l'espagnol	13
Chapitre II :	Apprendre et enseigner "en situation"	21
Chapitre III :	Programmation et réemploi	27
Chapitre IV :	Les supports d'apprentissage	33
Chapitre V :	L'étude d'un document : finalités et moyens	39

Les modalités de l'apprentissage — 43

Chapitre VI :	Modalités du commentaire : un double mouvement entre signifiant et signifié	45
Chapitre VII :	Le travail personnel de l'élève	55
Chapitre VIII :	La préparation du cours	65
Chapitre IX :	Le déroulement du cours	73
Chapitre X :	L'évaluation	85
Chapitre XI :	"Former" une classe	95

Conclusion — 103

Chapitre XII :	Une méthode naturelle	105

Deuxième partie : Applications pratiques — 109

Analyse et commentaire d'un film pédagogique — 111

Trois séquences pédagogiques autour d'un même document — 147

Première séquence :	Classe de seconde ou première	151
Deuxième séquence :	Classe de troisième	205
Troisième séquence :	Classe de première ou terminale	249

Les premiers cours en classe de quatrième — 259

Avant-propos

Ce livre est un regard, personnel, comme tout regard, sur la méthode d'enseignement de l'espagnol telle qu'elle est suggérée dans les textes officiels et la plupart des manuels scolaires disponibles aujourd'hui sur le marché de l'édition. Nos lecteurs ne doivent donc pas chercher dans les pages qui suivent ce qu' "il faut" faire. Ils n'y trouveront que ce que nous faisons ou essayons de faire. Comme un regard qu'il est, ce livre n'engage que ses auteurs.

Notre pratique pédagogique, au demeurant, ne saurait être monolithique. Toute standardisation équivaudrait à couler les individus dans un même moule, ce qui s'avèrerait vite inopérant. C'est bien ainsi que semble l'entendre, du reste, l'Inspection générale elle-même, qui se refuse à imposer autre chose qu'une orientation et des principes généraux, laissant, somme toute, une grande latitude aux pratiques individuelles. Cette latitude, gage de liberté, a pourtant ses servitudes : la responsabilité de l'organisation des apprentissages est parfois lourde à assumer ; et, surtout, nombreux sont les professeurs d'espagnol qui se sentent désemparés face à une méthode qu'ils ressentent comme floue, faute d'en maîtriser suffisamment les mécanismes élémentaires.

C'est à une exposition de ces mécanismes, tels que nous les voyons, que nous prétendons nous livrer dans le présent ouvrage. En démontant pièce à pièce la méthode, nous avons pour objectif d'en faire apparaître les rouages et d'éclairer le rôle que joue chacun d'eux dans le fonctionnement général. Cette exposition se fera en deux temps : dans une première partie, théorique, nous analyserons la méthode ; et nous présenterons quelques exemples de son fonctionnement, authentiques ou simulés, dans une deuxième partie.

Ce faisant, nous nous adressons en priorité à nos jeunes collègues, frais émoulus de l'université et pour qui la méthode d'enseignement de l'espagnol garde encore beaucoup de ses secrets ; mais aussi aux moins jeunes... Nous sommes conscients que la maîtrise d'une méthode pédagogique ne suffit pas toujours à résoudre tous les problèmes qui rendent parfois notre métier difficile. Au-delà de la technique, il reste nombre d'impondérables : différences de niveaux et de motivation dans des classes surchargées, mauvaises ambiances de classes, etc. Mais nous sommes aussi convaincus qu'une claire perception des finalités qui orientent notre action pédagogique et une bonne conscience des moyens qui peuvent permettre de les atteindre sont susceptibles d'être du plus grand secours.

Déterminer des finalités et tenter de mettre en lumière quelques moyens pour les atteindre : telle sera la démarche que nous adopterons constamment dans cet ouvrage. D'aucuns y trouveront exposées des évidences. Et il est vrai que nous ne prétendons pas ici faire preuve d'originalité. Mais notre expérience de formateurs et de formés, de professeurs en somme, est là pour nous rappeler que, bien souvent, l'évident n'est évidence que lorsqu'il a été clairement exposé...

Nous souhaitons donc que les idées que nous exprimerons apparaissent à tous nos lecteurs comme des évidences... Quant aux illustrations concrètes que nous donnerons parfois, elles sont partie intégrante du regard que nous portons sur notre pratique... Mais personne n'est tenu de suivre notre regard...

Les auteurs

PREMIÈRE PARTIE

Analyse de la méthode

Notions fondamentales et principes didactiques

CHAPITRE I

Finalités de l'enseignement de l'espagnol

*L**'enseignement de l'espagnol dans les classes du secondaire s'assigne un double objectif, scientifique et culturel. L'objectif scientifique vise à apprendre à un jeune public à comprendre, à parler et à écrire la langue étrangère ; quant à l'objectif "culturel", il est affirmé et défini très clairement dans tous les textes officiels concernant la pédagogie de l'espagnol, mais, sur le terrain, il donne lieu à des interprétations très diverses et, ici et là, se font parfois jour quelques contestations...*

L'efficacité de notre enseignement requiert avant tout que les professeurs aient toujours en ligne de mire des finalités claires. Ce sont ces finalités que nous nous attacherons tout d'abord à préciser et à justifier, en nous basant sur une analyse des réalités de la classe.

Un constat d'échec ?

L'enseignement de la langue est et doit rester l'objectif primordial du cours d'espagnol. C'est lui, et lui seul, qui justifie la place de la langue comme discipline scolaire. Pour être une évidence, ceci ne mérite pas moins d'être affirmé et souligné, eu égard aux résultats, parfois bien ternes et insatisfaisants, que l'on est en droit d'espérer dans certaines classes... Résultats parfois générateurs, chez le professeur, d'un certain découragement et de nombreuses interrogations sur la raison d'être de son enseignement :

Que penser d'une formation qui creuse des différences considérables de niveau entre les élèves d'une même classe ? Que penser d'un enseignement qui ne donne pas forcément aux enseignés les moyens de réagir spontanément face aux situations les plus courantes de la vie quotidienne ? Combien de professeurs ont ainsi remis en question leur enseignement en constatant, lors d'un voyage de classe en Espagne, les difficultés qu'avaient leurs élèves à manier le lexique le plus ordinaire ou les structures syntaxiques les plus indispensables dans la vie courante (impératif positif et négatif, par exemple) ? Combien de fois entend-on la réflexion suivante : "Nos élèves savent dire *esto nos da a entender que...*, ou encore *al ver..., se me antoja que...*, mais sont incapables de demander correctement une limonade à la terrasse d'un café." Les élèves eux-mêmes ne manquent pas de constater de telles "lacunes", et s'empressent d'en faire part à leur professeur, contribuant ainsi à renforcer ses doutes : quelle langue enseigner ? Ne vaudrait-il pas mieux faire apprendre un espagnol plus utilitaire, un lexique de tous les jours ? Au lieu d'étudier les textes littéraires des manuels, ne conviendrait-il pas de privilégier les articles de journaux, de revues, les émissions télévisées, les reportages... ? Notre méthode n'est-elle pas trop élitiste ? N'accorde-t-elle pas trop de place au texte écrit et "authentique" ? Ne pourrait-on pas en adopter une autre, plus efficace ?...

Le constat des limites de notre action pédagogique remet en question, on le voit, les finalités de notre enseignement et, par voie de conséquence, ses méthodes. Il suscite une réflexion sur les causes de ce qui est trop souvent perçu comme un échec et conduit à s'interroger sur l'utilité même de l'espagnol en tant que discipline scolaire.

Pourquoi apprendre l'espagnol au collège et au lycée ?

La question se pose en effet : pourquoi apprendre l'espagnol, au même titre que l'on apprend les mathématiques, le français, l'histoire et la géographie ? Car si l'utilité de ces dernières disciplines dans la formation générale n'est guère contestable, il n'en est pas de même pour l'espagnol, comme pour toute langue autre que l'anglais. A la question de l'utilité pratique d'une deuxième langue vivante dans un monde où règnent de manière quasi absolue la langue et la civilisation anglo-saxonnes, s'ajoute celle du choix de la deuxième langue, dans un large éventail allant des langues régionales aux langues les plus apprises (espagnol et allemand), en passant par les langues dites "rares" comme le portugais ou le chinois...

On trouvera toujours de bonnes réponses à la question de l'utilité de l'apprentissage d'une deuxième langue comme l'espagnol : l'importance des populations hispanophones dans le monde et l'utilité économique de l'espagnol dans les marchés que constituent ces pays ; la nécessité de connaître plusieurs langues étrangères dans un monde de communication, de facilité des échanges ; et c'est peut-être la prééminence de l'anglais dans notre monde moderne qui constitue la meilleure raison de se tourner vers une autre langue, et donc une autre civilisation. Ce n'est sans doute pas un hasard si la France fait partie des rares pays où l'enseignement officiel prévoit, au moins comme discipline optionnelle, l'apprentissage d'une deuxième langue vivante. Pays de culture, la France a toujours été opposée à la domination outrancière d'une influence, quelle qu'elle soit. Et les récentes prises de positions de nos gouvernements, dans les négociations du GATT de 1993 comme à travers la "loi Toubon" sur l'usage de la langue française, s'inscrivent dans la droite ligne de cette politique de refus d'une hégémonie et d'ouverture à une altérité plurielle. Il est vrai que l'espagnol, par la variété des civilisations auxquelles il permet d'accéder comme par leur originalité, est susceptible de jouer un rôle culturel de premier plan par rapport au modèle "standard" imposé par l'anglo-américain...

Si toutes ces raisons sont valables et dignes de considération, elles suffisent à grand-peine, dans le pragmatisme ambiant et à l'heure où la surcharge des programmes de l'Éducation nationale est à l'ordre du jour, à justifier l'existence d'un enseignement forcément onéreux. Nombreux sont, du reste, les pays européens qui se limitent à l'enseignement d'une seule langue étrangère, laquelle est, dans la plupart des cas, l'anglais.

Une telle situation impose l'objectif culturel comme indissociable de l'objectif premier, scientifique, de notre enseignement. Celui-ci ne saurait, sous peine d'apparaître comme inutile, se contenter de finalités seulement linguistiques et d'une adaptation pure et simple aux exigences du marché du travail. D'une part, parce que la langue espagnole ne s'impose pas comme indispensable dans les relations économiques et commerciales, en dépit des spécificités bien connues des pays hispanophones d'Amérique ; et, d'autre part, compte tenu de l'intérêt du public scolaire en général : avoir pour seul objectif d'enseigner une langue utilitaire, c'est littéralement faire perdre leur temps à une immense majorité de nos élèves qui n'auront jamais, au cours de leur vie professionnelle, à utiliser l'espagnol comme langue de travail.

L'enseignement de l'espagnol s'inscrit donc à part entière, et au même titre que toute autre discipline scolaire, dans un processus d'éducation et de formation générale et humaine au service duquel il doit mettre tous ses moyens, scientifiques et pédagogiques, c'est-à-dire culturels. Ainsi considéré, l'espagnol dispose de nombreux atouts : nous avons souligné l'intérêt qu'il présente en tant que fenêtre, ouverture sur une grande variété de peuples, de cultures, de civilisations, aussi diverses que différentes de la nôtre et de celles que véhicule, de façon trop réductrice et exclusive, la langue anglaise ; c'est avant tout une langue qui, parce qu'elle est à la fois voisine et différente de la nôtre, est susceptible d'induire une meilleure maîtrise du français ; cela peut être enfin une méthode pédagogique qui, en privilégiant la lecture, au sens large du terme, joue un rôle éducatif irremplaçable et de premier plan dans un monde où cette lecture est de plus en plus indispensable et disparaît de plus en plus...

Ces considérations sont propres à éclairer l'importance d'un objectif culturel bien compris dans notre pédagogie. Mais elles ne résolvent en rien le problème du professeur confronté aux résultats de son enseignement, dont l'objectif scientifique reste, répétons-le, l'objectif numéro un. Dans cette perspective, deux questions essentielles se posent : Quelle langue enseigner ? Quels résultats viser ?

Quelle langue enseigner ?

Le constat d'échec -relatif, nous allons le voir- qui a servi de point de départ à la présente réflexion est-il évitable ? Si oui, est-il souhaitable de l'éviter ? Tenter de répondre à ces questions c'est tout d'abord s'interroger sur les causes de cet échec ; c'est, enfin, envisager les finalités scientifiques de notre enseignement.

L'exemple que nous avons pris au début de ce chapitre souligne des lacunes de deux types : lexicales (manque de vocabulaire courant : "limonade", "glace", "prise de courant", etc.) et grammaticales (mauvaise maîtrise de l'impératif). Et l'on pourrait certainement en ajouter d'autres : difficultés de compréhension, d'adaptation à une situation, de réaction face à une stimulation, etc. Ces dernières difficultés illustrent, si besoin était, toute la différence qui existe entre la situation de classe, artificielle et immuable, et celles, naturelles et multiples, qui constituent la vie ordinaire. C'est pourquoi tel élève qui en classe n'a aucun problème de compréhension a besoin d'un temps d'adaptation, parfois long, lorsqu'il se trouve en Espagne. La situation ne serait sans doute pas foncièrement différente s'il se trouvait en Angleterre. En classe, les interlocuteurs, camarades et professeur, manient une langue connue, à un rythme régulier et habituel. C'est loin d'être le cas lorsqu'on se trouve à l'étranger... La difficulté à manier l'impératif est en rapport avec cette différence. C'est que l'utilisation de l'impératif est loin d'être aisée dans la situation de classe. L'impératif est le mode de la communication authentique, naturelle. Or, la communication de classe est, par définition, artificielle, même si la "méthode" d'enseignement de l'espagnol est plutôt propre à réduire ce caractère artificiel.

La difficulté des élèves à manier l'impératif apparaît d'autant plus intéressante qu'ils sont familiarisés avec ce mode. Celui-ci a été trouvé maintes et maintes fois au détour de l'étude d'un texte ou d'un message publicitaire. Cette constatation conduit à s'interroger sur les mécanismes de l'assimilation des connaissances. Ceux-ci diffèrent selon les individus mais répondent cependant à un schéma de base qui se déroule en deux phases essentielles : la phase du "repérage", où le sujet, en prenant conscience d'un fait, va faire un premier effort de mémorisation ; et la phase du réemploi qui va réactiver et consolider la mémorisation en induisant l'acquisition de réflexes. Autant dire qu'acquisition sans réemploi reste souvent lettre morte, et que ce qui n'est pas employé régulièrement a de fortes chances de s'estomper rapidement. C'est pourquoi une langue non pratiquée s'oublie aussi facilement. Et cela explique que nos élèves retiennent des termes et des formules d'ordre général que la situation de classe permet de mémoriser ; et que d'autres, beaucoup plus courants dans l'expression quotidienne mais inadaptés à cette situation, ne laissent que très peu de traces dans leur mémoire.

Il est sans doute possible d'inverser la tendance et de favoriser la mémorisation d'un lexique commun, d'usage quotidien. C'est une question de choix de la part du professeur. Mais cela s'avérera très certainement difficile dans les classes du secondaire. Ce n'est pas un hasard, en effet, si le lexique spécialisé est aussi difficile à mémoriser : c'est qu'il s'agit d'un terrain très étendu, d'une extrême variété. Mais c'est surtout à cause des difficultés de réemploi, celui-ci imposant que l'on revienne, de façon récurrente, à un thème donné pour susciter la réutilisation du vocabulaire afférent. L'évocation de ces difficultés pose de manière cruciale le problème de l'acquisition du lexique. Nous y reviendrons...

Examiné à la lumière de toutes ces considérations, l'échec dont nous pouvons parfois avoir le sentiment apparaît très relatif. Que nos élèves aient des "lacunes", même après quatre ou cinq ans d'étude de la langue, qu'y a-t-il de plus normal ? Qu'une situation inhabituelle leur fasse prendre conscience de ces "lacunes" n'enlève rien à leurs connaissances, qui leur permettent malgré tout de communiquer avec les jeunes Espagnols de leur âge et avec leurs familles d'accueil. Communiqueraient-ils mieux s'ils possédaient ce "vocabulaire concret", "quotidien", dont le manque est ressenti si cruellement dans une situation nouvelle, mais dont on sait, par ailleurs, qu'il serait si difficile à acquérir en classe... et qu'il s'acquiert si facilement lorsque l'élève se trouve en situation de "bain linguistique" ? Rien n'est moins sûr... Et à vouloir trop favoriser ces difficiles acquisitions, ne risquerait-on pas de sacrifier la hauteur des débats, et avec elle nos objectifs culturels et éducatifs ?

Quel niveau viser ?

Envisager un niveau linguistique, dans une classe donnée, n'a de sens que s'il s'agit d'un niveau individuel. L'objectif scientifique du professeur d'espagnol ne saurait en effet être un absolu, ni en ce qui concerne la qualité de l'expression assimilée par la classe, ni au niveau de l'uniformité des connaissances entre les membres du groupe-classe. En trois heures de cours par semaine, dispensées, de surcroît, à des effectifs souvent chargés, ce qui limite considérablement les possibilités d'expression individuelle, il est irréaliste d'envisager, du moins pour la plupart des élèves, l'acquisition d'une maîtrise sans failles de l'expression orale et/ou écrite. Par ailleurs, les capacités individuelles sont forcément -et heureusement- différentes. Et cette variété est regroupée dans une même unité de classe.

Les objectifs d'un professeur d'espagnol, en termes de niveau, seront donc forcément très différents de ceux d'un professeur de mathématiques de terminale, par exemple. Celui-ci s'adresse à un public plus ou moins spécialiste, mais dont le "niveau" relativement uniforme l'habilite à assimiler un certain programme. Le professeur d'espagnol, lui, devra considérer le niveau de chacun de ses élèves. Cela impose une pédagogie individualisée (cf. chapitre X, sur l'évaluation).

Objectif scientifique et objectif culturel

L'analyse de la place d'une langue comme l'espagnol dans le système éducatif français nous a permis de poser l'objectif culturel comme indissociable de l'objectif scientifique de notre enseignement. Par ailleurs, les brèves analyses que nous venons de faire -des conditions d'enseignement et des mécanismes de la mémorisation- permettent de mieux cerner l'objectif scientifique qui peut être celui du professeur d'espagnol. L'heure est maintenant venue de définir clairement ces deux objectifs, à la lumière de toutes ces considérations préalables, lesquelles, reconnaissons-le, sont propres à nous inciter à une certaine modestie.

D'un point de vue purement scientifique, l'enseignement de l'espagnol pourra s'assigner pour objectif de faire acquérir à chaque individu composant le groupe classe le meilleur niveau possible de connaissances et le maximum d'autonomie dans la pratique linguistique. Ce "maximum" sera variable selon les individus, en fonction de leurs capacités individuelles et des problèmes divers auxquels chacun d'eux sera confronté. La langue enseignée sera la plus authentique et la plus riche possible, le but recherché étant d'asseoir des bases linguistiques -c'est-à-dire syntaxiques et lexicales- susceptibles de permettre, le cas échéant, un approfondissement ultérieur en vue d'une utilisation personnelle, professionnelle ou autre, des connaissances acquises.

D'un point de vue "culturel" et éducatif, l'enseignement de l'espagnol visera :

– à permettre l'ouverture à la différence, par le contact avec des réalités, des civilisations, des manières de penser et de vivre originales ; la compréhension de ces réalités culturelles sera une école de tolérance mais constituera également un complément indispensable de la langue qu'elles sous-tendent : la communication suppose en effet un code d'expression commun aux deux interlocuteurs -la langue- et une possibilité de dépasser la littéralité du discours pour en saisir le sens profond par la prise en compte de la culture de l'autre ;

– à "apprendre à apprendre", en suscitant la réflexion à tous les niveaux : sur la langue étrangère et, par comparaison, sur la langue maternelle ; sur les idées exprimées dans les documents étudiés ; sur les réalités décrites ou présentées ; etc. ;

– à apprendre à "lire", c'est-à-dire à comprendre, par l'analyse et le commentaire des documents, écrits, sonores, iconographiques et audiovisuels. Cet apprentissage de la "lecture", au sens large du terme, s'avère particulièrement important dans notre monde moderne où les individus sont confrontés à une avalanche d'informations plus ou moins insidieuses et qu'ils ne sont guère préparés à déchiffrer. Or, l'espagnol -et les langues vivantes en général si elles ne s'assignent pas pour seul objectif l'acquisition de connaissances purement linguistiques- est parmi les rares disciplines à proposer l'étude de documents susceptibles d'induire une telle formation ;

– à apprendre à être en développant la sensibilité, la rigueur d'analyse, l'esprit de synthèse et l'autonomie permettant de se poser et de s'affirmer face au fait, dans la prise en compte et le respect de la réalité de l'autre.

L'authenticité des documents étudiés n'est qu'un moyen d'atteindre ces objectifs, scientifiques et culturels. Prendre contact avec Velázquez ou Goya n'est pas, en soi, plus important que connaître Sisley ou Goethe. En revanche, c'est un support d'expression et un moyen d'accéder à la réalité d'un autre pays, d'une autre civilisation. Comme le texte "d'auteur" est garant d'authenticité -nous définirons ce terme dans les pages qui suivent-.

Ainsi définis, objectif scientifique et objectif culturel s'allient dans une formation des capacités et de la personnalité de l'individu, dans l'acquisition d'un "savoir faire" et d'un "savoir être" qui vise à faire du jeune apprenant un "être faisant". Ce ne sont pas des mots vides de sens...

CHAPITRE II

Apprendre et enseigner "en situation"

En situation : voilà une expression que tout enseignant d'espagnol a entendue un jour ou l'autre, dans la bouche d'un inspecteur ou d'un collègue, sans forcément prendre la mesure exacte de son sens ni de sa portée. C'est pourtant l'expression qui résume de la manière la plus exacte tout son acte pédagogique et tout l'acte d'appréhension de l'objet linguistique, sous ses deux facettes scientifique et culturelle, par le groupe classe. Une meilleure compréhension de son sens permettra de souligner l'intérêt des attitudes qu'elle désigne et d'en éclairer les implications.

Le cours comme "situation"

Dans ce chapitre comme dans la plupart de ceux qui composent le présent ouvrage, nous entendons par "cours" le cours d'espagnol habituel, pendant lequel la classe étudie un document authentique : texte, document iconographique, séquence de film, etc. Il va sans dire que l'ensemble des cours d'espagnol ne saurait se réduire à ce modèle, et que l'on peut -l'on doit- envisager d'autres schémas possibles : cours consacrés à la correction de devoirs, par exemple ; exercices de compréhension d'un document oral ; etc. Chaque professeur est libre d'imaginer des schémas différents, en fonction de l'intérêt qu'ils présentent par rapport à une démarche pédagogique, des nécessités ou des besoins d'une classe déterminée. Face à une classe composée d'élèves peu motivés, ayant des difficultés de concentration, et dont le cours d'espagnol est situé de 16 h à 17 h le vendredi après-midi, il pourra s'avérer judicieux de ne pas passer quarante-cinq minutes à décortiquer un texte difficile...

Si nous écartons de nos considérations ces autres types de cours envisageables, c'est pour deux raisons essentielles : d'une part, parce qu'ils constituent une infime minorité des cours d'espagnol, par rapport aux cours se conformant au schéma habituel ; d'autre part parce que, leur forme étant multiple et floue, ils ne créent pas forcément une "situation", dans le sens où nous entendons ce terme.

L'étude d'un document, en revanche, crée cette "situation". L'apprenant va manier la langue "en situation", l'enseignant va la faire appréhender "en situation". Ce concept de situation implique une position individuelle dans un contexte et par rapport à un objet. Le contexte est évidemment l'examen du document qui constitue le cours ; quant à l'objet, il nous apparaît multiple :

– Il s'agit tout d'abord du document étudié, par rapport auquel se situent l'élève et le professeur. Pour un élève, se situer par rapport à un texte, par exemple, va consister à en parler depuis la position qu'il occupe par rapport à ce texte. Cela implique une perspective, un angle de vue, qui se matérialisera par l'emploi des temps du passé lorsqu'il s'agira de parler d'un texte narratif au passé, ou qui a été étudié lors de la dernière séance de cours ; ou par la mise au discours indirect d'un dialogue du texte... C'est-à-dire par l'adaptation aux exigences du commentaire de la langue employée dans le document commenté.

– Ce commentaire constitue lui-même un deuxième objet, le texte produit par un élève déterminé venant ainsi, pour quelques instants, se substituer en tant que référent au document étudié. Lorsqu'un élève prend la parole, l'ensemble de ses camarades se "situent" par rapport à son discours, susceptible d'engendrer des réactions au même titre que le document de base.

– Le troisième objet de la situation de la classe est - on l'aura compris - le discours du professeur lui-même.

Créer une situation féconde

De la situation créée par le document que propose le professeur à l'étude de la classe dépendra donc la réaction de celle-ci et la plus ou moins grande efficacité du cours. En d'autres termes, il faut que l'élève puisse se situer de façon positive par rapport à ce document. Pour cela, un certain nombre de conditions doivent être réunies :

– La première est la qualité du document, qui doit être riche des possibilités d'expression qu'il offre, c'est-à-dire de sa faculté de susciter la curiosité de la classe. Nous explicitons cette notion de richesse, en l'appliquant au document de base qu'est le texte, au chapitre III.

– La deuxième est l'adéquation entre le document et le niveau de connaissances des élèves. On proscrira bien évidemment les situations en porte-à-faux, qui placent l'élève face à un document dont il ne possède pas les clés. Mais on évitera également le document trop immédiat, sans non-dit, qui ne laisse que très peu de place à l'explication et au commentaire naturels. On s'efforcera d'inscrire l'étude du document dans une progression dont l'amont permettra la compréhension tout en fournissant le matériel d'expression. Cela renvoie aux notions de programmation et de réemploi, que nous explicitons au chapitre III.

– La dernière de ces conditions, enfin, est d'ordre purement affectif. Il faudra faire en sorte, en effet, que la classe n'ait pas de réaction de rejet lorsqu'on lui proposera le nouveau document. Entendons-nous bien : il ne s'agit aucunement de proposer des documents sur la moto sous prétexte que la majorité des élèves adorent la moto. Cette adaptation thématique aux prétendus intérêts de la classe a montré ses limites dans le passé en démontrant, s'il en était besoin, que l'intérêt d'un document ne réside pas -ou du moins pas seulement- dans le thème traité. C'est bien plutôt la lassitude des élèves qu'il faudra s'efforcer d'éviter. On le fera en veillant à la variété des documents proposés : variété dans leur nature, tout d'abord, en faisant en sorte de ne pas proposer que des documents écrits (il semble difficile de faire de même avec des documents visuels), mais d'alterner, peu ou prou, textes et documents visuels ; variété dans les perspectives face à un thème donné ; variété dans les thèmes traités, enfin, sans pour autant tomber dans l'excès. Il sera indispensable de rester un certain temps sur le même thème pour favoriser les réemplois et la mémorisation (cf. chapitre III) ; mais il faudra savoir changer de thème avant que la lassitude ne se fasse sentir.

Pourquoi apprendre "en situation" ?

Cette mise en situation de la classe par rapport à un objet déborde du cadre strict de l'apprentissage de la langue pour embrasser l'ensemble des facettes du cours d'espagnol. La "formation" de la classe elle-même peut -nous le verrons- se faire en situation (cf. chapitre XI), et il est souhaitable qu'elle se fasse ainsi. C'est que cela présente des avantages non négligeables par rapport à une situation scolaire traditionnelle.

L'apprentissage en situation permet avant tout d'estomper le caractère artificiel des rapports de classe. L'apprenant y est, certes, comme dans toute situation scolaire, confronté à un problème qui lui est imposé de l'extérieur : la compréhension d'un document, qu'il doit, de surcroît, formuler dans une langue étrangère... Cette dernière condition semble plutôt aller dans le sens du renforcement du caractère artificiel du cours. Mais elle est compensée, précisément, par le fait que l'élève assume face au document une situation précise, concrète. Celle-ci peut être spatiale : c'est le cas, par exemple, dans l'étude d'un document visuel qui induit des formules de situation telles que *a la derecha, a la izquierda, en lo alto,* etc. ; elle peut être temporelle, l'élève se situant, par l'emploi des temps, par rapport à la scène d'un récit, ou, dans l'exemple déjà évoqué de la leçon, par rapport à l'étude passée d'un document ; elle est toujours libre et autonome, en dépit du rôle de guide du professeur : l'élève a le plus souvent l'initiative de ses réactions, il a même le droit à l'erreur, et lorsqu'il est invité à répondre à une question du professeur, celle-ci s'inscrit de façon naturelle dans la "situation" du cours qu'est le processus d'analyse du document.

Cela est évidemment loin d'être suffisant pour gommer complètement le caractère artificiel des rapports humains en cours d'espagnol. Nous avons évoqué la difficulté d'utilisation d'un mode comme l'impératif ; nous pourrions dire la même chose à propos des formules de "tratamiento" (deuxième personne du singulier et du pluriel des verbes, emploi de usted, des possessifs et pronoms personnels afférents, etc.). On s'exprime surtout à la troisième personne, ou à la première..., ce qui illustre bien le côté artificiel de la communication qui s'instaure. Mais cette communication existerait beaucoup moins, ou n'existerait pas du tout, si l'apprentissage ne se faisait pas "en situation". Le cours se réduirait alors à une série d'exercices guidés, mécaniques, sans âme, ce qui se traduirait sans doute négativement dans les résultats obtenus.

Mais le naturel est surtout dans l'appréhension de la langue, et c'est là un gage d'efficacité. Lorsqu'un élève réemploie la langue d'un texte en l'adaptant à la situation qui est la sienne face à ce texte, il prouve qu'il en a compris la lettre, mais il démonte également le fonctionnement de cette langue et se donne les moyens de l'utiliser à son tour.

Une méthode anarchique ?

Cette façon de procéder présente l'avantage d'un certain naturel, mais pourra paraître quelque peu désordonnée : les acquisitions dépendent d'une situation créée par le professeur, seul maître du choix des documents. Ceux-ci s'agencent, certes, selon une progression logique ; mais il s'agit de documents authentiques, textes, dessins d'auteurs, photos prises sur le vif, etc., autrement dit de documents qui n'ont pas été élaborés en vue d'un cours déterminé et qui, par conséquent, ne s'y adaptent pas exactement. Face à eux, l'élève se trouvera dans une situation comparable à celle de l'enfant apprenant à parler : il devra comprendre, "en situation", un discours étranger qui n'est pas forcément produit pour lui et qui, même s'il l'est, peut déborder sensiblement du cadre strict de ses connaissances et de ses repères. Il devra en démonter les mécanismes pour les reproduire à son tour et, par un effet "boule de neige", augmenter le volume de matériel linguistique à sa disposition. Cela n'ira pas sans tâtonnements, sans hésitations, sans chutes ni sans rechutes, mais il finira à la longue par maîtriser convenablement l'expression.

... Ce qui ne veut pas dire qu'il n'aura pas de lacunes, lexicales et grammaticales. Les premières sont relativement bien admises, parfois exagérément, mais elles sont inévitables. Les secondes sont moins tolérées, du moins sur les aspects fondamentaux de la grammaire espagnole (formes verbales, maniement des modes et des temps dans quelques structures fondamentales). Pourtant, même s'il est souhaitable que le professeur s'efforce de les éradiquer, de telles lacunes peuvent apparaître comme relativement logiques, à condition qu'elles ne soient pas généralisées à l'ensemble du groupe classe. Ce n'est pas être iconoclaste que d'admettre qu'un élève de terminale bute un jour sur le subjonctif présent du verbe *poder*... Ne parlons pas de *caber* ou de *invertir*...

De telles "lacunes" -il vaudrait mieux, en l'occurrence, parler d'oublis- sont relativement normales chez un individu donné dans le cadre d'un apprentissage "en situation", lequel a pour caractéristique essentielle de s'adapter aux besoins ponctuels d'un public dans une situation donnée. C'est en cela que réside son caractère naturel. Cela implique une apparente anarchie dans les acquisitions grammaticales : très tôt, au bout de quelques heures de cours, l'élève de quatrième sera capable d'utiliser l'imparfait de l'indicatif, le gérondif, le passé simple, le passé composé, le subjonctif présent et imparfait de certains verbes. Il en sera capable avant de "maîtriser" le présent de l'indicatif parce qu'il aura été placé dans des situations qui l'auront incité, naturellement, à employer ces temps. Cela ne veut pas dire qu'il "maîtrisera" la formation ni, a fortiori, l'emploi de tous ces temps. Mais il les aura appréhendés et sera capable de les employer ponctuellement, dans des situations bien précises, sans même être capable de les nommer. Une programmation bien conçue peut ainsi très tôt amener la classe à manier le subjonctif présent après *para que* ou *quiere que*, par exemple. Dans un premier temps, l'élève ne saura pas -parce que le professeur n'aura pas jugé utile de le lui dire- que le temps qu'il emploie est le subjonctif présent. Mais, parce qu'il est très facile de le lui faire comprendre en situation, il saura que ce temps n'est pas l'indicatif présent, il aura compris le mécanisme élémentaire de sa formation, et il sera capable de l'employer après *para que* ou *quiere que*.

Le professeur aura alors posé les bases d'une réflexion ultérieure sur la formation et l'emploi de ces formes verbales. Cette réflexion, qui n'interviendra peut-être que bien plus tard, lorsqu'elles auront été employées et réemployées, pourra permettre de systématiser et d'approfondir la compréhension. Mais toujours "en situation" : par des exercices écrits après un maniement en cours, une recherche personnelle des formes irrégulières d'un texte que l'on vient d'étudier, ou une explication à la demande, en cours, lorsqu'un élève butera trop souvent sur une forme verbale...

L'anarchie n'est donc qu'apparente si la programmation (nous explicitons cette notion au chapitre III) est rigoureuse. Il s'agit bien plutôt d'une méthode d'appréhension de la langue qui, de façon très naturelle, place la pratique avant la réflexion théorique.

CHAPITRE III

Programmation et réemploi

Nous avons introduit, au chapitre I, la notion de réemploi comme étant une notion fondamentale dans le processus d'apprentissage de la langue. Qu'est-ce que pratiquer une langue, en effet, sinon réemployer des connaissances acquises et mémorisées au préalable ? Nous nous attacherons ici à préciser les finalités et les modalités du réemploi, et analyserons le rôle de la programmation comme condition nécessaire à la bonne mémorisation.

Les modalités du réemploi

Tout réemploi présuppose l'existence d'une langue à employer, qui, par définition, n'existe que dans le texte, sous toutes ses formes, écrites et orales. Réemployer cette langue implique nécessairement un emploi préalable, au cours duquel le sens en aura été perçu et le fonctionnement élucidé. Ainsi peut-on discerner deux grandes modalités de réemploi, que nous qualifierons "d'immédiat" et de "récurrent".

Le réemploi "immédiat" est tout simplement l'emploi de la langue du texte en cours d'étude, qui ne se justifie que par son caractère modélisant, et dont les apports linguistiques sont autant de progrès susceptibles d'être accomplis par l'élève. Encore faut-il que les phénomènes linguistiques intéressants aient été repérés par le professeur et soient compris par l'élève, c'est-à-dire élucidés par le commentaire et maniés dans la participation au cours. C'est là une première étape, indispensable, dans le processus de fixation et de mémorisation des connaissances, qui, dans cette première utilisation, perdent leur caractère abstrait, désincarné et théorique pour devenir matériel concret d'expression. Cette utilisation de la langue du texte n'est en aucune façon une plate paraphrase, à laquelle les élèves auraient tôt fait de se refuser. Il s'agit au contraire d'une véritable explication-commentaire du texte, qui, dirigée par les interventions du professeur, doit s'effectuer en un double mouvement : du texte signifiant au signifié (élucidation du sens caché sous les mots et commentaire) ; et du signifié, ou du commentaire du signifié, au texte signifiant, lequel vient corroborer, ou au contraire infirmer, des intuitions affirmées dans le commentaire (nous expliciterons ce double mouvement au chapitre VI). Cette rigueur dans l'étude du texte apparaît fondamentale : en suscitant la compréhension en profondeur de la langue et des idées du texte, elle est garante de l'intérêt que portera la classe au cours. Tout élève, à quelque niveau que ce soit, a en effet deux exigences premières : un certain niveau des débats et la compréhension des documents étudiés. Cette compréhension, complétée par un travail personnel judicieusement guidé par le professeur, induira des progrès qui constitueront eux-mêmes une motivation supplémentaire.

Le réemploi "récurrent" est celui qui s'effectue à distance, lorsque l'élève n'a plus sous les yeux le matériel linguistique qu'il utilise. Le premier réemploi récurrent d'une langue donnée a ainsi lieu lors de la leçon ou récapitulation du cours antérieur. Mais il va sans dire que l'essentiel des interventions des élèves est constitué de réemplois récurrents.

Qu'il soit "immédiat" ou "récurrent", le réemploi peut être spontané ou induit par le professeur. Celui-ci évitera, bien évidemment, de hacher le déroulement naturel du cours par des interventions trop répétées destinées à faire améliorer l'expression ; mais il pourra, le cas échéant, réactiver les connaissances en suscitant de la part de la classe un effort de mémoire afin de trouver une formule connue particulièrement pertinente ; ou encore susciter des dérivations à partir d'une formule donnée : ainsi *al protagonista se le vino a la imaginación* pourra dériver vers ... *se le vino a la memoria* ou ... *a la mente*, ... *al pensamiento*, etc. Les réactions du professeur face à la traditionnelle question *¿cómo se dice...?* pourront ainsi tendre, chaque fois que cela sera possible, à susciter la remémoration et le réemploi plutôt qu'à fournir un matériel linguistique nouveau n'ayant d'autre intérêt que de permettre l'expression ponctuelle.

Finalités du réemploi

Le premier intérêt du réemploi est de consolider la mémorisation des faits linguistiques. Sans prétendre généraliser exagérément les mécanismes de la mémoire, on peut néanmoins affirmer que celle-ci fonctionne souvent selon le schéma suivant : mémorisation - "oubli" - réactivation, les connaissances pouvant être tenues pour fixées lorsqu'a eu lieu la troisième phase, de remémoration/réactivation.

Mais l'intérêt majeur du réemploi réside dans la richesse et l'authenticité de la langue pratiquée, à condition, bien sûr, que les textes étudiés soient eux-mêmes authentiques, c'est-à-dire qu'ils aient été écrits par un hispanophone en dehors de toute situation scolaire et non rédigés pour les besoins de la cause. Nous reviendrons, au chapitre IV, sur cette notion d'authenticité, qui n'est pas sans susciter certaines réticences chez nombre d'enseignants. Ce qui est indéniable, en tout état de cause, c'est que le fait de réemployer la langue des textes étudiés va dans le sens du naturel -en dépit du caractère parfois désuet de cette langue- et de la précision de l'expression. Hésitations, tâtonnements et erreurs sont autant de pas vers la correction et la richesse de l'expression par l'appréhension progressive du sens précis et du fonctionnement de la formule. Rien ne serait pire, en effet, qu'une traduction mot à mot de la langue maternelle. C'est pourtant là le danger qui guette, paradoxalement, les classes du deuxième cycle, dans lesquelles la formulation de l'idée prend parfois le pas sur la qualité de l'expression. Si le professeur n'y prend garde, le document étudié devient prétexte à discussion à bâtons rompus, et l'on perd de vue son caractère modélisant. La langue, peu à peu, s'appauvrit, tombe dans l'imprécision, et le cours de langue débouche irrémédiablement sur l'ennui...

Entraîner la classe au réemploi est une garantie contre une telle dérive. L'enrichissement constant de l'expression et le plaisir d'apprendre qu'il suscite chez l'élève font du réemploi la notion de base de l'apprentissage linguistique.

Cela ne signifie nullement que le réemploi doive devenir pour l'élève une finalité en soi. La finalité doit rester l'apprentissage linguistique et culturel, et le réemploi n'est qu'un moyen de l'expression, laquelle constitue elle-même l'un des moyens de l'apprentissage. Cela veut dire que, dans son désir de bien faire, le professeur ne saurait susciter des réemplois artificiels, n'ayant d'autre finalité qu'eux-mêmes. La classe, au demeurant, ne tarderait pas à se refuser à une telle démarche. Sous peine de se tarir, l'expression des idées doit rester naturelle : naturellement, elle doit utiliser une langue mémorisée et s'enrichir par de nouvelles mémorisations et l'utilisation des nouvelles acquisitions. Comme garant de ces nouvelles acquisitions qui sont autant de progrès, le réemploi des élèves ne peut être une finalité pédagogique que pour le professeur.

La programmation, condition du réemploi

Car s'il souhaite des progrès de sa classe, le professeur, lui, devra s'assigner pour première exigence de favoriser le réemploi, à l'écrit comme à l'oral. La classe saisira ou ne saisira pas les perches tendues par le professeur, mais celui-ci s'efforcera, dans la mesure du possible et sans outrepasser le naturel, de créer des situations favorables au réemploi des acquisitions. C'est vers ce but que tendront tous ses efforts, c'est au service de cette ambition qu'il mettra toutes ses techniques pédagogiques. Et cela passe inévitablement par une bonne programmation de ses cours.

Programmer une séquence pédagogique, c'est envisager l'agencement d'un certain nombre de documents à étudier en fonction des possibilités de réemploi qu'ils permettent. C'est donc tabler sur une certaine progression.

Le professeur dispose d'une grande latitude dans l'élaboration de sa séquence pédagogique, et cela dès les premières années d'apprentissage linguistique. C'est en cela, notamment, que son rôle diffère de celui d'autres professeurs de langue, dont les manuels programment la progression de façon rigide. Une telle latitude est le corollaire inévitable du type de documents proposés dans les manuels qui, n'étant pas fabriqués artificiellement dans le but d'une exploitation unique et mécanique, se prêtent à une multitude d'utilisations possibles, individualisées en fonction de la programmation et du type de progression envisagé.

Une telle liberté dans le choix, l'agencement et l'exploitation des documents n'est pas sans contrepartie : la responsabilité de la progression et le temps passé à choisir et à organiser la séquence.

De la rigueur dans l'agencement de l'étude des documents dépend l'efficacité de l'enseignement. Rien ne serait pire, en effet, que l'émiettement ou la dispersion de cours successifs traitant des thèmes disparates, sans orientation bien définie. Outre qu'un tel désordre s'opposerait au réemploi en nuisant gravement à la mémorisation des connaissances, il désorienterait la classe qui aurait tôt fait de percevoir l'absence de rigueur, de logique, et donc de finalités claires, d'un tel enseignement. Les élèves s'en trouveraient démotivés, et cette démotivation ne ferait que s'accroître à mesure que les connaissances s'effilocheraient. Car, sans réemplois programmés, c'est ce qui se produirait immanquablement...

La programmation doit ainsi obéir à un certain nombre de règles élémentaires :

– Elle doit être avant tout thématique, c'est-à-dire que l'ensemble des documents d'une séquence donnée tournera autour d'un même thème envisagé sous des angles différents, ou par contraste, de façon à sécuriser les élèves par la familiarisation avec un lexique déterminé. Cette familiarisation favorise l'expression car elle est évidemment source de mémorisation et de réemploi du lexique. Nous avons évoqué au chapitre I les problèmes que pose l'acquisition d'un vocabulaire spécialisé, qui pourtant donne à la langue toute sa consistance. La difficulté tient essentiellement à la faible récurrence d'un tel vocabulaire. Il est bien difficile de faire autrement : si l'élève est fréquemment confronté, dans ses lectures et dans son expression personnelle, aux phénomènes syntaxiques de base, certaines acquisitions lexicales peuvent ne jamais être réactivées, ce qui ne facilite évidemment pas leur fixation.

– D'où l'intérêt du retour différé à un thème précédemment traité. C'est là un excellent moyen de réactiver des connaissances lexicales acquises lors de la première exploitation du thème. Ce retour peut s'effectuer sous différentes formes : par le truchement d'un devoir de révision, par exemple ; ou par l'étude d'un nouveau document, "gelé" temporairement par l'enseignant dans le cadre de sa programmation, et qui sera exploité en temps voulu, longtemps peut-être après l'étude initiale du thème.

– La programmation doit nécessairement s'effectuer à partir d'une sélection des faits de langue dont on vise la fixation. Sans cette sélection, la programmation est impossible et la mémorisation très ardue. Faire apprendre la langue d'un texte, ce n'est pas faire apprendre toute la langue du texte, mais bien un certain nombre de termes, d'expressions ou de structures soigneusement sélectionnés en fonction des possibilités d'expression qu'ils ont ouvertes lors du commentaire et vont ouvrir à l'avenir grâce au réemploi récurrent. Car la classe ne retiendra bien que ce qui aura été manié en situation pendant l'heure de cours. Et l'étude des documents ultérieurs sera programmée à la fois en fonction des possibilités de réemploi récurrent et des nouvelles acquisitions visées.

– Enfin, la rigueur dans la programmation ne doit pas être un obstacle à la souplesse dans l'exploitation des documents, et ceci à tous les niveaux : dans l'unité de cours, d'abord, où le professeur, soucieux de faire acquérir la langue du document qu'il a sélectionnée, doit aussi être à l'écoute de la classe et réagir avec souplesse en suivant, s'il le juge utile, les inflexions qu'elle peut imposer au déroulement envisagé du cours ; dans l'agencement de sa séquence pédagogique, ensuite, dont l'organisation initiale peut se trouver modifiée par l'orientation imprévue d'une heure de cours ; dans le prolongement d'une séquence, enfin, qui peut dériver vers d'autres horizons que ceux que le professeur avait initialement envisagés.

Rigueur et souplesse ne doivent pas s'exclure mais trouver un terrain de conciliation dans le naturel de la progression et du réemploi.

Chapitre IV

Les supports d'apprentissage

Les documents susceptibles d'être exploités en cours d'espagnol sont relativement variés, et les manuels disponibles sur le marché de l'édition en offrent un vaste éventail : cela va du texte d'auteur au message publicitaire, en passant par le texte journalistique, la chanson, le script de film, le tableau de maître, le dessin humoristique, la bande dessinée, la photo, la séquence cinématographique, l'émission de télévision, etc. A tous ces types de documents, il convient désormais d'ajouter le logiciel informatique, qu'il faudra sans doute de moins en moins négliger...

Nous accorderons dans ce chapitre une place de choix au texte, sous toutes ses formes, et cela pour des raisons qui, pour être évidentes, n'en méritent pas moins d'être soulignées.

La primauté du texte

Nous entendons par "texte" tout document ayant fait l'objet d'une rédaction, dans au moins un de ses aspects, et susceptible d'être lu, entendu, récité ou chanté. C'est ainsi que le texte est une composante de la chanson, du message publicitaire, de la bande dessinée, de l'émission de télévision ainsi que des dessins humoristiques assortis d'une légende et de la plupart des séquences cinématographiques. En revanche, il est généralement absent des photos, diapositives et des tableaux de maîtres.

Accorder au texte la place prépondérante que nous lui donnons n'implique aucunement une quelconque hiérarchie des documents qui tiendrait l'écrit pour plus "noble" ou plus "scolaire" que l'image. Cela tient à un fait objectif et évident : c'est qu'il s'agit là du seul type de document porteur de langue et que, comme tel, il s'impose comme support de base de notre enseignement. Celui-ci a besoin d'un référent modélisant, c'est-à-dire propre à être imité, lequel, par définition, ne peut être que composé de langue...

La nature du texte exploité en cours d'espagnol peut être très variable et dépend de l'objectif que s'assigne le professeur. Il peut s'agir d'un texte très simple si on envisag un banal exercice de compréhension orale. Mais on optera de préférence pour un texte authentique et, dans le cas du cours habituel où l'on procède à l'analyse d'un document, pour un texte riche et se prêtant au commentaire. Cette double exigence d'authenticité et de richesse ne va pas de soi et mérite quelques explications.

L'authenticité des documents

On peut en effet se poser des questions sur la nécessité de l'authenticité des documents étudiés - et nous parlons ici non seulement des textes, mais de l'ensemble des documents -. Il peut paraître plus simple d'adapter un support aux besoins d'un cours donné. Par ailleurs, hors de son contexte, un texte acquiert souvent une signification différente ; la prise de vue déforme la réalité des choses ; et n'est-il pas aberrant de faire se succéder l'étude d'un texte de Cervantes, d'un article bourré de mexicanismes et d'un dialogue des faubourgs de Buenos Aires ? Peut-on parler de langue authentique à propos d'un texte littéraire présentant un lexique souvent désuet, en tout cas inusité dans le langage courant ?

Pourquoi donc opter pour "l'authenticité" des documents ? Ce qui l'impose c'est, à notre sens, tout d'abord un souci d'honnêteté intellectuelle, en liaison directe avec notre objectif culturel : ne serait-il pas aberrant de prétendre faire appréhender, à travers l'étude d'un document, un fragment de la réalité d'un pays étranger, si le document support est frelaté ? Par ailleurs, l'authenticité du document est une garantie indéniable contre toutes les dérives possibles. Pensons aux risques de dénaturation, linguistique notamment, que comporterait l'adaptation d'un texte aux besoins "pédagogiques" d'un cours. Il suffit pour s'en convaincre de considérer les doutes dont nous sommes assaillis lorsqu'il s'agit pour nous de traduire un texte français en espagnol...

Mais il convient surtout de préciser quelle est la réalité que nous prétendons montrer, c'est-à-dire enseigner. Qu'entendons-nous par l'adjectif "authentique" ? Appliqué à la langue, est-il synonyme de "correct" ? La réponse à une telle question ne saurait être que négative : nous avons tous en tête des textes présentant des formulations erronées, et dont l'authenticité ne peut être mise en doute. Les gallicismes qui émaillent les textes littéraires modernes sont "authentiques" ; les déformations populaires le sont aussi ; et l'on pourrait multiplier à l'envi les exemples d'authenticité non conforme à la norme académique... Est donc "authentique" tout ce qui fait partie de la réalité du pays considéré, et la seule garantie d'authenticité est la constatation de l'existence du phénomène.

Est-ce à dire que nous devions enseigner l'authenticité brute, même incorrecte ? Le problème est très complexe car il touche, par exemple, aux niveaux de langage. Le jeune français manque du recul nécessaire pour distinguer une expression populaire ou vulgaire d'une formulation distinguée, et il pourra fort bien, dans un souci louable "d'authenticité", les faire se côtoyer dans la même phrase, ce qui sera fort loin d'être "authentique" ! Autant dire qu'il y a un monde entre l'authenticité -souhaitable- du support d'étude et celle -dans un premier temps, pour des raisons évidentes - de l'expression résultat de l'étude. Répondons néanmoins clairement à notre question initiale : l'incorrection authentique a le mérite d'être un fait de langue attesté, préférable en tout état de cause à l'expression indigente, calquée sur le français, de l'élève qui oublie le réemploi pour "traduire mot à mot". Cela dit, le professeur est là pour guider l'apprentissage : rien ne lui interdit de préciser les niveaux de langage, de mettre en garde sur l'incorrection d'une formulation ou d'une expression, de faire trouver la formulation qu'il conviendrait d'adopter -c'est là une bonne occasion de réactivation des connaissances- ou même tout simplement de "glisser" sur l'expression incorrecte ou qu'il considérera comme trop désuète en évitant de susciter sa mémorisation. Le problème se pose notamment lors de l'étude de textes américains : il serait pour le moins maladroit, à notre sens, d'inciter à la fixation d'un lexique trop "couleur locale" qui finirait par donner lieu à un "patchwork linguistique" où se côtoieraient mexicanismes, argentinismes et autres hispanismes mais qui n'aurait rien de très "authentique" ! On pourra au moins avertir les élèves et, si possible, donner les équivalents espagnols des termes américains.

Cela ne remet aucunement en cause l'intérêt de l'authenticité des documents. Quant aux réticences qui se font jour ici ou là sur le caractère artificiel, ou trop "littéraire" de l'espagnol des manuels scolaires, il convient d'envisager le problème par rapport à nos objectifs pédagogiques. Rappelons une évidence : la langue apprise et maniée dans la situation artificielle du cours ne peut être celle de la rue, faite d'impératifs et de dialogues que l'on a tant de mal à faire utiliser en classe. Changer de méthode, privilégier l'étude et la restitution du dialogue courant, ce serait accorder à la langue pure une exclusivité pédagogique au détriment de tout l'aspect culturel, éducatif et formateur de notre enseignement, sans préjuger de la difficulté du réemploi qui constituerait un obstacle de taille à la mémorisation. Admettons donc, en restant réalistes, que notre but scientifique ne peut que difficilement, dans la plupart des cas, viser au-delà d'une appréhension des mécanismes linguistiques élémentaires. C'est déjà une base non négligeable qui pourra servir de tremplin pour un approfondissement ultérieur, si le besoin s'en fait sentir... Mais dans un tel système d'apprentissage, la richesse du texte est indispensable, et c'est cette nécessité qui impose, souvent, la langue littéraire.

La richesse du texte

La richesse de la langue est un élément important, certes, mais non suffisant, de la richesse du texte. Dans notre perspective d'enseignants, celui-ci est riche, essentiellement, des possibilités d'expression qu'il offre, c'est-à-dire de ce qu'il ne dit pas mais laisse entendre. C'est ce non-dit qui soutiendra l'explication et le commentaire de la classe en permettant, en même temps, l'élucidation et la compréhension de la langue du texte, c'est-à-dire son réemploi ultérieur. Pour que la classe accepte de "jouer le jeu" en s'exprimant sur le texte, il faut que celui-ci soit stimulant et aiguise sa curiosité. Pour cela, le thème traité n'est pas suffisant, ni la richesse de la langue en soi. Au contraire, un adverbe aussi simple que *ya* peut être lourd de sens, comme le montre Mme Avello dans l'exploitation d'un mot aussi banal que *primero* (cf. le script du film de Mme Avello, pp. 131-132), derrière lequel elle a su néanmoins, par une lecture attentive, discerner toute une charge de "non-dit".

C'est la raison pour laquelle nombre de textes journalistiques, trop explicites, se prêtent mal au commentaire de classe. On les réservera pour d'autres utilisations. Au contraire, les textes littéraires sont souvent -mais pas toujours- de bons supports pour l'expression et l'apprentissage de la langue.

Les documents visuels

Affirmer, comme nous l'avons fait, la primauté du texte sur l'image, signifie accorder à chacun de ces deux types de document une place et un rôle spécifiques dans le processus d'enseignement de la langue. Le texte, répétons-le, est source d'apprentissage par la langue qu'il offre à l'imitation du jeune apprenant ; parce qu'elle n'est pas support de langue, l'image ne peut prétendre jouer ce rôle et doit se contenter d'être un support de réemploi : dans le commentaire d'une image, l'élève sollicitera sa mémoire pour réemployer -c'est-à-dire réactiver, remémorer, tester et consolider- ses connaissances, mais il n'apprendra de connaissances nouvelles que celles que lui fournira, éventuellement, le "texte" complémentaire du professeur. Cette étape de pur réemploi est très importante, indispensable même par la consolidation des connaissances qu'elle entraîne et par les temps de repos qu'elle instaure entre les différentes phases d'apprentissage, lesquels permettent une salutaire décantation des acquis.

C'est dire que le commentaire d'images ne saurait suffire à l'enseignement de l'espagnol. C'est dire aussi que l'image se situe nécessairement après le texte, du moins au tout début de l'apprentissage : il serait aberrant de proposer une image comme premier document d'apprentissage, lors du premier cours en classe de quatrième par exemple. Par la suite, le problème est différent, le commentaire d'une image se situant forcément après celui d'un texte et avant le texte suivant. A ce propos, signalons les possibilités d'introduction de matériel linguistique offertes par le commentaire d'une image judicieusement choisie : une bonne programmation peut ainsi, lors de l'étude d'un document visuel, anticiper sur l'étude d'un document écrit en introduisant et en faisant mémoriser un lexique et/ou une ou plusieurs structures syntaxiques que ce dernier viendra réactiver. On économisera ainsi, lors de l'étude du texte, sur la phase d'explication lexicale, tout en favorisant la mémorisation. Un bon exemple de cette technique nous est fourni par le script du film de Mme Avello, que nous commentons dans les pages 115-117.

Un nouveau moyen pédagogique : l'informatique

Depuis quelques années déjà, d'assez nombreux logiciels ont fait leur apparition sur le marché et les professeurs de langue, tout comme leurs collègues des autres disciplines, sont incités, plus ou moins ouvertement, à utiliser dans leur enseignement ce nouvel outil qu'est l'informatique. Les établissements scolaires sont en général assez bien équipés en ordinateurs, les personnels ont été formés dans des stages, et le public scolaire est en général très réceptif à ce nouvel instrument. Qu'en penser ?

Il est certain que l'utilisation d'un ordinateur présente pour l'élève un caractère ludique propre à l'inciter à se livrer, sans rechigner, à des exercices qu'il ferait plus difficilement le stylo à la main. Et c'est peut-être dans le sens d'une utilisation personnelle et individualisée que se situent les atouts de l'informatique. Elle pourra éventuellement être utilisée avec profit, par exemple, pour des exercices ponctuels destinés à combler un retard ou une lacune. Mais l'utiliser en cours, dans les travaux de groupe, semble beaucoup plus délicat si on ne perd pas de vue les objectifs qui sont les nôtres : faire appréhender la langue en situation, c'est-à-dire de façon pratique. L'exploitation d'un logiciel entraînera forcément au contraire une appréhension théorique, le maniement oral sera banni. Qu'en restera-t-il lorsqu'il s'agira de parler la langue ? On peut se poser la question, en dépit des progrès, indéniables, qui ont été accomplis dans la conception des logiciels pédagogiques.

Ces réflexions valent essentiellement pour les classes d'enseignement général des lycées et collèges. A d'autres niveaux, peut-être peut-on envisager des exploitations intéressantes de l'informatique. Mais de la classe de quatrième à la terminale, l'utilisation de l'ordinateur, si elle n'est pas à proscrire, est à effectuer avec prudence et modération et, en tout état de cause, ne saurait être systématique. Il existe d'autres supports modernes, comme le cinéma ou la télévision, qui offrent apparemment des possibilités d'exploitation bien plus intéressantes...

CHAPITRE V

L'étude d'un document : finalités et moyens

L'étude d'un nouveau document - ou d'une partie d'un document - constitue l'essentiel du cours d'espagnol. Des différentes phases d'un cours, c'est elle qui va durer le plus longtemps ; c'est d'elle que vont découler toutes les autres activités de la classe. Avant de nous employer à la décrire et à en démonter les mécanismes dans les chapitres à venir, nous nous attacherons, tout au long de celui-ci, à en définir clairement les finalités.

La participation : finalité ou moyen ?

La tendance a longtemps existé, et peut-être existe-t-elle encore, à considérer la participation de la classe comme un objectif du cours de langue. Et pour atteindre cet objectif, on a pensé proposer aux élèves des documents "branchés", directement en prise sur leurs centres d'intérêts et les problèmes des jeunes : il fut une époque où fleurissaient dans les manuels les textes sur la drogue, la vitesse, les sports à risques, etc. Et on ne comprenait pas bien les raisons pour lesquelles les classes se lassaient aussi vite de ce type de documents. Alors on trouvait un bouc émissaire : on s'en prenait à la télémanie, sempiternelle source de l'aversion des jeunes pour le texte écrit ; ou on comprenait le manque d'intérêt des élèves, bien normal après tout puisqu'ils traitaient les mêmes thèmes en cours d'anglais et de français...

On n'avait sans doute pas tout à fait tort... mais sans doute pas tout à fait raison non plus. Et c'est dans ses prémisses que le raisonnement était fallacieux. On pensait en effet qu'il suffisait de faire "parler" la classe pour qu'elle apprenne à parler, et pour l'inciter à parler, on lui donnait un sujet de conversation, un document prétexte à bavardage. Et le bavardage ne venait pas, ou se tarissait vite.

C'est qu'en procédant de la sorte, on inversait, ni plus ni moins, les termes du problème : on faisait du texte, qui est une fin, un moyen d'atteindre la fin que l'on se fixait -et qui n'était qu'un moyen- : la participation-bavardage sur la drogue ou l'aile delta... Par leur lassitude ou leur désintérêt, les élèves disaient à leur professeur qu'ils voulaient apprendre, et, en cours d'espagnol, apprendre de la langue. En prenant la fin pour les moyens et vice-versa, leur professeur ne leur en donnait pas... les moyens.

Finalité du cours

Car que peut être la dernière finalité d'un cours d'espagnol sinon apprendre de la langue, c'est-à-dire faire progresser la classe dans la connaissance ou la maîtrise de la langue espagnole ? Or, il est évident qu'il ne suffit pas de parler sur un thème pour progresser en langue. Tout au plus acquerra-t-on un peu de vocabulaire, mais sans doute au prix d'une dégradation de l'expression en général. Proposer un thème de discussion, c'est en effet fixer l'attention des élèves sur un centre d'intérêt, c'est-à-dire sur des idées, à l'exclusion de tout support linguistique. Si on s'en tient là, si le texte est un simple prétexte à discussion, les élèves manieront tout au plus - et sans doute mal parce qu'ils seront obnubilés par les idées - la langue dont ils disposaient déjà en rentrant en cours ; à la fin de l'heure ils auront exposé leurs thèses dans un espagnol forcément très approximatif et gallicisant mais n'auront rien appris en espagnol. Ils auraient autant appris - et même plus, sans doute, car ils auraient été moins gênés par la langue ! - si le débat avait eu lieu en français. Si l'expérience se répète, ils auront tôt fait de se lasser et finiront par ne plus jouer le jeu, ou, pour les classes composées d'élèves dociles et de très bonne volonté, par le jouer à contre-cœur, ce qui revient au même... C'est là le danger des exposés et autres débats. Pour les premiers, ils peuvent, certes, être profitables à ceux qui les réalisent, grâce aux recherches et au travail personnel auquel ils donnent lieu, et surtout si ce travail est guidé par le professeur ; le profit est souvent moins évident pour leurs camarades. Pour les seconds, il semble judicieux de faire en sorte qu'ils ne soient pas trop longs, ni trop fréquents, et le professeur devra veiller à la qualité de l'expression. Ce qui ne sera pas aisé... Cette qualité, seule garante de progrès, naît et se nourrit en effet de l'analyse et de la compréhension du document qui s'effectue par le réemploi.

Progresser dans la connaissance ou la maîtrise de la langue espagnole : ainsi avons-nous défini la finalité du cours. Une telle définition aborde les deux facettes envisageables des progrès visés. Car la finalité d'un cours sera forcément différente selon que celui-ci porte sur l'étude d'un document écrit ou d'un document visuel. Au risque de nous répéter, disons qu'un document écrit, porteur de langue, propose de la langue à un public qui est là pour apprendre de la langue. Il y a donc adéquation entre l'offre et la demande. Le but du cours sera, par conséquent, d'amener les apprenants à appréhender la langue proposée pour pouvoir la réemployer par la suite de façon autonome. C'est en cela que réside le caractère modélisant du texte. C'est dans cette appréhension que résident les progrès de la classe. La participation des élèves au cours ne sera qu'un moyen de captation des idées et, à travers elles, de la langue du texte, qui devra être compris et dont la langue devra être maniée, en un premier réemploi, "immédiat", de façon à amorcer une mémorisation qui débouchera sur le réemploi "récurrent".

Il en va différemment de l'étude d'un document visuel qui, par définition, n'est pas porteur de langue. Comme nous l'avons déjà laissé entendre (cf. chapitre IV), l'étude d'un tel document s'assignera pour but de faire manier - et donc mieux maîtriser - une langue déjà connue. Le commentaire d'un document visuel ne se situe donc plus, essentiellement, au niveau de l'apprentissage, mais à celui de la maîtrise, par le réemploi récurrent, de la langue. C'est là un schéma quelque peu réducteur, convenons-en, à cause notamment du caractère authentique des documents proposés, qui fait que le champ du commentaire peut déborder sensiblement du champ strict des connaissances préalablement acquises. Mais il n'en reste pas moins que, par définition, l'étude d'un document visuel doit s'assigner pour but essentiel le réemploi. Les connaissances nouvelles ne peuvent être apportées que par le professeur, en un "document" non authentique...

Résumons-nous en une définition claire des finalités de l'étude d'un document en classe :

- L'étude d'un document écrit visera à appréhender la langue de ce document :
  . par la compréhension de son sens ;
  . par le maniement de cette langue en un réemploi immédiat.

Cette appréhension du sens et de la langue du texte impliquera évidemment le réemploi récurrent d'une langue préalablement acquise. Ce réemploi constitue un but second de l'étude du texte. C'est pour favoriser ce réemploi, en effet, que l'étude du texte est incluse dans une programmation, dont l'amont existe autant pour permettre et faciliter l'appréhension des nouveautés que pour susciter l'utilisation de connaissances fraîchement acquises et consolider ces acquisitions.

- L'étude d'un document visuel inverse les priorités, en ce sens que son but essentiel est le réemploi d'une langue préalablement appréhendée ; la prise de contact avec des phénomènes linguistiques nouveaux ne saurait être que secondaire.

On voit que, quelle que soit la finalité précise visée par le professeur dans son cours, le réemploi, immédiat ou récurrent, se situe toujours au cœur de ses préoccupations comme principal moyen d'appréhension ou de consolidation de la langue. Apprendre à parler, c'est en effet saisir un discours, à travers des idées, pour le reproduire ; parler, c'est reproduire les mécanismes des discours que l'on a saisis. C'est en favorisant ces deux démarches -réemploi immédiat et réemploi récurrent- que le professeur mettra en œuvre, dans l'étude des documents, les moyens d'atteindre les finalités qu'il s'assigne. Sauf cas particuliers et marginaux -cas individuels, problèmes d'ordre relationnel entre la classe et le professeur, conflits entre élèves, etc.-, l'intérêt pour l'étude des documents, quels qu'ils soient, viendra de surcroît, et avec lui la participation.

Les modalités de l'apprentissage

Chapitre VI

Modalités du commentaire : un double mouvement entre signifiant et signifié

L'élève -répétons-le-, a deux exigences, l'une et l'autre fort compréhensibles : il veut comprendre et apprendre. Si ces deux exigences sont satisfaites, et sauf exceptions dues à des circonstances annexes, il se prêtera volontiers aux modalités qui le permettent, parmi lesquelles la participation occupe une place de choix.

La participation, condition indispensable

Simple moyen, cette participation de la classe est néanmoins indispensable dans la poursuite des objectifs visés. Sans elle, et par définition, pas de réemploi, donc pas d'appréhension de la langue, pas de compréhension du sens des documents : le cours de langue n'existe pas. Par ailleurs, nous avons évoqué l'importance de la richesse du texte dans cette participation. C'est cette richesse qui s'impose comme moteur de l'expression de la classe. Nous pourrions dire la même chose de n'importe quel type de document. Si le sens en est trop explicite, trop évident, la classe, fort logiquement, se refusera à un commentaire qui lui apparaîtra comme inutile.

Le commentaire de document devra donc s'attacher à expliciter le non-dit, ce qui est simplement suggéré, c'est-à-dire à percer le sens des mots et des images, au-delà des simples évidences. A travers un moyen de compréhension et d'appréhension d'une réalité, linguistique et/ou de civilisation, nous touchons là à l'un des aspects de l'objectif culturel que s'assigne notre enseignement : il s'agit en effet, ni plus ni moins, d'apprendre à lire un texte ou une image, c'est-à-dire à discerner une intention à travers une présentation d'une réalité. Percer le sens des mots passe forcément par la compréhension de la lettre ; et la comprendre, c'est se donner les moyens de la réutiliser... Percer le sens des mots, c'est aussi apprendre et pratiquer la rigueur : rigueur dans la compréhension du document, l'idéal étant qu'à la fin de son étude il ne garde aucun secret pour la classe ; rigueur dans l'analyse et la pratique de l'expression : à l'heure où tout veut tout dire et ne dit rien, il est salutaire de faire prendre conscience qu'il existe des mots pour dire...

Un double mouvement : du signifiant au signifié, du signifié au signifiant

Percer le sens des mots, ou des images, ce sera d'abord éclairer les mots ou les images qui ont un sens, jeter sur un détail du texte ou de l'image un rai de lumière qui focalisera sur lui l'attention de la classe. C'est la première étape du commentaire, que nous appellerons étape de focalisation, au cours de laquelle l'attention des élèves est concentrée sur un détail signifiant, porteur de sens à élucider. Ce détail peut, du reste, couvrir une part plus ou moins grande de l'ensemble du document : dans un texte, il peut s'agir d'un mot, d'un groupe de mots, d'une phrase entière ou même de plusieurs phrases. Dans un document visuel, cela peut être un infime détail, ou tout le quart supérieur droit - ou gauche, ... - de la photo. La focalisation qui s'effectue sur ce détail peut être le fait d'un membre du groupe classe, mais elle incombe généralement au professeur, qui a préparé l'étude du document et en connaît donc tous les détails signifiants.

Cette focalisation aura pour premier effet de stimuler la curiosité de la classe, et donc d'induire l'expression. C'est l'étape de l'explication, qui peut, le cas échéant, passer par une étape intermédiaire d'élucidation de la lettre, l'une et l'autre étant particulièrement propices au réemploi immédiat. Dans l'élucidation, la classe sera amenée à comprendre une expression compréhensible à la lumière du contexte, et que le professeur se sera bien gardé d'élucider lui-même. Ensuite il s'agira d'expliquer ce que veut suggérer l'auteur ou le narrateur en employant le mot ou l'expression considéré, ou le peintre en plaçant tel ou tel détail à tel ou tel endroit, le publiciste en utilisant tel ou tel procédé, etc. S'il s'agit d'un texte et d'une expression intéressante, le professeur veillera à la faire réemployer chaque fois que cela sera possible.

Élucidation et explication sont souvent intimement liées et même parfois indissociables, l'élucidation de la lettre se faisant par l'explication du sens : cette dernière est souvent révélatrice de la mauvaise compréhension de la lettre...

De l'explication pourra naître le commentaire, au cours duquel la classe va s'éloigner de la lettre du texte pour formuler une interprétation, avancer une hypothèse, établir des relations avec un autre moment du texte, un autre aspect de l'image, ou encore exprimer un avis personnel, une impression, un sentiment. Au cours de cette phase, le réemploi immédiat est toujours possible mais, la classe s'étant éloignée de la lettre du texte, elle sera amenée à pratiquer avant tout le réemploi récurrent.

Nous sommes là à ce que nous pourrions dénommer le "point culminant" du processus d'appréhension du détail. Nous sommes partis du document, ou plus exactement d'un de ses détails signifiants, et nous nous sommes élevés, nous nous en sommes détachés. Il est temps à présent de retourner au document. Ce retour peut se faire de deux façons :

– Le professeur - ou les élèves, mais cela sera sans doute plus difficile pour eux, notamment lors de l'étude d'un texte, qu'ils ne connaissent pas encore bien- pourra prendre appui sur le texte oral produit par le commentaire pour susciter l'expression d'un avis s'appuyant sur le document. En d'autres termes, il s'agira de faire scruter le document pour confirmer ou, au contraire, infirmer, une idée exprimée dans le commentaire d'un élève. Ce retour au texte -si c'est un texte que l'on étudie- sera évidemment générateur de réemploi immédiat puisque la classe devra forcément exprimer une opinion en s'appuyant sur le document étudié.

– L'autre façon de retourner au document de base pourra consister, tout simplement, en une focalisation sur un autre détail signifiant. Dans la mesure du possible, le professeur s'efforcera de lier cette focalisation au commentaire qui précède de manière à ménager un certain naturel dans le processus d'appréhension du document. Mais cela n'est pas forcément indispensable. Ainsi se réamorcera le double mouvement d'éloignement et de retour que nous venons de décrire.

On aura compris tout l'intérêt que présente une telle technique, bien illustrée dans le script du film pédagogique que nous reproduisons et commentons dans la deuxième partie du présent ouvrage :

– Que le document étudié soit un document visuel ou écrit, elle permet une compréhension fine et approfondie de son sens. Si la programmation dans laquelle est incluse son étude est rigoureuse et bien élaborée, elle suscitera immanquablement le réemploi gratifiant et efficace, dans le sens d'une consolidation des connaissances, d'une langue préalablement acquise.

– Si le document est un texte écrit, cette technique permet de surcroît d'en comprendre et d'en manier la lettre, c'est-à-dire de repérer et appréhender une langue nouvelle et d'enclencher un processus de mémorisation que le travail personnel viendra approfondir et consolider.

Comprendre et apprendre : c'étaient là les deux exigences de la classe au début du cours. Susciter la compréhension et le réemploi : tel était l'objectif du professeur.

Le rôle du professeur : les "questions"

On a prétendu que le bon professeur de langue devait se faire oublier, être pratiquement absent de l'activité de classe pour laisser libre cours à l'expression des élèves. Et il est exact qu'une excellente classe, parfaitement bien formée, ayant saisi, intuitivement ou par le biais d'une présentation explicite, les mécanismes et les rouages du cours, semble fonctionner toute seule et progresse très vite. Il n'en reste pas moins vrai que le rôle du professeur dans le double mouvement du commentaire est extrêmement important.

Notre description de ce double mouvement a déjà mis en lumière le rôle de chef d'orchestre que joue le professeur. Même dans une classe composée d'élèves scolaires -dans le bon sens du terme-, volontaires et travailleurs, on gagnera du temps et de l'efficacité à focaliser leur attention et à diriger leurs interventions au lieu de les laisser s'éparpiller dans toutes les directions. Ce sera surtout vrai lors de l'étude d'un texte, dont l'accès est moins immédiat que celui d'une image, que le professeur maîtrise bien pour l'avoir préparé et dont il peut, par conséquent, guider le commentaire de façon judicieuse.

Dans ce pilotage du commentaire, les interventions du professeur pourront prendre des formes différentes selon le but qu'elles cherchent à atteindre. Il y a tout d'abord les traditionnelles questions, dont on a souvent prétendu qu'elles devaient être "ouvertes" pour ne pas bloquer l'expression des élèves, ce qui laisse entendre qu'elles peuvent être "fermées". Mais n'y a-t-il pas d'autres interventions possibles, plus pertinentes peut-être -ou parfois, dans certaines circonstances- que le simple questionnement ? Celui-ci peut en effet présenter un inconvénient gênant : c'est que sa formulation peut induire celle de la réponse, en la mettant sur des rails. Demander : *¿Qué nos da a entender el autor al afirmar que...?* entraîne la réponse : *Al afirmar que..., el autor nos da a entender...* Ce qui n'est pas si mal, mais qui n'apporte pas grand-chose à l'autonomie d'expression des élèves... Cela peut, en outre, les entraîner sur de fausses pistes en les incitant à répéter une formulation qui, dans le contexte de leur phrase, peut s'avérer fort maladroite. Bref, c'est loin d'être une panacée.

Est-ce à dire qu'il faille proscrire le questionnement ? Nous sommes encore loin d'une telle conclusion. Peut-être convient-il seulement de moduler les interventions, comme nous le disions, en fonction des buts recherchés ou des étapes du commentaire.

Lors de la phase de focalisation, par exemple, il s'agit de concentrer les regards ou l'attention de la classe sur un détail signifiant du document. On pourra, selon le cas, utiliser une formule impérative, telle que *fijaos en..., mira...* ; ou interrogative-incitative, c'est-à-dire davantage destinée à faire repérer qu'à entraîner une réponse : *¿Os habéis fijado en...?, ¿No hay nada que os llame la atención en...?, ¿No os sorprende...?*, etc. ; si l'on veut focaliser l'attention sur un détail ponctuel d'un texte, il suffira parfois, simplement, de relire la phrase contenant ce détail en le soulignant par l'intonation ; au besoin, on insistera en constatant -*el autor emplea la palabra...*- ou en suggérant une autre façon d'exprimer la même idée, mais avec un résultat différent : *El autor no ha escrito... , sino... ;* etc.

L'explication du détail découlera naturellement de la focalisation, sans autre intervention du professeur. Celui-ci pourra tout de même intervenir s'il éprouve le besoin de faire élucider, c'est-à-dire s'il remarque, dans une idée exprimée par un élève, une incohérence par rapport à ce qui vient d'être dit ou par rapport à l'idée exprimée par le texte. Si la classe ne réagit pas spontanément, il devra alors intervenir pour ne pas laisser s'instaurer une incertitude quant au sens du document, et cette intervention pourra revêtir plusieurs formes : il pourra solliciter les autres élèves en leur demandant d'exprimer leur avis sur ce qui vient d'être dit : *A ver, ¿habéis oído lo que acaba de decir X? ¿Estáis conformes con lo que acaba de decir X?*, etc. ; ou tout simplement exprimer lui-même sa réaction personnelle, mais sans l'expliciter, ce qui revient à focaliser encore l'attention de la classe, mais sur le nouveau "texte" produit par un de ses membres : *¡Ah! Yo no estoy de acuerdo con lo que ha dicho X..., yo no comparto la opinión...*, etc. Ces deux types d'intervention -question ou réaction personnelle- mettent la classe "en situation" par rapport au nouveau discours produit par un élève sur le document étudié. Il s'agit, dans les deux cas, d'incitations très ouvertes, laissant un large champ d'expression aux élèves. Mais l'incitation à l'explicitation pourra être beaucoup plus directive. Ce sera le cas, en général, lorsque le professeur se rendra compte que c'est la lettre du texte qui n'a pas été comprise : un ou plusieurs élèves n'ont pas compris qui désigne un pronom personnel, à qui s'adresse le personnage, quel est le sujet du verbe, etc. On pourra alors, selon le cas de figure, demander de rétablir l'ordre normal des mots, ou faire formuler l'expression d'une autre manière *(a ver, ¿cómo lo dirías tú si fueras...? ¿No lo podríamos decir de otra manera?*, etc.) ; ou encore avoir recours à la question fermée, de façon à couper court à toute ambiguïté et à élucider définitivement le texte : *pero ¿quién está hablando? ¿A quién se dirige el protagonista? "No lo vio", dice el texto : ¿qué no vio ?*, etc.

La phase du commentaire, moins directement en prise sur le texte, sera beaucoup plus libre. Le professeur pourra néanmoins intervenir pour faire préciser une idée, la faire expliciter ou reformuler. Il interviendra par exemple pour susciter un réemploi, récurrent ou immédiat, qui aurait été heureux mais auquel un élève n'a pas pensé : *Lo que acaba de decir X, ¿no podríamos decirlo un poco mejor? Recordad cómo lo decía el protagonista del texto que estudiamos...* (réemploi récurrent) ; *bueno, tú lo dices así, pero fíjate en cómo lo dice el texto...* (réemploi immédiat). Mais surtout il devra intervenir pour enclencher la phase du retour au document, notamment si cette phase s'amorce à partir d'une réflexion d'un élève. Il ne faudra pas, alors, laisser passer l'occasion : *Bueno, pero ¿por qué lo dices? ¿Qué detalle(s) del texto te permite(n) afirmarlo?* ; ou : *¿Podemos compartir la opinión de X? Y el texto, ¿confirma lo que acaba de decir X?* Comme en de nombreux moments du commentaire, l'intervention du professeur ne se fera pas forcément sous forme de questions. Il pourra prolonger la phrase d'un élève d'un *porque..., ya que..., puesto que..., tanto más cuanto que...*, etc. *; por eso, ..., por lo tanto, ... ; ou d'un sin embargo, ..., aunque...*, etc. : autant de formules, parmi de nombreuses autres possibles, qui invitent l'intervenant et ses camarades à justifier l'idée exprimée ou à la nuancer en y apportant une restriction. Il pourra également exprimer son désaccord ou son assentiment, en incitant les élèves à le justifier : *Claro, tienes toda la razón, y lo confirma el texto, fíjate ; desde luego, y parece bastante evidente en el texto, ¿no?* ; ou même "jouer la comédie" en feignant l'étonnement : *¿Sí? ¿Te parece? Yo no veo nada en el documento que nos permita pensarlo... ¡Ah! sí... a lo mejor...* Ce jeu peut jouer un grand rôle dans le cours : en liant entre elles les interventions personnelles des élèves, il maintient en éveil l'attention de la classe.

Ainsi sera suscitée une nouvelle focalisation, qui pourra être le point de départ d'un nouveau cycle complet si le détail sur lequel elle s'opère est porteur de sens. Sinon, on focalisera l'attention des élèves sur autre chose...

On voit qu'il n'y a ni interdit ni recette miracle s'adaptant à toutes les situations. Mais il est certain, aussi, qu'une intervention intempestive, une question mal posée, peut bloquer l'expression de la classe. Ainsi évitera-t-on de systématiser les questions plates, impliquant une réponse trop évidente, ou trop générales, portant sur la situation ou les sentiments des personnages, etc., et l'on optera plutôt pour la question en prise directe sur le document, impliquant une réponse qui s'appuie sur la langue du texte... Entre une question maladroite et une question pertinente, la différence se situe parfois seulement dans la formulation. A *¿cuál es el asunto del texto?* on préférera *bueno, supongo que habéis entendido cuál es el asunto del texto...* A *¿qué sentimientos experimenta el protagonista?* on préférera *fijaos en la reacción del protagonista...* Les questions sont très proches, mais ne sont pas formulées de la même façon : dans le premier exemple, la première formulation est très scolaire, la deuxième est plus naturelle ; dans le second, la première formulation est trop vague, pas assez en prise sur le document, alors que la deuxième est une simple focalisation, qui invite donc à partir du document. La solution reste l'écoute des élèves et le naturel de la réaction, avec toujours en point de mire la compréhension du document et le réemploi. C'est dans la poursuite de ces deux objectifs que le professeur doit assumer son rôle de guide et de garde-fou. C'est parce qu'ils se trouvent au centre de ses préoccupations qu'il ne saurait rester sans intervenir dans le déroulement du cours... Et aussi parce qu'il est bon que la classe entende de temps en temps une phrase complexe, bien articulée, et exprimée dans un bon espagnol, idiomatique et aisé.

Les synthèses

L'intervention du professeur sera également inévitable lorsqu'il s'agira de faire procéder à une synthèse, en cours de commentaire et à la fin.

La synthèse ou récapitulation partielle peut avoir lieu à plusieurs reprises au cours du commentaire. Elle a pour but de faire rappeler, toujours au moyen de la langue utilisée, l'essentiel des idées exprimées dans ce qui constitue une unité de sens, ou au cours d'une explication quelque peu confuse et embrouillée. L'intérêt de ce type de démarche est multiple : il s'agit d'abord de ménager une pause susceptible de permettre aux élèves les plus lents de reprendre leurs esprits et, après avoir compris l'essentiel de ce qui a été dit, de repartir sur des bases saines pour une nouvelle étape du commentaire ; une synthèse partielle permet aussi de contrôler la compréhension de la classe en faisant le point et en faisant dégager l'essentiel ; elle permet enfin de réemployer encore une fois la langue utilisée, c'est-à-dire de souligner un certain nombre de formules ou d'expressions dont on veut privilégier la mémorisation. C'est une excellente façon de préparer le travail personnel de la classe, qui aura à mémoriser cette langue. Et les élèves ne s'y trompent pas qui, lorsqu'ils sont bien entraînés, savent fort bien discerner, dans cette langue, ce que le professeur considère comme essentiel de ce qu'il tient pour accessoire. C'est là un des effets secondaires de l'incitation au réemploi.

On procédera de même pour la synthèse finale, bien plus importante, elle, car elle devra contenir l'essentiel des idées et de la langue de l'ensemble du commentaire et, ainsi, préparer directement le travail personnel. Nous y reviendrons. Contentons-nous pour l'instant de souligner l'intérêt de l'introduction de cette synthèse finale, dont l'importance se heurte aux conditions matérielles dans lesquelles elle a lieu : c'est la fin du cours, les élèves sont fatigués, quelque peu démotivés car le commentaire est terminé et il faut, de surcroît, qu'ils fassent l'effort de synthétiser. C'est pourquoi une question trop directe les invitant à le faire risque de tomber à plat. Il s'agit, autant que faire se peut, de ne pas couper la dynamique du commentaire en introduisant la synthèse "en douceur" : il sera possible, par exemple, de faire justifier le titre du texte, une affirmation particulièrement pertinente, "synthétique", ou critiquer, à la lumière des idées essentielles exprimées, une idée complètement erronée ; ou encore commenter une phrase du texte dont le sens et la portée résument l'essentiel... Le professeur devra faire preuve d'imagination, et la tâche lui sera facilitée s'il a envisagé, lors de la préparation du cours, un moyen efficace. On pourra penser à des questions telles que : *Ahora que hemos entendido el texto, ¿os parece acertado el título?* ou :

¿Comprendéis ahora por qué lo que dijo X al principio era muy acertado? ou encore, à la forme affirmative : *Después de todo lo que acabamos de decir, (no) me parece realmente acertada la frase : "..."* ; etc.

La lecture finale du texte

Si le document étudié est un texte, une lecture finale, brève mais appliquée, éventuellement partielle, sera une bonne façon de couronner le commentaire. On ne saurait négliger les vertus d'un tel exercice qui permet, tout d'abord, de faire travailler la prononciation et l'accentuation, c'est-à-dire d'amener progressivement la classe à assimiler les règles de l'accentuation écrite. Mais surtout, cela peut être un excellent moyen de contrôler une dernière fois la compréhension et de faire réemployer la langue du commentaire en suscitant une critique positive ou une évaluation de la lecture : *A tu parecer, ¿lo ha leído bien? ¿Por qué? ¿Cómo tenía que leerlo? Y tú, si fueras él (ella), ¿cómo lo habrías leído?...* A toutes ces questions, et à bien d'autres que l'on pourra poser, en s'adaptant éventuellement à un point grammatical que l'on vient ou que l'on est en train d'étudier, on attendra et on exigera des réponses s'appuyant sur les idées exprimées lors du commentaire et qui en réemploient la langue.

Un obstacle s'oppose souvent, convenons-en, au bon déroulement de cette lecture finale : le temps dont on dispose... Nous en parlerons aux chapitres VIII et IX.

CHAPITRE VII

Le travail personnel de l'élève

*L*e travail personnel de l'élève peut revêtir des formes très diverses. Il peut s'agir, ponctuellement, de travaux de recherche sur un thème donné, destinés à préparer le terrain du cours suivant ; de petits exposés ; de lectures ; ou tout autre exercice que le professeur peut juger utile dans sa démarche pédagogique. Mais ce sont là des travaux qui, par leur caractère ponctuel, non habituel, restent marginaux par rapport aux deux grands types de travaux personnels qu'aura à réaliser l'élève : la leçon à apprendre et les exercices écrits. Parce que ces deux types de travail font partie intégrante de l'acte pédagogique du professeur d'espagnol, parce qu'ils s'incluent de manière obligatoire dans son enseignement, c'est à eux que nous nous intéresserons dans le présent chapitre.

La leçon : apprentissage et restitution

La leçon constitue l'un des prolongements du cours. Celui-ci a permis à l'élève d'appréhender un document, c'est-à-dire d'en comprendre le sens - ou de lui en donner un - en maniant une langue. C'est cette langue, essentiellement, que la leçon doit permettre de mémoriser et de fixer à travers le sens du document. Après chaque cours d'espagnol, l'élève aura une leçon à apprendre, qui se concrétisera dans la restitution initiale du cours suivant.

On peut assigner à cette restitution une double finalité : d'une part, elle permet d'inclure l'étude de document qui va suivre dans un contexte, sinon thématique, du moins linguistique : il sera les deux la plupart du temps, car la programmation sera faite selon des critères thématiques, et le professeur visera, dans le cours, le réemploi récurrent d'une langue employée dans le cours précédent ; il ne sera que linguistique lors du passage d'un thème à un autre, encore que ce passage puisse s'effectuer en douceur, par déviation et sans rupture brutale par rapport au thème précédent. La deuxième finalité de la leçon - ou restitution - sera, bien évidemment, le contrôle et l'évaluation des acquisitions du cours précédent et, surtout, le réemploi de la langue.

Il s'agira donc essentiellement de retrouver une langue à travers l'expression des principales idées exprimées durant le cours précédent. Et le professeur devra toujours se montrer exigeant quant à la restitution de cette langue. Cela est particulièrement important dans la période de formation de la classe (voir chapitre XI), où les élèves peuvent être tentés de formuler les idées à l'aide de la langue dont ils disposaient avant l'étude du document. S'en contenter, c'est accepter de voir la classe stagner et même régresser, car c'est lui donner l'habitude du laxisme, du moindre effort. A partir d'un certain niveau, les élèves sont toujours capables d'exprimer une idée avec la langue dont ils disposent. Si on ne les oblige pas à élargir leurs connaissances linguistiques, ils s'en contenteront volontiers. L'expression des idées deviendra primordiale, au détriment de la langue, considérée comme un simple moyen. Répétons-le : en cours de langue, l'ordre des choses est inversé. C'est la langue qui est une fin, les idées ne sont qu'un moyen, important, certes, et même primordial - point de langue sans idées - ; mais elles restent un moyen pour parvenir à cette fin.

C'est pourquoi il sera fondamental pour le professeur - et cela dès les premiers cours et quel que soit le niveau auquel il travaille - d'exiger de la classe la reformulation des idées exprimées dans le cours précédent **à l'aide de la langue utilisée pour leur formulation**. Il ne devra pas hésiter à interrompre le cours de la leçon pour faire remémorer une expression importante maniée lors de la séance précédente. C'est à ce prix-là que la classe prendra l'habitude du réemploi. C'est ainsi qu'elle apprendra à apprendre sa leçon. C'est parce qu'elles ont été ainsi formées que les classes "modèles" des films pédagogiques suscitent l'admiration. Ces classes n'ont rien d'extraordinaire. Elles savent simplement apprendre une leçon.

Qu'est-ce qu'apprendre une leçon ?

Savoir apprendre une leçon, en effet, c'est savoir adapter l'acte d'apprendre aux souhaits du professeur, c'est avoir compris ce qu'il veut. Cette adéquation entre les souhaits du professeur et la réalisation de l'élève est évidemment fondamentale et relève de la formation de la classe (cf. chapitre XI). Un élève sachant apprendre saura nécessairement restituer...

Or ce n'est pas toujours facile d'apprendre une leçon en espagnol. Que signifie, en effet, "apprendre la langue du texte", expression que nous ne cessons de répéter depuis la première page de cet ouvrage ? S'agit-il d'apprendre tout le texte ? Par cœur ? Si oui, cela semble impossible avec la plupart des classes. Et l'efficacité semble douteuse... Si non, comment faire la différence entre l'essentiel et l'accessoire ? Et si le document est un document visuel... ?

Il est hors de question, bien évidemment, de faire apprendre par cœur tout le texte. Comme nous l'avons dit, c'est impossible et inopérant. Il est aussi inopérant de prétendre aborder tous les faits linguistiques -syntaxiques entre autres- d'un texte. Il faudra opérer une sélection de quelques-uns de ces faits : c'est indispensable et fondamental. Vouloir tout faire apprendre, ce sera probablement se condamner à l'inefficacité. Mais comment opérer cette sélection ? En fonction de quels critères ?

En langue, avons-nous dit, on ne retient bien que ce que l'on emploie, c'est-à-dire ce que l'on réemploie. La "langue du texte", à apprendre pour la leçon, sera donc celle que l'on aura réemployée pendant le cours, lors du commentaire, des synthèses partielles et de la synthèse finale, et dont on s'efforcera de susciter un réemploi récurrent, grâce à une programmation adéquate, lors de l'étude des documents ultérieurs. Une classe bien formée ne s'y trompe pas, du reste, qui sait fort bien discerner les faits linguistiques "importants" de ceux que le professeur tient pour secondaires, sans l'être forcément dans l'absolu. Car le professeur devra aussi savoir résister à la tentation de plaquer dans une leçon un fait linguistique qu'il considère comme très important mais dont le cours n'a pas permis le moindre réemploi. N'est "important" et à retenir que ce qui a été manié, en situation, dans le commentaire, et même si cela, dans l'absolu, n'est rien que de très banal par rapport à d'autres choses contenues dans le texte, mais qu'on va négliger. Peut-être - sans doute- provisoirement, surtout s'il s'agit de phénomènes linguistiques fondamentaux. On les retrouvera alors à un autre moment de l'apprentissage, dans un contexte qui en permettra le maniement et l'appréhension. C'est à ce moment-là que ces phénomènes deviendront importants pour la classe.

La leçon s'inscrit donc dans le prolongement logique de l'heure de cours : elle doit permettre la fixation des phénomènes linguistiques qui ont été compris, appréhendés, par un maniement en situation. Vouloir faire apprendre autre chose, même si on le considère comme très important, c'est tomber dans l'artificiel et l'inopérant.

Que faire apprendre ? Comment ?

S'il est vrai qu'une classe bien formée sait fort bien reconnaître l'essentiel de l'accessoire, c'est tout simplement parce qu'il est facile de repérer, pendant le cours, les formules, le vocabulaire, les expressions ou les structures syntaxiques que l'on emploie et réemploie. Outre qu'il est indispensable à la compréhension de la lettre du texte et à l'appréhension de la langue, le réemploi immédiat constitue ainsi une excellente introduction de la leçon. C'est surtout vrai, néanmoins, pour les bonnes classes.

Il est cependant indispensable, et cela à tous les niveaux, de donner des consignes de leçon claires et précises, que l'on fera inscrire dans le cahier de textes ou que l'on distribuera polycopiées et auxquelles on renverra les élèves si le travail n'a pas été fait comme on le souhaitait. Une consigne telle que "revoir le texte" n'a strictement aucun sens pour un élève. D'autre part, la routine traditionnelle du rappel du document finit par lasser et par émousser l'attention et l'application. Celles-ci, au contraire, seront maintenues en éveil par la variété des exercices. C'est pourquoi il nous semble judicieux d'en finir avec le rappel systématique, mais un peu trop mécanique, des idées exprimées durant l'heure de cours précédente, et d'en arriver à faire en sorte que, au moment d'apprendre sa leçon, l'élève soit obligé de consulter les consignes données en fin de cours pour pouvoir "traiter le sujet". Il sera ainsi beaucoup mieux guidé, orienté dans son travail personnel tout en évitant la torpeur de la routine. Ces consignes seront aussi simples que possible, mais viseront à favoriser la mémorisation de la langue maniée à travers les idées essentielles. On pourra par exemple demander à la classe de relever dans le texte et de mémoriser le vocabulaire ayant trait au thème central, et de savoir répondre à une question sur l'essentiel qu'a mis en lumière le commentaire ; ou de justifier une phrase à l'aide du texte ; de montrer que le titre est parfaitement pertinent, ou au contraire inadéquat ; etc., tous exercices que l'on pourra même faire réaliser à l'écrit, celui-ci se mettant ici, comme cela peut souvent être le cas, au service de l'oral. On aura reconnu, dans les exemples d'exercices que nous venons de donner, ceux-là mêmes que nous avons proposés lorsqu'il s'agissait d'introduire la synthèse finale du commentaire (cf. chapitre VI, pp. 52-53). Tant il est vrai que la leçon prolonge l'essentiel de celui-ci.

On pourra également assister l'apprentissage de la leçon, notamment lorsque le document étudié est particulièrement complexe. Plusieurs jours peuvent s'écouler, en effet, entre le commentaire et le cours suivant, et l'élève aura peut-être du mal à se souvenir, même de l'essentiel. Une série de phrases à compléter, à l'écrit, ou quelques questions sur le document peuvent lui être d'un précieux secours pour cette remémoration.

Nous avons surtout évoqué jusqu'ici la leçon portant sur un document écrit. C'est, répétons-le, la leçon fondamentale car le texte est le seul document porteur de langue et donc générateur de progrès quantitatifs par la langue nouvelle qu'il offre à la connaissance et à l'imitation du jeune apprenant. Le document visuel pose des problèmes différents. Essentiellement orienté vers le réemploi récurrent, il posera moins de problèmes de mémorisation de matériel linguistique. La langue nouvelle introduite lors de son commentaire l'aura été par le "texte non authentique" du professeur. Cela ne signifie aucunement qu'elle soit totalement dépourvue d'intérêt : d'une part parce qu'il peut s'agir de matériel lexical indispensable à la restitution de l'essentiel du document lors de la leçon ; d'autre part -et c'est là une technique fort digne d'intérêt- parce que le professeur, connaissant bien l'aval de sa programmation, peut profiter du commentaire d'un document visuel pour introduire par anticipation, toujours en situation c'est-à-dire à la demande des élèves, un matériel linguistique nouveau que l'on retrouvera dans les textes ultérieurs [1]. Ce matériel s'en trouvera alors "authentifié", pourrait-on dire... Ce

---

1. Suggérons ici une possibilité dont nous laisserons nos lecteurs apprécier l'intérêt : à un élève qui demande un mot nouveau, on pourra fournir un terme correspondant à la situation mais pas exactement à la demande, sachant que le terme que nous choisissons de donner va se trouver dans un texte programmé pour un cours à venir. Cela fera autant de moins à élucider lors de l'étude de ce texte, et c'est une autre façon d'induire un réemploi lexical... C'est sans doute ce qu'a fait Mme Avello avec le mot *"agotador"* (cf. commentaire du script du film p. 117).

double intérêt impose la nécessité de favoriser la mémorisation de ces nouveaux acquis. Cela ne pourra se faire que par le truchement du cahier personnel de l'élève, sur lequel on fera noter ce matériel nouveau, brut ou employé dans une phrase extraite du commentaire, ou bien que l'on composera ou fera composer sur le document étudié. Pour ce qui concerne la leçon proprement dite, on invitera la classe à mémoriser ce matériel, et on donnera un sujet de leçon clair et précis comme pour un texte écrit : question sur l'essentiel du document, etc.

Le cahier personnel de l'élève peut ainsi servir à la mémorisation de l'essentiel d'un cours portant sur un document non écrit. Pourquoi ne pas inclure le matériel linguistique nouveau dans un bref résumé de l'essentiel des idées exprimées, résumé qui pourra servir de base à la leçon ? Celle-ci pourra, par exemple, expliciter ce résumé en présentant les détails du document allant dans le même sens. Pour plus de clarté, la phrase-résumé que Mme Avello aurait ainsi pu faire noter sur le cahier des élèves pour obtenir la leçon qu'elle obtient au début du film dont nous reproduisons le script page 113 aurait pu être la suivante : *La familia de saltimbanquis de Picasso refleja bien la doble vida de la gente de un circo de poca monta : por una parte llevan una vida muy trivial y por otra viven un poco como si estuvieran en un mundo aparte.* C'est là la conclusion à laquelle aboutissent les élèves (cf. pp. 118-119), et pratiquement toutes les idées formulées dans la leçon y concourent.

On pourra aussi utiliser le cahier pour y souligner les phénomènes linguistiques importants réemployés lors de l'étude d'un document écrit. En revanche, sans doute n'est-il pas judicieux d'y inscrire un résumé du commentaire de ce texte. Cela ne l'est certainement pas, en tout cas, si ce résumé ne reprend pas l'essentiel de la langue du document maniée durant le commentaire. Le texte est important parce qu'il est modélisant. C'est sa langue qu'il convient de faire apprendre. Un résumé de cette langue peut être envisageable, éventuellement, pour aider des élèves faibles dans l'apprentissage de leur leçon. Mais il présente plusieurs inconvénients : il va prendre du temps en fin de cours ; les élèves vont faire des fautes en le copiant sur leur cahier, et vont donc apprendre une langue fausse... Une classe bien formée, même très faible, n'aura pas besoin d'un tel résumé si on lui donne des consignes de leçon claires et précises sur la langue du texte qu'elle a à apprendre.

Et cette langue, comme celle des documents visuels, ce sont des faits syntaxiques, bien sûr, mais également du lexique : expressions idiomatiques et termes simples, qui constituent la matière de l'expression. Peut-être, traditionnellement, a-t-on eu trop tendance à privilégier l'acquisition des principales structures syntaxiques de la langue espagnole, et à négliger quelque peu celle du lexique. Ce problème nous apparaît comme crucial, mais aussi difficile à résoudre pour des raisons que nous avons exposées au chapitre I. Comment favoriser la mémorisation du lexique ? Faire apprendre des listes de mots "en vrac" et hors de tout contexte, comme cela se pratiquait jadis, ne semble possible aujourd'hui qu'épisodiquement, si le vocabulaire en question a été manié pendant le cours et si la liste en est réduite. En revanche, on pourra faire apprendre et réciter par cœur un petit poème ; mémoriser une scène dialoguée, que l'on aura lue soigneusement à la fin du commentaire, dans le but d'une représentation lors du cours suivant - cette représentation, assortie d'une critique, pourra servir de leçon - ; ou repérer dans le texte - comme nous l'avons suggéré ci-dessus - le vocabulaire ayant trait à un registre que l'on souhaite privilégier... Repérer : c'est peut-être là le maître mot. Car le lexique espagnol est difficile non parce qu'il est éloigné du français, mais précisément parce qu'il en est très proche. On le comprend facilement, et on ne le repère pas, on n'y fait pas attention... Et quand on en a besoin, on ne dispose pas de termes courants que l'on a pourtant trouvés maintes et maintes fois dans les textes.

Le travail écrit peut enfin être d'un précieux secours pour faire mémoriser la langue.

Modalités et finalités du travail écrit

Le travail écrit peut revêtir deux formes principales, qui ont chacune une finalité différente : cela peut être de courts exercices ponctuels que l'élève devra effectuer après un cours ; ou un devoir plus consistant, de préférence fait "sur table" et en temps limité, sans l'aide de documents extérieurs.

– Les exercices ponctuels courts accompagnent la leçon et peuvent être assez fréquents à condition qu'ils soient effectivement courts, car les élèves - ou du moins certains - travaillent lentement, et on ne saurait surcharger la classe de travail. Cela peut être des exercices de transformation (mettre au discours indirect un discours direct, ou vice-versa, mettre au passé une phrase au présent ou vice-versa, etc.), de reformulation ou d'imitation.

Ces exercices peuvent viser deux buts essentiels : ils peuvent collaborer avec la leçon à la mémorisation de la langue. Ainsi en est-il des types d'exercices que nous avons cités ci-dessus (phrases à compléter, questions sur le document étudié, etc.). La traduction de quelques phrases du texte judicieusement choisies peut être une bonne façon de faire repérer un lexique que l'on souhaite faire mémoriser... Mais surtout ils peuvent servir à fixer et approfondir un ou deux phénomènes grammaticaux maniés durant le cours ou sur lesquels on a insisté récemment. C'est là en effet un excellent moyen de faire approfondir la grammaire en suscitant une réflexion qui viendra systématiser un fait linguistique manié en situation mais encore mal intégré. Ainsi conçus, en prise directe sur le cours, orientés dans le sens des finalités que s'est assignées le professeur dans l'étude du document, ces exercices participent, au même titre que la leçon, à faire appréhender et fixer la langue utilisée. En soulignant encore ce qu'a déjà mis en relief le réemploi immédiat du commentaire, ils incitent en outre au réemploi récurrent.

Ce type d'exercices, prolongeant un cours, peut de temps en temps être plus consistant pour prendre la forme de courts exercices de rédaction, par exemple, destinés à travailler une expression élaborée et plus structurée. Il peut s'agir d'imaginer une fin ou une suite à un texte, ou de rédiger un résumé du texte, une synthèse du commentaire -ce type d'exercice peut s'avérer très intéressant pour des élèves de terminale, dans la perspective de l'épreuve orale du baccalauréat-, etc.

– Le devoir sur table en temps limité constitue le couronnement d'une séquence pédagogique. Il sera organisé à la fin de l'étude d'un thème qui aura comporté l'analyse de plusieurs documents. Ainsi conçu, ce type de devoir s'impose comme une synthèse et, à ce titre, comme une excellente occasion de susciter la réactivation des connaissances et le réemploi récurrent. C'est en cela que réside tout son intérêt. C'est en ayant cette finalité en ligne de mire qu'on le concevra. La quantité et la qualité des réemplois récurrents qu'il aura générés seront les critères principaux de son évaluation (cf. chapitre X).

La conception d'un tel devoir peut être très variable, mais il est souhaitable qu'il comporte plusieurs questions, d'importance différente mais aussi de difficulté progressive, de façon à permettre à tous les élèves de la classe de tirer leur épingle du jeu. Pour les élèves travailleurs mais peu doués pour la rédaction ou peu imaginatifs, on pourra prévoir, par exemple, quelques questions sur les documents étudiés et/ou quelques exercices grammaticaux -du type des exercices de "compétence linguistique" du baccalauréat- semblables à ceux qui auront été réalisés dans les différents prolongements de cours. Ceci leur permettra d'utiliser leurs connaissances brutes. On débouchera peut-être sur des questions impliquant davantage de compréhension, d'imagination et d'à-propos, permettant le réemploi récurrent dans une situation nouvelle : exercice de rédaction, analyse guidée d'un texte nouveau portant sur le thème étudié dans la séquence pédagogique, etc.

Il pourra parfois s'avérer judicieux de sortir franchement des sentiers battus, en proposant le commentaire guidé d'un document complètement nouveau, portant même sur un thème non abordé au préalable. Cela s'impose notamment en classe de terminale, dans la perspective de la préparation à l'épreuve écrite du baccalauréat. Ce n'est pas, alors, le réemploi qui guide l'élaboration du devoir. Mais le réemploi récurrent restera un critère fondamental de son évaluation (cf. chapitre X).

Chapitre VIII

La préparation du cours

    Dans la perspective qui est la nôtre, préparer un cours c'est, face à un document et à une classe, se projeter dans l'avenir en considérant le passé. Le cours préparé s'inclut en effet dans une progression, c'est-à-dire dans une programmation qui - sauf pour le premier cours d'une classe de débutants - possède un "amont", les acquis, tendant vers un "aval", les acquisitions envisagées. Simple étape dans cette progression, la préparation d'une heure de cours a donc été précédée d'une vision à plus long terme : la prévision de l'ensemble de la séquence pédagogique dans laquelle elle s'inclut.

La préparation à moyen terme : la séquence pédagogique

Préparer une séquence pédagogique, c'est prévoir une progression, sur plusieurs heures de cours, à partir d'un niveau initial. C'est envisager l'agencement d'un certain nombre de documents qui vont être étudiés en une progression logique et la plus rigoureuse possible, l'étude de l'un s'appuyant sur celle du précédent, tant en ce qui concerne la langue que les idées. L'élaboration de la séquence s'effectuera donc en fonction de paramètres bien précis :

– Nous avons déjà dit que le premier de ces paramètres est d'ordre thématique. Il est souhaitable en effet qu'une séquence pédagogique s'articule autour d'un même thème. Cela permet la familiarisation de la classe avec le lexique ayant trait à ce thème et en favorise le réemploi récurrent. Cela évite la dispersion et permet d'approfondir. On procédera ainsi par nuancement, en envisageant différentes facettes, différents angles d'approche du thème traité ; ou par contraste, le thème étant alors double : *ciudad y campo ; pequeñas tiendas y supermercados ; sociedad de consumo o vida "natural"* ; etc.

– Le deuxième critère sera la nature des documents, qui devront être suffisamment variés pour éviter la lassitude et l'ennui.

– Il faudra enfin prévoir un agencement des divers documents. Celui-ci s'efforcera, autant que possible, de ménager la variété et l'alternance ; mais il s'effectuera surtout en fonction des idées et de l'éclairage que pourra jeter tel document sélectionné sur tel autre, lequel sera donc programmé en aval du premier ; et, bien évidemment et essentiellement, en fonction de leur langue et des possibilités de réemploi récurrent.

La préparation d'une séquence pédagogique suppose que le professeur ait pris connaissance de l'ensemble des éléments qui la constituent. Cette connaissance est indispensable pour son élaboration, mais il peut être intéressant également, comme nous l'avons vu, de connaître l'aval du document étudié : cela pourra permettre d'anticiper, le cas échéant, sur l'étude de documents ultérieurs.

Ajoutons pour terminer qu'une séquence pédagogique pourra évoluer en cours d'étude pour s'adapter à un éventuel infléchissement, non prévu initialement par le professeur, mais proposé par le déroulement d'un cours. Ainsi le cours d'espagnol est-il sans cesse évolutif, une intervention de l'un des membres de la classe pouvant sans cesse ouvrir une perspective nouvelle que le professeur pourra mettre à profit pour faire dévier, ou même modifier complètement s'il le juge pertinent, la programmation envisagée. Et cela sans que celle-ci y perde quoi que ce soit en rigueur.

Qu'étudier pendant une heure de cours ?

S'agissant de l'unité ou "heure" de cours, notre propos ne saurait être de décrire précisément une "préparation type", si tant est que celle-ci existe... Chaque professeur a ses propres méthodes de préparation, et nous ne saurions nous y immiscer. Nous évoquerons simplement un certain nombre d'aspects de la préparation du cours, qui, bien que découlant naturellement des orientations que nous avons définies depuis la première page du présent ouvrage, méritent néanmoins d'être envisagés.

Qu'étudier pendant l'heure de cours préparée ? Cela va de soi lorsque l'élément suivant de la programmation est un document visuel, sur lequel on ne s'arrêtera pas plus d'une heure même si une étude approfondie pourrait justifier qu'on lui consacre beaucoup plus de temps. Le faire n'apporterait sans doute pas grand-chose dans la perspective de la recherche des objectifs visés, qui sont, rappelons-le, le réemploi récurrent et la poursuite de l'étude thématique engagée ; sans compter qu'il serait sans doute difficile de reprendre, après interruption, l'étude d'un document très "défloré".

Le problème se pose en d'autres termes lorsqu'il s'agit d'un texte écrit, dont la longueur et/ou la complexité peuvent justifier que son étude s'étale sur plusieurs heures de cours. D'autant plus que, contrairement à l'image, ce type de document garde beaucoup de son mystère même lorsque son étude est engagée, ce qui maintient la curiosité et l'intérêt de la classe. Il va donc falloir le fragmenter pour l'étudier en deux ou trois séances. Au-delà de ces trois séances, on préférera, dans la plupart des cas, passer à un autre document pour ne pas émousser l'intérêt de la classe, et aussi parce que le souci d'efficacité dans les acquisitions linguistiques impose que l'on étudie le plus grand nombre possible de documents.

Ce fractionnement du texte devra, de préférence, être envisagé d'emblée, et s'effectuer de façon logique, en fonction de sa structure. Il serait maladroit d'interrompre le commentaire au milieu d'une unité de sens. Cette organisation présente en outre un certain nombre d'avantages annexes : au début du cours, la leçon prend tout son sens et devient très naturelle, puisqu'elle permettra de récapituler les antécédents du morceau que l'on va étudier et de le resituer ainsi dans son contexte naturel ; et l'on pourra même ne pas distribuer le texte en une fois, mais en deux ou trois fois selon le nombre de séances que l'on compte lui consacrer.

A l'inverse, on pourra envisager d'étudier plusieurs documents dans la même séance de cours. Cela est particulièrement souhaitable, parfois, dans les petites classes : les documents étudiés sont moins "lourds", moins complexes que dans les grandes, et les élèves sont plus vifs, plus spontanés, mais aussi moins stables. Ils se lassent plus vite d'un document qu'ils peuvent appréhender assez rapidement. On pourra ainsi prévoir de parachever son étude par celle d'un document annexe s'articulant bien avec le premier : un texte court, un petit poème, couronnera l'étude d'une image en présentant un autre aspect des choses, ou une vision opposée ; une chanson apportera un point d'orgue à l'idée d'un texte ; etc.

La préparation de détail

La préparation de détail s'assignera deux objectifs essentiels : la connaissance du document programmé ; et les modalités envisagées pour son étude, qui ne peuvent être déterminées qu'à la lumière d'une analyse précise au cours de laquelle le professeur se projette dans le proche avenir de la classe.

Connaître un document, cela veut dire l'avoir analysé en se mettant dans la situation de la classe face à lui : s'il s'agit d'un texte, avoir repéré les informations annexes à fournir éventuellement à la classe car indispensables à l'appréhension des idées -dans les manuels, ces informations sont fournies dans une introduction au texte lui-même, mais le problème peut se poser lors de l'étude d'un document libre, hors manuel- ; avoir repéré les mots ou les expressions susceptibles de poser des problèmes de compréhension ; avoir repéré tous les détails signifiants pouvant ou devant donner lieu à une explicitation et/ou à un commentaire ; avoir discerné, enfin, la signification du texte qui servira d'axe directeur au commentaire et débouchera sur l'idée que l'on fera exprimer dans la synthèse finale. Toutes ces facettes de l'analyse semblent évidentes mais, menée dans cette optique, une analyse est bien moins facile à faire qu'il n'y paraît. Tout professeur en a fait l'expérience : il n'est pas facile de se projeter dans la situation de l'élève moyen ou faible et si on n'y prend garde, on aura facilement tendance à considérer comme évident un détail qui l'est effectivement à nos yeux, mais peut constituer un écueil non négligeable pour la totalité ou une partie de la classe. Que l'on pense par exemple aux pronoms personnels, aux démonstratifs ou aux formules de "tratamiento", pour ne rien dire de certaines constructions compliquées, dont le sens est clair pour nous mais bien moins pour un élève. On se méfiera des traductions proposées en notes par les manuels, parfois erronées ou inadéquates - mais oui ! - et souvent peu explicites pour un jeune maîtrisant mal le sens de certains mots : proposer en note "hérauts" pour traduire *heraldos*, ou "la quenouille" pour *la rueca* peut s'avérer fort insuffisant pour nombre d'élèves, à qui il conviendra d'expliquer ce qu'était une quenouille... et de dire qu'un "héraut" n'est pas un "héros" ! On repèrera les concepts qu'il conviendra de faire expliciter pour une bonne compréhension : parler de "démocratie" ou de "dictature", de "guerre civile", etc., sans faire préciser le sens exact de ces mots, peut ne pas signifier grand-chose pour certains et nuire gravement à la compréhension. On prêtera attention, enfin, aux termes apparemment anodins, mais qui sont lourds de sens. Que l'on songe, par exemple, à certains adverbes : un *ya*, un *todavía*, un *primero, por fin, aún* ou *siempre* peuvent souvent entraîner un commentaire bien plus intéressant qu'un substantif apparemment plus important. Sans compter que focaliser l'attention de la classe sur ces "petits mots", dont l'importance dans le discours n'est pas à démontrer, c'est aussi et surtout faire prendre conscience de leur sens. Or ce sont là des termes dont le sens est généralement ignoré de l'immense majorité des élèves accédant à l'enseignement supérieur...

Seule une lecture attentive et répétée pourra permettre une bonne connaissance du texte. Et l'on pourrait dire la même chose pour un document visuel, dont nombre de détails ou d'exploitations possibles passeront inaperçus si on se contente d'une analyse superficielle. Ajoutons qu'une connaissance approfondie du document que l'on va étudier est indispensable pour une adaptation instantanée du professeur aux sollicitations de la classe, dans le double mouvement -du signifiant au signifié et vice-versa- qui constitue le commentaire : il est en effet important, pour la bonne marche du cours, que le professeur soit capable de réagir instantanément à l'intervention d'un élève pour susciter, par exemple, un retour au document ou à un de ses détails. Et il ne le sera que si sa connaissance de ce document -de ses idées et de sa lettre- est parfaite.

Quant à prévoir le déroulement de la séance de cours, c'est évidemment impossible, et elle ne se déroulera jamais de la façon dont on l'a imaginée. A la lumière de l'analyse détaillée du document, préalable indispensable à toute projection du professeur dans l'heure de cours qui va suivre, il est néanmoins possible d'envisager un certain nombre de choses sans grand risque de se tromper. La façon d'aborder le document est tout à fait prévisible : convient-il de le présenter ? Si oui, comment le faire ? S'il s'agit d'un texte ou d'une fraction de texte, va-t-on le distribuer à l'avance et demander aux élèves de le lire et d'en entamer l'élucidation chez eux ? Cela peut se justifier pour certains textes difficiles. Au début du cours, va-t-on en faire une première lecture magistrale, ou au contraire le laisser lire en silence aux élèves ? Si on opte pour une lecture magistrale, peut-on envisager un abord audio-oral, ou lecture "à livres fermés", c'est-à-dire sans que les élèves aient le texte sous les yeux ? Une telle lecture n'est envisageable que si la langue du texte est suffisamment compréhensible par l'ensemble de la classe. Si tel est le cas, va-t-on en faire écouter un enregistrement ? Sinon, va-t-on lire tout le texte d'emblée, ou bien seulement quelques lignes ? Quel vocabulaire nouveau va-t-on expliquer ? Quel autre va-t-on laisser inexpliqué parce que le contexte peut permettre d'en saisir le sens ? Comment expliquer le vocabulaire ? Va-t-on donner quelques mots indispensables pour une première approche du sens, et lire tout le texte sans rien expliquer d'autre ? Va-t-on expliquer quelques mots au fil de la lecture magistrale initiale, et le reste lors de la "descente" du texte, c'est-à-dire lors de l'explication détaillée ? Ou va-t-on lire le texte sans rien expliquer, même si la classe ne comprend pas tout ?... Les façons d'aborder un document - en particulier s'il s'agit d'un texte - sont multiples et chacune d'elles peut avoir sa raison d'être ou son intérêt de préférence à une autre. Le choix se fera en fonction des connaissances de la classe, de la forme du document, des objectifs visés, du temps dont on dispose et sans doute de bien d'autres critères encore, mais il ne peut être improvisé.

– On pourra prévoir également, sans grand risque de se tromper, la façon de faire effectuer la synthèse finale (cf. chapitre VI).

– On élaborera enfin le sujet de la leçon pour la séance suivante, ainsi que les exercices ponctuels que l'on pourra donner afin de faire approfondir certains apports du cours.

Dans cette rubrique du travail personnel, il existe cependant une certaine incertitude. Le cours envisagé peut en effet dévier légèrement, sur un détail, dans un sens imprévu lors de la préparation, ce qui peut entraîner un réemploi intéressant susceptible de motiver un petit exercice supplémentaire. Les exercices envisagés ne préjugent évidemment pas d'un ajout, ou du remplacement d'un exercice prévu par un autre, qui pourrait s'avérer nécessaire ou pertinent au vu du déroulement du cours.

On pourrait dire la même chose de la préparation de détail, qui consistera à envisager un déroulement "idéal", lequel ne se réalisera probablement pas tel qu'on l'aura prévu. Une telle préparation est néanmoins nécessaire pour favoriser l'esprit d'à-propos dont devra faire preuve le professeur dans ses réactions face aux sollicitations de la classe. Elle devra consister essentiellement en un examen de chaque détail signifiant au cours duquel on prévoira une ou plusieurs techniques possibles d'utilisation destinées à susciter l'explication et le commentaire, ainsi que les possibilités de réemploi récurrent qu'il offre. S'il s'agit d'un texte, on envisagera les différentes étapes de sa "descente" ou explication détaillée, en fonction des détails signifiants sur lesquels s'opéreront les différentes focalisations. Peut-être pourra-t-on également envisager le vocabulaire supplémentaire qui pourra s'avérer nécessaire à l'expression de la classe, et que l'on pourra rechercher, si on ne le connaît pas... Mais en étant conscient que nombre de ces prévisions pourront se trouver en porte-à-faux avec les situations générées par le cours, auxquelles il faudra s'adapter sans essayer de plaquer sur elles un schéma rigide préalablement établi. C'est le déroulement du cours qui induira les réactions du professeur, et non le contraire. Une bonne préparation de détail sera néanmoins précieuse pour inspirer des réactions judicieuses. On en trouvera divers exemples dans la deuxième partie de cet ouvrage ainsi que dans les livres du maître ou fichiers pédagogiques accompagnant les manuels scolaires.

Évoquons pour terminer un sujet dont nous reparlerons plus longuement dans le prochain chapitre : les problèmes de temps. Il est en effet important de ne pas surcharger une séance de cours en prévoyant un programme excessif. Cela concerne, évidemment, la longueur et la complexité du document que l'on prévoit d'étudier, même si -nous le verrons- il est possible de jouer sur les modalités du commentaire pour accélérer l'étude d'un texte, par exemple. Mais il faut également être conscient que la préparation que l'on est en train d'effectuer aura des répercussions, au-delà du cours préparé, sur le suivant, par le biais de la leçon et des exercices envisagés, dont la correction aura lieu alors. Il conviendra donc d'adapter le volume de travail demandé aux prévisions que l'on est en mesure de faire pour ce cours : si on prévoit un cours "chargé", on pourra donner des exercices rapides à corriger, ou ne pas en donner et se contenter d'une bonne leçon...

Chapitre IX

Le déroulement du cours

*N*ous l'avons affirmé maintes fois : le schéma d'un cours d'espagnol ne saurait se conformer immuablement à un modèle préétabli une fois pour toutes. Il est susceptible de varier pour s'adapter aux nécessités du moment, à un objectif que l'on se donne, à la préparation d'un cours ultérieur ou à ce qui a été fait au cours de l'heure précédente. Ainsi pourra-t-il être amputé de la leçon si le cours précédent a été consacré à un devoir en temps limité ou à sa correction ; occasionnellement il pourra, totalement ou en partie, être destiné à la formation de la classe : pourquoi ne pas envisager, par exemple, une séance de travail de groupes destinée à apprendre aux élèves en difficulté à apprendre leurs leçons ? Une initiation méthodologique, réalisée *par les élèves eux-mêmes sous la vigilance du professeur, peut s'avérer très motivante et efficace : tout en resserrant les liens entre les membres du groupe classe, elle peut aider les plus faibles en valorisant les meilleurs... Et l'on peut imaginer ainsi un grand nombre de possibilités de cours, allant du visionnement d'un film en version originale aux activités de groupe, mais ayant toujours un but précis et s'inscrivant dans une démarche pédagogique cohérente dont la finalité ultime est l'amélioration du niveau de langue de la classe.*

Bien programmée, une activité "atypique" peut ainsi s'inclure harmonieusement dans une progression et "meubler" agréablement et intelligemment une unité de cours peu propice à l'exécution d'un travail trop ardu. Pensons aux veilles de vacances, par exemple... Prolongé par un travail personnel pertinent, le visionnement d'un film peut alors prendre un double intérêt : il clôt une longue étape de l'année scolaire et, sans faire perdre de temps, peut constituer une base de départ pour l'étape suivante. Ceci ne veut absolument pas dire que nous le réservions exclusivement à ces occasions...

Parler d'activité "atypique", comme nous venons de le faire, laisse entendre qu'il existe des activités "typiques" du cours d'espagnol. Et il est vrai que sa structure s'articule généralement autour de quelques grandes phases qui, pour n'être ni obligatoires ni immuables, n'en sont pas moins habituelles. C'est à cette structure habituelle du cours d'espagnol que nous allons nous intéresser dans ce chapitre.

Les principales phases du cours

Le cours d'espagnol se décompose habituellement en trois grandes phases de longueur inégale :
1 - L'évaluation et le contrôle des acquisitions du cours précédent.
2 - L'étude d'un nouveau document.
3 - Le prolongement de cette étude dans le sens du travail personnel de la classe.

Chacune de ces phases peut elle-même comporter plusieurs composantes.

La première phase, consacrée à l'évaluation des acquisitions du cours précédent, peut comporter deux parties : la leçon et la correction des exercices. La première apparaît indispensable lorsque le cours précédent a été consacré à l'étude d'un texte : c'est en effet l'occasion du premier réemploi récurrent de la langue de ce texte ; elle l'est moins sans doute, bien qu'elle reste très intéressante, s'il s'agit d'un document visuel dont le commentaire a déjà donné lieu à la réactivation d'une langue. Quant aux exercices, même très courts, ils peuvent ne pas être systématiques après chaque cours.

L'étude d'un nouveau document - ou de plusieurs - est évidemment le cœur du cours, ce qui lui donne sa consistance et en constitue l'essentiel. L'important, ici, sera d'aboutir à une étude "ronde", présentant une unité de sens. Cela pourra être l'intégralité d'un document visuel, une publicité, une séquence de film, une émission de télévision, un court texte enregistré, texte narratif, poème ou chanson -que l'on pourra distribuer imprimé en cours d'étude ou à la fin-, ou encore un texte écrit que l'on étudiera entièrement ou en partie, mais toujours en tenant compte de sa structure et de façon à ne pas en interrompre l'analyse de façon arbitraire et artificielle. C'est là un impératif que l'on veillera à respecter, dans le but d'obtenir la meilleure cohérence possible de la progression. S'il s'agit d'un texte, une lecture finale à haute voix pourra clôturer heureusement son analyse. C'est là une bonne façon, comme nous l'avons souligné par ailleurs, de tester une dernière fois la compréhension et de faire travailler la prononciation, l'accentuation et l'intonation, chose qu'il est souvent difficile de faire pendant le cours. Cela peut être aussi une bonne possibilité de valoriser certains élèves n'osant pas -ou peu- se manifester pendant le commentaire. Pour des raisons évidentes -nécessité d'avoir compris le texte pour pouvoir bien le lire- cette lecture à haute voix ne saurait avoir lieu avant la fin de l'étude.

Comme l'ensemble du cours lui-même, l'analyse d'un texte écrit ne saurait se conformer à un schéma type immuable. La façon d'aborder le document peut varier sensiblement (cf. chapitre VIII), de même que l'étude de détail : certains passages peuvent être moins lourds de sens que d'autres, sans pour autant être inutiles à la compréhension de l'ensemble du texte. On pourra alors se contenter d'une simple lecture cursive, au cours de laquelle on expliquera rapidement la lettre, sans insister, pour consacrer plus de temps à des passages plus consistants. Tout cela en fonction des objectifs que se sera fixés le professeur dans sa préparation. Il est souvent judicieux, néanmoins, d'aborder le texte par un dégrossissage global de son sens. Une lecture magistrale expressive, ou l'audition du texte enregistré, précédée ou assortie éventuellement -mais pas forcément- de l'explication de quelques mots clés, permettra à la classe d'en saisir l'essentiel : thème, noms et identité des personnages, circonstances dans lesquelles se déroule l'action, bref résumé de celle-ci... Il importera, lors de cette approche, de ne pas trop faire approfondir les idées de manière à ne pas déflorer le texte et émousser l'intérêt des élèves. Cette compréhension globale sera suivie d'une analyse détaillée, ou "descente" du texte, au cours de laquelle le commentaire s'effectuera, la plupart du temps, selon le double mouvement, du signifiant au signifié et vice-versa, que nous avons décrit au chapitre VI. C'est lors de la relecture magistrale, fragment par fragment, que pourra avoir lieu l'élucidation du lexique nouveau. La qualité de cette élucidation est très importante puisqu'elle conditionne la compréhension. Nous en avons montré les pièges au chapitre VIII. En ce qui concerne ses modalités, soulignons simplement qu'elle doit rester naturelle. Il est inopérant de perdre du temps à jouer avec la classe à un jeu de devinettes au cours duquel, pour faire trouver le sens du mot *gallina* (par exemple), le professeur va s'ingénier à dessiner au tableau un oiseau, quand il ne se livrera pas à une imitation truculente des gallinacés. S'il est vrai que le professeur d'espagnol doit s'efforcer, autant que possible, de parler en cours la langue qu'il enseigne, il doit avant tout adapter les moyens qu'il emploie aux finalités qu'il vise. L'élucidation du vocabulaire d'un texte -qu'elle ait lieu au fil de la lecture magistrale initiale ou lors de la relecture d'un fragment au cours de la "descente" du texte- a pour but la compréhension littérale, au service de l'appréhension du sens et de la langue de l'ensemble du texte. Elle pourra se faire selon diverses modalités : si la classe connaît un synonyme du mot à expliquer, le professeur saisira l'occasion de susciter une remémoration en donnant ce mot et en s'assurant, au besoin, que l'ensemble des élèves s'en rappelle bien le sens ; sinon, il en donnera tout simplement une traduction française, en l'expliquant -ou en la faisant expliquer- s'il juge que cette traduction n'est pas en elle-même suffisamment explicite pour la classe.

La troisième phase du cours peut également se décomposer en deux parties : la prise de notes et l'inscription, sur le cahier de textes personnel des élèves, du travail à fournir pour le cours suivant. Nous avons déjà évoqué la prise de notes, qui ne s'impose pas forcément. Elle est souvent souhaitable lors de l'étude d'un document visuel, pour permettre la mémorisation d'un matériel linguistique nouveau, forcément introduit, en l'occurrence, par le professeur ; mais elle peut aussi s'avérer inutile, si la langue employée lors du commentaire n'a été constituée que de réemplois récurrents. C'est là un idéal parfois difficile à atteindre, mais tout à fait conforme à la finalité de l'étude d'une image, qui est de susciter la réactivation des acquis. Après l'étude d'un texte, la prise de notes peut parfois s'avérer judicieuse pour insister sur un fait de langue nouveau introduit, ici aussi, par le professeur dans le but d'améliorer l'expression d'un élève, par exemple, ou dans le désir d'anticiper sur l'étude d'un document programmé pour un cours ultérieur ; ou encore pour souligner un réemploi récurrent utilisé au cours du commentaire. Mais c'est la langue du texte elle-même qu'il conviendra essentiellement de mémoriser. En tout état de cause, la prise de notes n'aura lieu qu'à la fin du cours. On la proscrira en cours d'étude du document, de façon à ne pas détourner l'attention de la classe de son objet premier : le document et le commentaire auquel il donne lieu.

La prise de notes pourra souvent être avantageusement remplacée par une leçon judicieusement formulée, assortie éventuellement d'exercices. En faisant réfléchir et appliquer la réflexion à la solution d'un problème, ceux-ci engendrent en effet aussi bien -sinon mieux- la mémorisation que ne le ferait un texte inscrit sur le cahier et plus ou moins hâtivement revu. D'autant que la prise de notes présente un inconvénient gênant, surtout dans les classes composées d'élèves peu scolaires : ceux-ci ont souvent beaucoup de mal à transcrire correctement un texte, et risquent de ce fait d'apprendre un espagnol très approximatif. Ce risque est accru en fin de cours, surtout si le temps manque... Autant de raisons, parmi d'autres (la perte de temps) qui justifient que l'on s'interroge sur la pertinence d'autres moyens à mettre en œuvre. Et parmi ceux-ci, on peut penser, par exemple, à un texte préalablement établi par le professeur, qu'il distribue en fin de cours et que les élèves collent sur leur cahier ou -mieux, dans ce cas- leur classeur. Cela présente l'inconvénient de ne pas forcément coller au vécu du cours, mais est-ce vraiment là un inconvénient ? Même s'il dévie ponctuellement de la ligne prévue, un cours bien préparé atteint toujours les objectifs qu'il s'est fixés. Il est donc tout à fait possible de prévoir à l'avance les choses sur lesquelles on aura insisté et dont on souhaite la mémorisation. Et l'on pourra toujours adapter les prévisions aux réalités, en demandant à la classe de ne pas tenir compte de certaines choses secondaires, envisagées mais qui n'auront pas été vues, ou en faisant rajouter un point non prévu, que le cours aura néanmoins permis de traiter et que l'on juge utile de faire mémoriser. Cette technique n'est même pas exclue lorsqu'il s'agit de faire retenir le vocabulaire d'un document visuel. Il suffira, alors, de fournir une liste -réduite autant que possible- des mots nouveaux que l'on aura jugés nécessaires au commentaire. Ces mots peuvent être fournis non traduits, bruts ou employés dans de courtes phrases sur le document, et l'on demandera à la classe, en fin de cours, de rajouter la traduction de ceux que l'on aura effectivement employés, en délaissant les autres. Quitte à ajouter un ou deux termes importants auxquels on n'aura pas pensé lors de la préparation. Cela permet de gagner du temps et de fournir des données sûres.

Les élèves dans le cours : qu'est-ce que participer ?

Le cours d'espagnol exige de la part des élèves une attitude à laquelle les situations scolaires traditionnelles ne les habituent guère. C'est pourquoi la formation de la classe acquiert, dans la pédagogie de l'espagnol, un relief et une importance particuliers. Nous lui consacrons le chapitre XI.

Nous avons défini, au chapitre VI, la participation de la classe comme un moyen indispensable à sa progression. Mais qu'est-ce que participer ? Quel ensemble d'attitudes implique une participation efficace ?

La notion de participation implique une part prise par chaque individu composant un groupe -ici, la classe- à une entreprise commune qui est, en l'occurrence, le bon déroulement du cours. Cela signifie que chaque élève se sente partie prenante, et donc responsable, dans le fonctionnement de la classe, mais aussi qu'il admette chacun de ses camarades comme jouant, en son sein, un rôle aussi important que le sien. C'est donc à un ensemble d'attitudes allant à la fois dans le sens de la responsabilité individuelle et du respect des autres qu'est convié chaque membre du groupe.

La première de ces attitudes est évidemment celle par laquelle se concrétise la participation : la prise de parole. Mais celle-ci ne sera vraiment efficace que si elle se produit dans un contexte qui permette à l'ensemble de la classe d'en tirer profit, c'est-à-dire d'avancer dans le sens de la compréhension du document par la compréhension et le maniement de la langue. Pour cela :

– Elle devra être audible. Cela implique une ambiance d'écoute, de discipline et de silence, mais aussi, éventuellement, des conditions matérielles appropriées. On pourra penser, par exemple, à une disposition des tables favorisant la bonne audition de l'ensemble de la classe. Et l'on devra exiger de l'intervenant qu'il ne s'exprime pas que pour le professeur, mais qu'il adopte, dans la mesure du possible, la hauteur de voix nécessaire à une compréhension générale.

– Elle devra être ordonnée, c'est-à-dire ne pas se trouver en porte-à-faux par rapport au déroulement du cours. Ceci signifie essentiellement que chaque membre du groupe classe saura écouter ses camarades afin de pouvoir greffer sur le commentaire d'autrui une réflexion personnelle : complément d'information, approfondissement de l'idée, expression d'un avis ou d'un jugement personnel, etc. Cela implique également une adaptation de tous les instants au déroulement du cours, et donc l'abandon provisoire d'une idée que l'on pensait formuler, mais qui tomberait mal à propos suite à l'intervention d'un camarade.

– Elle devra être humble, modeste. En cours d'espagnol, le droit à l'erreur est reconnu, mais l'erreur, tant dans l'idée elle-même que dans sa formulation, doit être acceptée par tous. Le professeur lui-même n'est pas infaillible. Il peut avoir oublié un mot, ou même ne pas le connaître, et les élèves le comprennent fort bien : personne n'est un dictionnaire ambulant... On se contentera provisoirement d'un mot inexact, le moins impropre possible, et on le dira à la classe. On lui donnera le mot exact au cours de l'heure suivante.

– Elle devra être confiante, enfin, faute de quoi elle ne sera pas. Cela suppose une ambiance de respect et de collaboration dans la poursuite d'un objectif commun : les progrès individuels, chacun à son rythme et à partir de son niveau, grâce à l'aide de tous. Cela suppose que chacun accepte de se tromper et - ceci ne va pas sans cela - que le groupe sache accepter l'erreur individuelle comme un pas positif dans la recherche de la vérité.

Cet ensemble d'attitudes, fait d'écoute, de discipline, d'humilité, de tolérance et de confiance, favorise une participation bien comprise, c'est-à-dire un débat clair et rigoureux, dialogué, s'appuyant sur le document pour tenter d'en percer le sens. Cette participation pourra ne pas avoir pour unique fin de proposer des solutions ou d'exprimer un avis personnel. Elle pourra, le cas échéant, interroger, exprimer la perplexité ou l'incompréhension face à l'expression d'une idée, demander de l'aide et en fournir.

C'est là un idéal qui peut paraître bien difficile à obtenir eu égard aux conditions dans lesquelles travaillent les professeurs d'espagnol et le public auquel ils s'adressent. Il est certain que de tels comportements seront plus faciles à obtenir dans les classes du premier cycle, plus malléables et que le professeur pourra former comme il l'entend. Il est non moins certain qu'ils seront favorisés par l'intérêt que porteront les élèves au cours. Quoi qu'il en soit, quel que soit l'intérêt de l'ensemble de la classe, on n'éliminera sans doute pas forcément les brebis galeuses ni les risques de mauvaise ambiance. Mais le professeur, par son attitude dans le cours, s'emploiera à en réduire le nombre et la fréquence et à en atténuer les effets.

Le professeur dans le cours

Comme tout dialogue, toute communication, le cours met donc en jeu des rapports affectifs, et il ne fonctionnera bien que si le professeur a su créer, entre les élèves, l'atmosphère de confiance, de collaboration et d'entraide nécessaire à une bonne participation. Mais cette atmosphère est forcément fragile, instable. Des conflits, du découragement peuvent naître entre les participants, et nuire gravement à la qualité du travail de groupe. Face à ces risques de dérive, qu'il n'évitera sans doute pas toujours, le professeur devra être très vigilant et savoir faire preuve d'à-propos pour adopter, face à chaque cas, l'attitude la plus adéquate.

Son rôle de "chef d'orchestre" l'amènera naturellement à veiller à la justesse des idées exprimées, à la correction et à la qualité de l'expression. Dans un souci de rigueur, et toujours en situation, il apprendra à la classe à raisonner, à tirer des conclusions de ses observations, ou à justifier les idées exprimées. Lorsqu'une phrase sera erronée, il la fera corriger soit par son auteur soit par les autres membres de la classe. Il incitera tel ou tel intervenant à améliorer son expression en faisant appel à sa mémoire pour y retrouver un mot ou une expression connue. C'est ainsi qu'il réagira souvent face à la question ¿cómo se dice...? Cette question, que tout élève du cours d'espagnol sait poser dès les premières semaines de la classe de quatrième, est précieuse en début d'apprentissage et même après, car elle constitue une clé permettant aux élèves de demander un secours lexical, et donc de ne pas être bloqués par une ignorance ponctuelle. Mais, si on n'y prend garde, cette clé peut devenir un passe-partout un peu trop commode qui évite le recours -fatigant !- à la mémoire. Le professeur peut alors se transformer en un véritable dictionnaire que l'on utilise à tort et à travers, sans faire, évidemment, le moindre effort pour mémoriser la langue qu'il procure. Il faudra donc très vite apprendre à la classe à n'avoir recours qu'avec parcimonie à la clé du ¿cómo se dice...? On ne la rejettera pas systématiquement, car elle pourra toujours débloquer une situation en permettant l'utilisation d'un lexique spécialisé ignoré par la classe, mais on évitera d'y répondre lorsque la demande d'aide portera sur un vocabulaire d'ordre général que les élèves connaissent ou qu'ils peuvent remplacer par une expression connue. On sollicitera alors la mémoire du groupe classe, en l'orientant éventuellement : *¿Recordáis cómo lo decía el protagonista del texto que estudiamos...?* C'est ainsi que l'on apprendra aux élèves à ne pas traduire mot à mot, mais à réemployer la langue qu'ils connaissent.

Son rôle de chef d'orchestre, le professeur l'assumera également en organisant et en favorisant la participation la plus générale possible. C'est par son attitude à l'égard des élèves les plus timides, et surtout des plus faibles, qu'il créera les conditions d'une bonne marche du groupe classe. Aussi s'efforcera-t-il d'éviter que des élèves soient laissés pour compte. Il organisera les tours de parole en donnant la priorité à ceux qui sont les moins habitués à s'exprimer. Il ira vers eux, sollicitera leur participation en les interrogeant ponctuellement et en mettant à profit leurs aptitudes et leurs qualités. Il les encouragera, ou évitera de les décourager en se montrant trop pointilleux sur la correction de leur expression. Trop d'exigence ou de rigueur peut parfois être bloquant et hacher à l'excès le déroulement du cours. Le professeur saura accepter le négatif (petites fautes ou lapsus) lorsque sa correction s'avérera plus préjudiciable que positive. Lorsqu'une idée importante ou difficile à comprendre aura été exprimée, il s'assurera de la compréhension de la classe, notamment des élèves les plus faibles. Si l'un d'eux n'a pas compris, il sollicitera un de ses camarades pour qu'il reformule l'idée, de la même façon ou d'une autre. Dans ce genre de sollicitation, il fera preuve de tact en n'interrogeant pas toujours les plus faibles, mais en recourant parfois aux plus forts de façon à ne pas transformer les premiers en "caisses de résonance" des seconds. Il saura mettre à profit la leçon initiale pour solliciter la participation des élèves les moins imaginatifs, incapables de produire des idées très originales, mais qui, dans cette première phase du cours, peuvent restituer le produit de leur travail personnel... En évitant de systématiser à l'excès et d'enfermer chaque individu dans un rôle unique.

Dans sa fonction de chef d'orchestre, le professeur alliera donc des qualités humaines à ses compétences techniques de manière à faire en sorte que chacun des éléments du groupe classe puisse progresser à partir de son niveau. En participant naturellement au dialogue de la classe, il fera preuve d'une disponibilité de tous les instants, dans un souci de rigueur dépourvu de rigidité. Par ses interventions, il orientera le dialogue, mais de la façon la plus naturelle possible. Il fera preuve d'opportunisme et de souplesse pour saisir les perches que lui tendra le déroulement du cours, en faisant au besoin abstraction de ses prévisions ou souhaits afin de s'engager dans une orientation imprévue suggérée par la participation des élèves. Directif sans le paraître, il sera ainsi souple dans la rigueur, et avant tout naturel. Cela n'exclut évidemment pas les réprimandes ni les fustigations si le besoin s'en fait sentir...

Gérer le temps

Pour peu que la classe soit nombreuse et composée d'élèves de niveaux très disparates, comme c'est souvent le cas dans le deuxième cycle, le professeur sera forcément confronté à un problème de temps. Comment, en cinquante-cinq minutes de cours, concilier les trois phases que celui-ci comporte et une activité aussi débordante, dont toutes les facettes sont par ailleurs indispensables pour un bon fonctionnement du groupe classe ? Une seule solution : jouer sur la durée de chacun des moments du cours.

Car le professeur jouit d'une latitude relativement importante dans l'organisation de son cours. Celui-ci s'agencera, naturellement, en fonction de la phase centrale, l'étude du nouveau document, qui en constitue l'essentiel. C'est donc essentiellement sur la durée des deux autres phases que l'on pourra jouer, le cas échéant, mais cela ne sera possible que si on l'a prévu à l'avance.

L'évaluation des acquis du cours précédent, en particulier, peut varier sensiblement en longueur. Elle peut comporter ou non une correction d'exercices écrits. Cette correction peut être incluse dans la leçon : cela peut être le cas, par exemple, si l'on donne une série de phrases à compléter à l'écrit, mais destinées à aider les élèves à se rappeler l'essentiel des idées et à les organiser. Il sera alors inutile de reprendre, après la leçon, ce qui viendra d'être dit. Enfin et surtout, si l'on prévoit pour le cours suivant une étude longue, on pourra écourter la leçon elle-même en donnant un travail particulièrement ciblé. Au lieu d'exiger de la classe une présentation complète et détaillée du document que l'on vient d'étudier, on lui demandera d'orienter son travail personnel, en vue de la leçon, dans un sens bien précis, qui sera évidemment l'essentiel du commentaire. On pourra demander, par exemple, de savoir répondre à une question que l'on donnera et fera inscrire sur le cahier de textes, ou de savoir commenter une phrase à la lumière du document que l'on vient d'étudier... Autant d'orientations qui exigeront des élèves un travail précis dont on attendra les fruits, et pas autre chose que les fruits, au début du cours suivant. On ne saurait trop insister sur les vertus d'un tel travail ciblé : outre qu'il permet de raccourcir la leçon dans la perspective d'une étude de document que l'on prévoit longue, il évite de tomber dans la routine de la récapitulation de l'ensemble des idées exprimées lors du cours précédent et maintient les élèves en éveil. Ceux-ci savent que ce qu'on va exiger d'eux au cours de la leçon peut varier sensiblement d'un cours à un autre. Avant d'effectuer leur travail personnel, ils sont obligés de consulter leur cahier de textes pour travailler dans le sens des exigences du professeur. Ils s'habituent ainsi à fournir un travail précis, orienté dans une certaine perspective. Ceci facilite sensiblement leur tâche et favorise la précision de leurs acquisitions, lesquelles vont, naturellement, dans le sens de la progression envisagée par le professeur dans l'élaboration de sa programmation. Ce travail personnel ciblé sur l'essentiel du cours qui vient d'avoir lieu est sans doute une des clés des progrès de la classe et de l'intérêt qu'elle va porter au cours d'espagnol.

A la fin du cours, les consignes de travail personnel pourront être distribuées photocopiées, ce qui permettra de gagner un temps précieux. Au lieu de les faire inscrire sur le cahier de textes des élèves, le professeur se contentera de les lire avec eux et de donner toutes explications utiles ou nécessaires. Cela implique, bien évidemment, que le travail personnel ait été prévu lors de la préparation du cours, et ne préjuge en rien d'une adaptation ponctuelle susceptible de s'avérer judicieuse au vu du déroulement du cours.

Si l'on est pris par le temps, malgré toutes les dispositions que l'on aura prises, il sera enfin possible de jouer sur le commentaire du nouveau document lui-même. Ainsi pourra-t-on, si cela s'avère nécessaire et s'il s'agit d'un texte, en terminer l'étude en lecture cursive, au cours de laquelle on expliquera brièvement la lettre de façon à permettre la compréhension ; quitte à susciter un approfondissement, si on le juge utile, par le biais d'un petit exercice supplémentaire à effectuer dans le cadre du travail personnel. Ou l'on demandera aux élèves un travail personnel d'analyse de la fin du texte, surtout si cette fin était une idée qui a été exprimée lors du commentaire effectué en classe. Il sera facile, par exemple, de faire rechercher dans la fin du texte les détails corroborant cette idée, détails dont on fera mention dans la leçon du cours suivant.

Enfin et surtout, on évitera autant que possible les textes trop longs : leur longueur dépendra évidemment de leur richesse, mais l'étude d'un texte court permet de consacrer du temps, en fin d'heure, à des exercices annexes tels que la lecture, dont l'intérêt n'est pas à souligner.

Le cours d'espagnol ne se conforme donc ni à un schéma ni à un minutage précis et immuable. Il reste souple dans toutes ses composantes pour s'adapter constamment à un impératif premier : les nécessités pédagogiques.

CHAPITRE X

L'évaluation

*É*valuer, c'est apprécier, juger, et donc attribuer une valeur à une production. Dans l'enseignement de l'espagnol, comme dans l'enseignement en général, l'évaluation pourra s'appliquer à la production d'ensemble, le professeur appréciant alors le rendement de toute la classe, en termes de niveau et de comportement ; ou à chacune des productions individuelles - ou, le cas échéant, de groupe -, celles-ci pouvant être écrites ou orales. Cette appréciation pourra se concrétiser dans une note et une justification, écrite ou orale, de celle-ci.

Finalités de l'évaluation

Traditionnellement, l'évaluation était avant tout une sanction : punition pour les mauvaises productions, récompense pour les meilleures. Et il est certain qu'il sera encore bien difficile d'éviter que la note attribuée ne soit perçue ainsi. Il n'y a là rien que de très humain : est-il possible de ne pas être flatté de voir reconnue par autrui la bonne réalisation d'un travail, ou, au contraire, de ne jamais ressentir comme une mortification la critique des autres ?

Conçue différemment et convenablement présentée à la classe, l'évaluation peut néanmoins jouer un rôle formateur, éducateur et pédagogique autrement plus positif. Elle restera un moyen, pour l'élève, de se situer par rapport à l'étalon que sont les exigences ou les souhaits du professeur, et qui peuvent s'exprimer en termes de niveau, mais pas uniquement. Nous en reparlerons. Mais - et c'est là son principal intérêt - elle peut et doit lui permettre d'apprécier en quoi sa production n'est pas exactement conforme à cet étalon, et lui donner de ce fait des moyens de progression. Elle peut être "formative", et pas uniquement "sommative".

Nous nous attacherons, dans le présent chapitre, à étudier comment l'évaluation peut jouer ce rôle, sans prétendre à l'exhaustivité dans l'exposé des moyens susceptibles d'être mis en œuvre dans ce sens. Ceux-ci pourront être imaginés par chaque professeur en fonction de ses objectifs précis.

Les critères de l'évaluation et ses traductions : notes et appréciations

Qu'évaluer ? Telle est la première question. Et le problème qui se pose à travers cette question n'est pas tant celui du type de productions à apprécier que les critères d'appréciation. C'est dans une optique d'évaluation formative, c'est-à-dire orientée non dans un sens rétrospectif d'appréciation des acquis, mais bien dans un sens prospectif, d'information sur les moyens à mettre en œuvre pour améliorer ces acquis, que cette question prend toute sa signification. Et y répondre ne résout pas tous les problèmes, nous le verrons.

Car au-delà de l'évaluation des connaissances, c'est-à-dire d'un niveau par rapport à un autre niveau considéré comme absolu à un moment de formation donné - évaluation traditionnelle, que nous appellerons "sommative", pour reprendre un terme consacré, et qui se traduit en une note absolue - se pose le problème de l'utilité ou de la nécessité d'un autre type d'évaluation, "formative" celle-là, voire relative, c'est-à-dire prenant en compte des critères tels que les progrès, les efforts ou la méthode de travail. Ce deuxième type d'évaluation est tout à fait en accord avec les ambitions et les finalités que nous avons définies pour le professeur d'espagnol : mettre tout en œuvre pour que chaque membre du groupe classe puisse progresser, au maximum de ses possibilités, à partir du niveau qui est le sien et qui est plus ou moins perfectible selon les capacités individuelles et les conditions de vie. En récompensant les efforts, l'acquisition progressive d'une méthode, ce type d'évaluation oriente le travail de l'élève et vient mitiger des notes d'appréciation d'un niveau absolu qui pourraient rapidement être décourageantes. C'est en cela que réside tout son intérêt.

Celui-ci n'est réel que si le professeur a pris et prend régulièrement le soin d'expliquer sa notation, celle des productions orales comme celle de l'écrit. Or, chacun sait bien que les appréciations écrites qui peuvent figurer sur les copies ne servent pas à grand-chose : elles sont souvent trop succinctes, peu explicites, et même si ce n'est pas le cas, l'auteur de la copie ne les lit pas. Ce qui l'intéresse, c'est la note, un point, c'est tout. On privilégiera donc les explications orales, que l'on pourra assortir de conseils destinés à faire améliorer les productions. Nous y reviendrons.

Si l'évaluation formative présente un intérêt évident, elle ne laisse pas d'être problématique. D'une part elle est difficile à effectuer : pour un professeur épris de justice, d'impartialité, l'évaluation sommative pose déjà des problèmes de conscience ; que dire d'une évaluation dont les critères sont aussi flous que des "progrès" ou des "efforts" ? Et d'autre part, on devra veiller à ne pas fausser l'appréciation portée sur un niveau absolu, qui reste tout de même celui qui sera pris en compte pour l'orientation. Ce deuxième problème est aussi facile à résoudre qu'il est réel : il suffira de jouer sur les coefficients des différentes notes attribuées, de façon à ce que le niveau final ne soit pas trop faussé ; ou, mieux encore : de dissocier les notes appréciant le niveau de celles évaluant le travail ou la méthode. Ces deux rubriques, sur les bulletins trimestriels et autres livrets scolaires, peuvent être précieuses à l'heure où il s'agira d'apprécier une personnalité...

Mais à travers la nécessité de ces deux types d'évaluation, ce qui est posé c'est le cruel dilemme dans lequel est enfermé tout enseignant : dire l'insuffisance d'un niveau sans décourager. Il ne s'agit pas d'hypocrisie, mais simplement de réalisme, dans l'intérêt bien compris de l'élève, dont le niveau peut lui interdire certaines orientations, mais dont le découragement serait certainement fatal. C'est ce dernier qu'il faudra s'efforcer d'éviter, par l'évaluation comme dans tous les autres aspects de notre pédagogie. Et éviter le découragement, c'est nécessairement éviter l'accumulation des mauvaises notes.

L'évaluation de l'écrit : qu'évaluer et comment ?

Éviter l'accumulation des mauvaises notes, à l'écrit, peut parfois paraître une gageure étant donné le niveau d'expression de certains élèves. On s'efforcera pourtant d'y parvenir, dans la mesure du possible, et le professeur d'espagnol dispose, pour ce faire, d'un certain nombre de moyens.

Dans le cadre d'une évaluation sommative, la variété et le dosage de la difficulté des exercices peuvent permettre de mitiger quelque peu l'appréciation d'un niveau qui pourrait s'avérer décourageante. De petits exercices ponctuels, courts, dans le prolongement du cours, sont faciles à faire et peuvent procurer à tout élève un tant soit peu attentif et appliqué quelques résultats positifs. Un dosage dans le temps peut également s'avérer efficace, la difficulté augmentant au fil des semaines et des mois. Cela semble souhaitable dans les classes de seconde et de première, souvent très hétérogènes en début d'année scolaire. Il serait aberrant et certainement inopérant de partir d'un prétendu "niveau seconde", lequel n'existe que de façon très théorique. On conseillera d'adopter, pour le départ, le niveau réel de la classe, et même celui de ses éléments les plus faibles. Du moins dans une partie des exercices que l'on donnera. Car, comme nous l'avons suggéré au chapitre VII, le dosage de la difficulté peut être réalisé à l'intérieur même d'un devoir ou d'un ensemble d'exercices. De savants dosages, ménageant un certain équilibre entre exercices faciles et plus difficiles, peuvent ainsi permettre aux élèves les plus faibles de tirer leur épingle du jeu, "d'accrocher les wagons" de la classe et de prendre ou reprendre un certain goût à l'espagnol.

Dans un souci d'encouragement et de formation méthodologique, on pourra avoir recours également à une évaluation plus formative et même à une notation relative. Ce que nous suggérons ici, c'est de prendre en compte pour la notation non seulement les aspects négatifs de la copie, mais également, et peut-être avant tout, ses aspects positifs ; et de les signaler sur la copie. Ainsi, de la même manière qu'un trait rouge indique les fautes, un trait vert (ou de toute autre couleur autre que celle employée pour signaler les erreurs) peut indiquer les réussites. Celles-ci doivent être, en l'occurrence, les réemplois intéressants, ou même les tentatives avortées de réemploi, c'est-à-dire les prises de risques débouchant sur des erreurs, et qui peuvent être soulignées à la fois de rouge et de vert : le vert "applaudit" la tentative, et le rouge signale qu'elle a échoué. Mais les "applaudissements" restent, et cela est important.

Cette méthode de notation, ou toute autre que l'on pourra imaginer dans le même esprit, présente des vertus évidentes : en incitant à la qualité de l'expression, laquelle passe nécessairement par le réemploi, elle oriente naturellement l'élève dans le sens des souhaits du professeur et lui donne une méthode de travail. Expliquée et dûment commentée par le professeur, elle sera vite comprise et appliquée par la classe. Celle-ci hésitera beaucoup moins à prendre des risques, car elle y sera incitée par une évaluation positive. Or, tout progrès implique, au départ, une certaine prise de risques...

Dans un but formateur, on pourra enfin penser à faire corriger par les élèves leurs exercices ou devoirs écrits. Hormis en de rares cas, on peut en effet se poser des questions sur l'utilité de la correction opérée par le professeur lui-même. Ce qui se passe pour les appréciations se passe également pour les corrections : l'élève y jette tout au plus un coup d'œil distrait, ce qui ne l'empêche pas de retomber dans les mêmes erreurs dans le devoir suivant. Il s'agit donc de l'inciter à la réflexion sur ses propres erreurs en les lui faisant corriger comme on le fait dans les productions orales. Et l'on peut ainsi imaginer une formule, que nous proposons mais qui pourra évidemment être adaptée aux méthodes et aux objectifs de chacun : le professeur souligne les fautes en rouge -et éventuellement en vert les réussites-, mais ne les corrige pas ; il se contente d'indiquer la nature de chaque faute dans la marge, au moyen d'un code qu'il aura communiqué aux élèves. Il note la copie et la rend à l'élève en lui demandant d'en faire une correction, c'est-à-dire d'en corriger toutes les fautes de langue. Les modalités précises de cette correction peuvent être très diverses, mais on peut conseiller de l'exiger sur une feuille à part, différente de la copie originale. Toute phrase ou membre de phrase contenant une faute devra être repris intégralement, de façon à former autant d'unités de sens... et à faciliter la correction. Lors de la séance de cours suivante, le professeur relève les copies et les productions originales. Il corrigera les premières en les comparant avec les secondes, et pourra même les noter. C'est en pensant à cette note que nous avons parlé ci-dessus de "notation relative" : celle-ci, en effet, n'adopte plus comme critère d'évaluation un niveau absolu, mais bien des progrès effectués par rapport à un "premier jet". Et, ainsi conçue, la correction d'un élève faible peut se voir attribuer une note approchant, ou même dépassant, celle d'un élève plus fort. C'est là, évidemment, une source d'encouragement pour tous, génératrice d'efforts et de progrès. Il reviendra au professeur d'assortir chacun des exercices d'un coefficient propre à faire en sorte que l'évaluation finale du niveau de chaque élève ne présente pas de distorsion trop accentuée par rapport à son niveau réel.

En adoptant une telle optique, le professeur renonce à la notation sanction et fait de l'évaluation un nouveau moyen pédagogique d'atteindre son premier objectif : améliorer la qualité d'expression de ses élèves. Il ne s'agira pas pour autant de les leurrer en leur laissant croire à un niveau qu'ils n'ont pas. C'est pourquoi, dans le cadre d'une telle conception de l'évaluation, le dialogue entre le professeur et sa classe prend une extrême importance. Il faudra expliquer que le seul critère d'appréciation n'est pas le niveau absolu, faire comprendre qu'une copie peut se voir attribuer une note supérieure ou égale à une autre bien qu'étant sensiblement inférieure en qualité brute, préciser les exigences et les objectifs... Mais cela tournera finalement au profit de l'ensemble de la classe : les plus faibles y trouveront des encouragements et une nouvelle motivation, leurs progrès seront à nouveau possibles, l'ambiance générale de la classe s'en trouvera améliorée, l'esprit de tolérance et de coopération renforcé.

Un seul problème subsiste, mais il est de taille : la charge de travail pour le professeur. A la préparation des cours, déjà fort lourde, à la correction des innombrables copies d'exercices et de devoirs viendrait s'ajouter la correction des corrections ! Cela semblera à beaucoup inacceptable, ou impossible à réaliser. Et cela le serait sans doute si on n'apportait au système aucun correctif. Ceux-ci existent, heureusement : rien ni personne n'oblige le professeur à relever tous les exercices ponctuels qu'il donne à la fin des cours. Il peut exiger qu'ils soient faits par tout le monde tout en se réservant le droit de n'en relever qu'une partie, plus ou moins importante, ou même de n'en relever aucun, occasionnellement. Il n'est pas non plus tenu d'exiger une correction de chaque production écrite, et peut, par exemple, réserver cet exercice aux travaux consistants, de rédaction. Il n'est pas souhaitable, du reste, qu'il l'exige systématiquement. L'excès de notes peut avoir des effets pervers, générer une certaine inefficacité en incitant ponctuellement au bâclage. Il lui appartiendra de mettre au point la méthode, en ayant toujours en point de mire un objectif, et en tenant compte des avantages et des inconvénients que la pratique pourra mettre en lumière. Mais, à plus ou moins long terme, les avantages d'une évaluation ainsi conçue l'emporteront sur les inconvénients, et la charge de travail du professeur s'en trouvera au bout du compte allégée.

L'évaluation des productions orales

La participation orale des élèves exige d'eux d'autres qualités et peut contribuer à nuancer considérablement l'évaluation de leurs productions écrites. Tel élève qui, à l'écrit, a beaucoup de mal à structurer sa pensée ou à construire un discours cohérent peut, à l'oral, se trouver bien plus à l'aise et obtenir de bons résultats. Par ailleurs, la primauté de la participation orale dans la pédagogie de l'espagnol -primauté que ne remet nullement en question l'importance accrue de l'écrit au baccalauréat- exige une évaluation et lui confère une importance de tout premier ordre.

Une telle évaluation n'est pas sans poser de nombreux problèmes : Qu'évaluer ? Sur quels critères asseoir l'appréciation des productions ? Doit-on privilégier la quantité par rapport à la qualité ; la créativité, l'imagination, la spontanéité par rapport à la restitution fidèle d'un discours appris ? Ou vice-versa ? Et comment noter une participation orale par définition volatile et qui ne laisse pas la moindre trace ? Quelle note attribuer à l'élève qui ne s'exprime jamais ? Autant de questions qu'est amené à se poser le professeur d'espagnol...

Les productions orales des élèves sont constituées, pour l'essentiel, par leur participation au cours, c'est-à-dire à la leçon et au commentaire du (ou des) document(s) qui suit habituellement. Mais elles peuvent sensiblement déborder de ce cadre, et le professeur pourra, à l'occasion, noter telle ou telle production plus individualisée : récitation de poème ou représentation d'une scène, dans le premier cycle. Cela peut être l'occasion de valoriser des talents d'expressivité, d'originalité, ou tout simplement de prononciation, que la participation habituelle ne permet pas d'exprimer. Cela peut également permettre à l'ensemble de la classe de participer à l'évaluation en exprimant une appréciation sur la production à la lumière de l'étude du texte qui a été réalisée au cours précédent. On peut ainsi imaginer une leçon originale, sortant de la routine, débutant par une (ou des) récitation(s) ou la représentation d'un sketch et se poursuivant par une critique de l'ensemble de la classe, assortie d'une note attribuée par le professeur à chacun des récitants ou des acteurs... Dans le deuxième cycle, il pourra parfois être possible de se livrer à un entraînement à l'épreuve du baccalauréat en demandant à un élève, volontaire ou tiré au sort, d'effectuer une présentation du document étudié lors du cours précédent. On pourra jouer sur les modalités : présentation notée suivie de questions des camarades sur quelques aspects oubliés, et destinées à faire monter la note... toujours dans un esprit positif et bienveillant.

Mais l'évaluation essentielle, la plus importante, concerne sans nul doute la participation habituelle au cours, c'est-à-dire à la leçon collective et au commentaire du nouveau document. Et c'est ici, essentiellement, que se posent pour le professeur les problèmes que nous avons évoqués. Nous ne saurions donner de recette infaillible ni de solution définitive dans le but de les résoudre. Chaque professeur le fera en faisant preuve de jugement et de constance dans son appréciation, laquelle sera effectuée en fonction des objectifs qu'il se sera assignés. Tout au plus peut-on formuler quelques orientations.

Nous avons déjà présenté la leçon collective initiale comme un moment privilégié pour susciter la participation de certains élèves qui, parce qu'ils sont peu imaginatifs ou qu'ils manquent de confiance en eux, ont du mal à participer au commentaire proprement dit. Judicieusement conseillés ou interrogés par le professeur, ces élèves peuvent mettre à profit cette phase du cours pour s'entraîner à l'expression orale, tester leurs acquisitions et leurs connaissances en général... et soigner leurs résultats.

En ce qui concerne la notation proprement dite, il conviendra d'imaginer une méthode propre à atténuer les distorsions et les injustices susceptibles d'être engendrées à la fois par la volatilité des débats et par la fiabilité contestable de l'impression du professeur. On évitera d'être pointilleux à l'excès en pointant chaque intervention d'élève. Ce serait induire dans la classe un comportement formaliste uniquement soucieux de rentabilité et de quantité, au détriment sans doute de la qualité. On optera plus volontiers pour une note individuelle à la fin de chaque cours, attribuée en fonction du souvenir qu'aura laissé dans l'esprit du professeur la prestation de chaque élève. On s'efforcera de mettre ces notes sans attendre que le souvenir s'estompe. Cela peut être fait à l'inter-cours, ou même à la fin de la demi-journée... La note d'oral définitive pourra être une note de quinzaine, égale à la moyenne des notes attribuées à la fin de chaque cours. Une moyenne de cinq ou six notes semble propre à corriger les éventuelles erreurs qu'aura pu commettre ponctuellement le professeur, dans son évaluation quotidienne.

Il s'agit là d'une méthode de notation parmi bien d'autres possibles, l'essentiel étant de préserver une certaine équité, toute relative du reste puisqu'elle se définira nécessairement par rapport à un comportement souhaité et déterminé par le professeur. Ce sont les différentes composantes de ce comportement qui constitueront les critères d'évaluation, que l'on a coutume de réduire aux notions de "quantité" et de "qualité" de la participation. Or, si la première de ces notions est claire et ne prête à aucune équivoque, la deuxième l'est beaucoup moins. Et l'importance de chacune dans la note attribuée est également susceptible d'être très variable...

Qu'entendre, donc, par "qualité" de participation ? Et comment noter l'oral ? Dans notre perspective qui, répétons-le, vise à l'amélioration d'un niveau linguistique, aussi bon soit-il, le professeur ne saurait confondre qualité et simple correction de la langue employée. Il ne saurait non plus, sous peine d'occulter la notion fondamentale de progrès, considérer la qualité de l'expression comme un absolu en attribuant une excellente note d'oral à l'élève bilingue, d'origine espagnole et qui parle en cours la langue qu'il parle chez lui... c'est-à-dire qui n'apprend rien en cours d'espagnol ! Pour paradoxal que cela puisse paraître, cet élève méritera peut-être une note convenable, mais un professeur visant les objectifs que nous nous sommes fixés attribuera sans doute une meilleure note à celui qui, bien que d'un niveau sensiblement inférieur, s'efforcera de réemployer la langue des textes et mettra tout en œuvre pour faire personnellement des progrès et favoriser ceux de la classe entière. C'est dire qu'ici aussi, comme dans l'évaluation de l'écrit, il convient de s'interroger sur l'opportunité d'une notation relative, la notion de "qualité" recouvrant, au-delà de la qualité brute de l'expression, une méthode d'apprentissage et même tout un comportement : cela peut être la qualité d'écoute des autres, la qualité de l'aide qui leur est dispensée, la "qualité" de l'humilité dans l'acceptation des erreurs, la "qualité" des efforts faits pour participer - dans le cas des élèves timides, par exemple -, etc. Autant de facettes de la notion de qualité appliquée au comportement social d'un individu dans le cadre du cours. Tant il est vrai - et c'est là une évidence - que la notion de qualité, de même que la note qui l'évalue, est relative, fonction des critères que l'on se donne dans la poursuite d'un objectif : les progrès de chaque élève et de la classe en général.

La note attribuée à l'issue de chaque cours tiendra compte de tous ces critères, mais ne saurait être trop précise. On évitera les demi-points, et a fortiori les quarts de point... On pourra opter pour une note en lettres ou une appréciation en niveau : A pour "très bien" en quantité et en qualité ; B pour "bien" (beaucoup de quantité, mais une qualité moyenne ; ou vice-versa) ; C pour "moyen" ; D pour "passable - insuffisant" ; et E pour "très insuffisant". La moyenne pourra être conservée en lettres, ou convertie en note chiffrée si on juge nécessaire de ne pas créer de "discrimination" entre l'oral et l'écrit, une note en lettres pouvant être tenue pour moins importante qu'une note chiffrée... Chaque professeur optera en fonction de sa propre sensibilité.

Reste le cas des élèves muets. On s'efforcera, bien évidemment, de faire en sorte qu'il y en ait le moins possible, en allant vers eux, en les encourageant, en suscitant leur participation, en dialoguant avec eux pour apprendre à les connaître et comprendre ce qui les bloque à l'oral. On les conseillera, on fera travailler les timides par objectifs (s'imposer une intervention orale par semaine, ou même par quinzaine au début, puis placer la barre un peu plus haut pour augmenter progressivement la quantité de participation : inutile de souligner, ici, l'importance d'une évaluation positive de tels efforts...), bref, on mettra tout en œuvre pour éradiquer le mutisme. Mais celui-ci pourra toujours subsister chez quelque individu : farouche et irréductible opposant à la langue ou à l'apprentissage de l'espagnol, timide maladif, etc. Il reviendra au professeur de noter cette absence totale de production orale de la façon la plus équitable possible, en appliquant les règles qu'il aura définies au préalable et dûment exposées aux élèves. Mais, en tout état de cause, ces notes resteront très inférieures aux moins bonnes de celles que l'on aura attribuées aux élèves participant -même mal- à l'oral.

Le caractère très relatif de la notation orale telle que nous la concevons impose au professeur l'obligation d'expliciter auprès de la classe les notes attribuées. Cette explicitation, sans laquelle la notation n'a aucun sens, devra éclairer les lacunes et imperfections d'ordre méthodologique de façon à orienter positivement les efforts ultérieurs de chaque élève. C'est en orientant ainsi le travail individuel dans le sens souhaité par le professeur que l'évaluation peut remplir un rôle pédagogique et formateur de tout premier ordre.

L'évaluation de la production d'ensemble

Outre les deux grands types de productions scolaires que sont l'écrit et l'oral, l'évaluation peut s'appliquer, comme nous en avons émis l'idée dans l'introduction de ce chapitre, au rendement de la classe dans son ensemble. Il s'agira ici, pour le professeur, d'apprécier un fonctionnement général du groupe classe, qui se traduira notamment dans le comportement collectif durant l'heure de cours. Cette évaluation ne se transcrira évidemment pas dans une note individuelle, mais pourra faire l'objet d'une appréciation et de consignes ou de conseils tendant à l'améliorer. C'est là un aspect important de la formation de la classe, qui constitue le thème du prochain chapitre.

Chapitre XI

Former une classe

Former une classe, c'est l'adapter aux exigences pédagogiques du professeur en lui donnant les moyens de profiter au maximum de son enseignement. Il ne s'agit là que d'un volet de la nécessaire adaptation mutuelle des deux composantes de la classe : le professeur devra en effet lui aussi s'adapter, et adapter son enseignement, à la réalité du public qu'il a en face de lui. Il ne pourra réagir de la même façon, avoir les mêmes exigences, travailler sur les mêmes documents, au même rythme, etc., face à des élèves "faibles", peu scolaires ou "à problèmes" et face à une classe composée d'excellents éléments. C'est là une évidence. Quelle que soit la classe considérée, la formation sera sans doute plus ou moins aisée, mais elle s'avérera incontournable, et du reste tout professeur "forme" ses classes, consciemment ou inconsciemment.

Quand former la classe ?

Une classe n'est jamais formée définitivement, ne serait-ce que parce que ses éléments changent au début de chaque année scolaire : cela peut être le professeur, différent de celui de l'année scolaire précédente et qui aura d'autres exigences ou d'autres techniques pédagogiques ; ce sont les redoublants ou des éléments nouveaux qui viennent s'ajouter au noyau de base des élèves, et qui peuvent être formés à d'autres méthodes. C'est dire que le problème de la formation de la classe se posera, pour le professeur, pratiquement dans toutes les classes et dès le début de chaque année scolaire.

Il va sans dire que ce travail de formation sera entrepris dès les premiers contacts du professeur avec la classe, et pourra se prolonger sur plusieurs semaines, voire des mois, de façon à ce que l'activité des élèves soit pleinement efficace dans les meilleurs délais. Et l'on doit même ajouter que la formation de la classe n'est, de fait, jamais terminée mais toujours en cours, intimement liée qu'elle est à la formation scientifique, linguistique, au comportement de la classe et à l'attitude du professeur. Relativement aisée lors d'une première formation (classe de quatrième, classe de grands débutants), l'adaptation de la classe aux exigences du professeur pourra s'avérer plus ardue lorsqu'il s'agira d'infléchir une formation déjà dispensée (classe de troisième, grandes classes du second cycle) ou d'harmoniser différentes formations (en classe de seconde, notamment). Nous en reparlerons...

Qu'est-ce qu'une classe "formée" ?

La nécessité de formation de la classe est particulièrement évidente en cours d'espagnol. Cela tient aux spécificités de notre enseignement, qui exige des élèves une attitude et des réactions, en classe et dans leur travail personnel, sensiblement différentes de celles que l'on attend d'eux dans la plupart des autres disciplines.

Une classe formée à la pédagogie de l'espagnol sera donc une classe sachant travailler comme l'entend le professeur, à tous les niveaux d'apprentissage :

– En classe, les élèves seront attentifs aux propos du professeur, mais aussi de leurs camarades ; ils seront habitués à compléter une idée exprimée par l'un d'eux, à aider un camarade, à corriger, reformuler, améliorer, etc. ; ils sauront accepter de se tromper, tant dans les idées elles-mêmes que dans leur formulation ; ils sauront accepter l'erreur des autres ; ils se plieront volontiers à la discipline des tours de parole ; ils seront capables de s'adapter à l'évolution des débats, en abandonnant une idée qu'ils souhaitaient exprimer à un moment donné du cours, mais qui n'est plus à propos après l'intervention d'un ou plusieurs de leurs camarades ; ils seront entraînés à s'appuyer sur la langue des textes et à la réemployer ; etc. ; toutes attitudes que nous avons énumérées en analysant le comportement de la classe durant le cours (chapitre IX).

– Dans leur travail personnel, ils sauront bien tenir leur cahier, apprendre une leçon, réutiliser leurs connaissances de la façon la plus pertinente possible, etc.

On retrouve là, dans tous ces comportements, le "savoir faire" et le "savoir être" que nous avons définis comme étant les finalités scientifiques et culturelles de notre enseignement, et qui s'imposent ici comme conditions du savoir.

Comment former une classe ?

Il importe avant toute chose que la classe sache ce qu'attend d'elle le professeur. C'est pourquoi le dialogue, l'explication des méthodes et des objectifs, s'imposent comme le premier instrument de formation, qui doit être mis en œuvre dès les premières heures de cours de l'année scolaire, après les premiers tests oraux, par exemple, destinés à jauger les connaissances et les réactions des élèves. Il s'agira de faire comprendre que ce sont les élèves eux-mêmes qui "font" le cours et se donnent les moyens, par leur participation, de leurs propres progrès et de ceux des autres ; de fixer et délimiter les rôles respectifs du professeur et de son public ; de fixer les règles de la participation des élèves, en insistant, par exemple, sur l'écoute des autres et sur l'aide que l'on peut leur prodiguer ; de désinhiber en apprenant à relativiser, c'est-à-dire à accepter la différence, l'infériorité de niveau, le but recherché n'étant pas un niveau absolu mais les progrès par l'attention, l'écoute des autres et l'aide que chacun peut leur apporter dans les limites de ses propres capacités ; d'informer sur les critères et les modalités de l'évaluation, écrite et orale ; de préciser les exigences en insistant, par exemple, sur la qualité de l'expression, notion que l'on explicitera en la différenciant bien de la simple correction ; de donner des directives pour le travail personnel ; de prévenir la classe sur le caractère systématique, après chaque cours d'espagnol, d'une leçon sur laquelle s'appuiera le cours suivant et qu'il conviendra donc d'apprendre scrupuleusement ; etc.

Cette première explicitation sera donc destinée à fixer clairement les règles du jeu. Elle pourra - et à notre sens, devra - être complétée ultérieurement par quelques mises au point, lorsque le besoin s'en fera sentir, et par des bilans réguliers que fera le professeur sur le fonctionnement de la classe et sur le travail de chacun de ses membres. Ces bilans, qui pourront être effectués en fin de trimestre, ou lors de la remise des notes d'oral, par exemple, pourront déboucher sur des consignes de travail par objectifs individuels, en fonction des aspects susceptibles d'être améliorés dans l'activité de chacun. C'est là, sans doute, une excellente façon de motiver chaque individu en lui donnant un objectif clair dont la recherche sera génératrice de rapides progrès.

Une fois les règles du jeu fixées, la rigueur dans les exigences, face aux réalisations, permettra d'établir des garde-fous qui canaliseront l'activité des élèves. Comme tous les enfants, même "grands", ceux-ci ont besoin de normes précises et ont généralement horreur du flou, de l'à-peu-près et du laxisme. Et il est facile, par exemple, d'obtenir de l'ensemble d'une classe qu'elle accentue systématiquement les mots interrogatifs ou exclamatifs, à condition de l'expliquer, de l'exiger et de se tenir à cette exigence. Cette rigueur, bien comprise et adaptée le cas échéant aux circonstances et aux incapacités qui peuvent se faire jour, pourra ainsi porter sur de nombreux aspects de l'apprentissage, comme par exemple sur la prononciation, en fonction des priorités que définira le professeur.

Cette formation par le comportement du professeur sera complétée par la valorisation des aspects positifs des productions individuelles, écrites et orales. Nous ne saurions trop insister sur cet aspect de l'évaluation, qui ne peut qu'induire une attitude positive des élèves... et donc des progrès. Comme nous l'avons affirmé au chapitre X, il nous semble important d'en finir avec l'évaluation traditionnelle, qui pénalise les fautes et oublie trop souvent les réussites. C'est pourquoi nous proposons d'inverser la tendance en récompensant les bonnes choses "avant" de pénaliser les erreurs. C'est dans ce sens que va la double correction, en rouge et en vert, que nous avons proposée au chapitre X, de même que l'évaluation relative de la participation orale. De telles démarches, forcément génératrices de motivation, sont propres, de surcroît, à induire, de façon systématique, le recours au réemploi, garant de qualité d'expression écrite et orale...

Par le dialogue régulier avec la classe et un ensemble d'attitudes faites de constance et de "rigueur souple", le professeur fera ainsi acquérir à ses élèves des méthodes de travail face à tous les aspects et à toutes les composantes de leur apprentissage : dans le commentaire des documents, les rapports avec leurs camarades, l'apprentissage des leçons, la réalisation des devoirs et exercices écrits, l'expression écrite et orale, etc. A l'appui de ces méthodes, et toujours en situation c'est-à-dire en mettant à profit les menus événements qui constituent la vie de la classe, il pourra faire imaginer ou donner tout un ensemble de formules à apprendre et à réutiliser. Dans le script du film que nous commentons dans la deuxième partie de cet ouvrage, le lecteur pourra ainsi repérer des expressions telles que *dijimos que..., puedo completar la frase de X diciendo que..., para completar lo que ha dicho (acaba de decir) Y, diré que..., además..., para volver a... diré que..., para concluir, podemos decir que...,* etc., qui reviennent plusieurs fois dans la bouche des élèves. Il s'agit là, de toute évidence, de formules apprises par cœur et dont la reprise a sans nul doute été suscitée maintes fois, dans un premier temps, avant qu'elles ne soient utilisées spontanément par la classe. Comprenons-nous bien : il ne s'agit aucunement de transformer les élèves en petits "singes savants" capables de répéter comme des perroquets des formules apprises par cœur, mais bien de leur donner des méthodes et des moyens de réaction face aux différentes situations générées par un cours vivant. L'emploi de ces formules est sous-tendu par toute une série d'attitudes de la classe, qui sont le résultat de sa formation par le professeur : être capable de dire *puedo completar la frase de X diciendo que...*, c'est avoir écouté le camarade qui vient de s'exprimer, avoir compris ce qu'il a dit, et réagir spontanément pour apporter une information ou une réflexion complémentaire. Cela implique, de la part de l'élève intervenant, une attention constante au déroulement du cours et une grande souplesse d'adaptation à chaque situation que celui-ci génère. Autant d'attitudes qui sont des conditions indispensables à la compréhension la plus approfondie possible du document étudié et à la maîtrise de la langue utilisée pour l'étudier.

Les formules citées sont, en outre, autant de cas de réemploi récurrent, en situation, d'expressions et de structures qui fixent l'utilisation du gérondif *(completar diciendo)*, l'expression de l'itération *(volver a)*, de la proximité dans le passé *(acaba de decir)*, l'emploi du passé simple *(dijimos que...)*, etc. ; expressions qui donnent à leurs utilisateurs les moyens de reprendre ce qui a été dit, de compléter ce que vient de dire un camarade, d'ajouter une information supplémentaire *(además)*, ou encore de revenir sur un sujet abordé et abandonné *(para volver a...)*... Ce dernier cas de figure nous fournit une bonne occasion d'illustrer concrètement un procédé facile d'apprentissage et de formation "en situation" : face à une classe non encore formée, ou dont la formation est à peine amorcée, tout professeur d'espagnol aura forcément un jour à reprendre un élève dont l'intervention intempestive rompra le déroulement naturel du cours. C'est là une situation courante en cours d'espagnol : l'élève a quelque chose à dire, mais, n'étant pas interrogé immédiatement, son intervention se trouve en porte-à-faux lorsqu'elle arrive après une ou plusieurs idées formulées par des camarades. Le professeur pourra alors saisir l'occasion pour compléter la formation de sa classe. Il lui sera facile d'interrompre le cours et, sans brusquer l'élève "fautif" - en le félicitant même pour son intervention-, d'expliquer à l'ensemble de la classe qu'il ne faut pas ainsi plaquer une idée hors de propos, et de lui exposer la démarche à suivre : réserver l'idée et la formuler à un moment judicieusement choisi, lors d'un temps mort, par exemple, à l'aide de la formule - à l'élaboration de laquelle l'ensemble de la classe peut être invité à collaborer - *para volver a lo que dijo hace poco X, diré (añadiré) que...* Cette formule, ou une des nombreuses variantes possibles, sera écrite au tableau, expliquée, et le professeur invitera l'auteur de l'intervention intempestive à reprendre son idée en la réemployant. A la fin du cours, il la fera noter sur le cahier personnel des élèves, et leur demandera de l'apprendre pour le cours suivant. Lorsque la situation se présentera à nouveau, il en exigera la remémoration et le réemploi.

La formation de la classe se fait ainsi progressivement, naturellement, toujours "en situation". Cela présente l'avantage d'un appui constant sur des situations concrètes qui soulignent l'intérêt ou la nécessité d'une telle adaptation et facilitent son acceptation par le groupe.

Et l'on pourrait multiplier les cas de figure et les formules adaptées à chacun d'entre eux. Evoquons-en un, qui nous paraît particulièrement intéressant. Il est sans doute possible ainsi, du moins dans les petites classes, dont les membres sont plus malléables et moins inhibés que dans le deuxième cycle, d'instaurer un véritable dialogue, ou des bribes de dialogue, "horizontaux" (entre les élèves) ou "verticaux" (entre les élèves et le professeur). Cela permettra le maniement de la deuxième personne du singulier, des formules de politesse, de l'impératif, etc., autant de formes qui sont souvent trop absentes des cours d'espagnol. On peut ainsi imaginer un élève s'adressant à un de ses camarades en lui disant *repite (¿puedes repetir... ?) lo que acabas de decir, por favor, que no he oído bien* ; ou au professeur : *repita usted...* L'intérêt de telles formules dialoguées est trop évident pour qu'on s'y attarde davantage. La formation de la classe dans le sens de l'acquisition de tels réflexes ne pose guère de problèmes, du moins -répétons-le- dans les classes d'élèves jeunes. Lorsque le professeur vérifiera la bonne compréhension d'une idée importante par l'ensemble de la classe, il lui suffira, par exemple, d'interroger un élève et, s'il avoue n'avoir pas compris, ou pas entendu, ce qui vient d'être dit, de l'inviter à demander à l'auteur de l'intervention de répéter sa phrase. Si le moment de cette "formation" est judicieusement choisi, cela peut même être l'occasion d'une application-réemploi de connaissances récemment acquises. Ainsi, peu à peu, grâce à l'utilisation judicieuse des situations générées par les activités du cours, la classe finira par disposer d'une panoplie variée d'expressions correspondant à autant d'attitudes souhaitées par le professeur. Une ou plusieurs pages du cahier personnel pourront être réservées à ces formules méthodologiques.

A propos de formules, et toujours dans le cadre de la formation de la classe, soulignons pour terminer l'intérêt d'habituer nos élèves à ne jamais se contenter d'une phrase indigente, à la structure simpliste de type sujet-verbe-complément. Dans ce but, le professeur pourra les inciter à introduire systématiquement leur intervention en employant une formule, trouvée dans un texte antérieur ou élaborée en situation et mémorisée, qui donne à la phrase du rythme et de l'ampleur tout en la lançant sur des bases saines et en exprimant une position personnelle de l'élève face à l'idée. Cela pourra être tout simplement *al ver..., me figuro que..., se puede afirmar que...* ; *a lo mejor, quizás, tal vez, acaso, puede (ser) que,* etc. pour exprimer une hypothèse ; *desde luego, claro está que..., no cabe duda de que..., es cierto que...,* etc. pour exprimer la certitude ; *aunque..., a pesar de que...,* etc. pour dire une restriction ; et l'on pourra penser à bien d'autres nuances possibles et à autant de formules susceptibles de les exprimer. Outre que l'élève s'habitue ainsi à utiliser des expressions idiomatiques très intéressantes, il nuance sa pensée, et surtout travaille son expression. La qualité et l'élégance s'autogénèrent, et une phrase ainsi lancée se développe souvent de façon harmonieuse et correcte.

La formation des classes du second cycle

Nous avons évoqué une différence possible entre la formation des classes de premier cycle et celles de second cycle. Ici également, il serait possible de multiplier les exemples. Mais est-il besoin de comparer la psychologie d'un adolescent de 15-18 ans, confronté, de surcroît, au regard d'un groupe, et celle d'un enfant de 13-15 ans, pour en déduire que les méthodes et les moyens de formation de la classe devront être adaptés au public considéré ? Face à de grands élèves, on recourra sans doute moins aux formules méthodologiques, qu'ils se refuseront sans doute à réutiliser la plupart du temps. Mais on pourra toujours exiger les expressions introductives que nous venons d'évoquer, qui sont plus naturelles et contribuent efficacement à enrichir la langue et à nuancer la pensée. Et l'on privilégiera le dialogue et, surtout, l'exigence et la constance dans l'attitude, comme moyens prépondérants d'obtenir la formation recherchée.

Conclusion

CHAPITRE XII

Une méthode naturelle

Méthode naturelle : tel est le nom que l'on a donné à la méthode d'enseignement de l'espagnol telle qu'elle est préconisée par les textes officiels et généralement appliquée par les enseignants. "Naturelle", cette méthode l'est, en effet, dans tous ses aspects.

Naturelle dans ses objectifs

N'est-il pas naturel de viser à la fois un objectif scientifique, la compréhension et le maniement, oral et écrit, de la langue, et un objectif culturel, l'appréhension, à travers le véhicule qu'est cette langue, de la culture qui la sous-tend ? Serait-il possible, naturellement, de faire abstraction de la seconde pour n'appréhender que la première ? Sauf à tomber dans une expression gallicisante, il semble impossible de les dissocier, tant la langue de documents authentiques reflète, "physiquement" si l'on peut dire, la culture qui lui a donné naissance. Reflet que l'apprenant ne va peut-être pas capter d'emblée, mais dont il va s'imprégner pour être capable, plus tard, aidé ou non par son professeur, d'établir la relation entre des phénomènes linguistiques et des faits culturels. Et cette appréhension de la culture - ou des cultures - hispanique(s) pourra lui être d'un précieux secours dans sa communication avec des Espagnols ou des Hispano-américains, que celle-ci ait lieu dans un cadre professionnel ou autre.

Naturelle, la finalité que l'on pourrait qualifier d'éducative l'est également, du moins dans le contexte scolaire. Nous entendons par là l'apprentissage de l'analyse, ou de la lecture au sens large du terme, tel que nous l'avons défini au début du présent ouvrage : apprendre à analyser, à déduire, à raisonner, à commenter, à synthétiser en retirant l'essentiel d'un document, c'est se doter d'outils précieux, de précision et de rigueur, dans notre monde moderne. Apprendre à comprendre l'autre, la différence, à travers les documents étudiés comme dans les rapports de classe, c'est apprendre l'humilité et la tolérance. Apprendre à apprécier, à critiquer, à communiquer, à exprimer une idée personnelle, c'est se forger en tant qu'individu libre et autonome. Réaliser tous ces apprentissages, c'est mettre à profit les vertus éducatives irremplaçables de la langue étrangère grâce auxquelles une langue comme l'espagnol mérite pleinement son statut de discipline scolaire. Ainsi l'apprentissage de l'espagnol allie-t-il l'accès au potentiellement utile - la langue elle-même et la culture hispanique - et une finalité éducative, naturellement indissociable de notre pédagogie.

Naturelle dans ses moyens

Naturelle, cette méthode l'est dans les moyens qu'elle se donne pour atteindre ses objectifs. Apprendre en situation, dans chacune des multiples facettes d'un tel apprentissage, c'est se mettre dans la position de l'enfant appréhendant une réalité pour la reproduire. Avec une différence de taille, convenons-en : c'est que l'enfant est constamment baigné dans la langue et la culture qu'il appréhende, alors que nos classes ne le sont que de manière très épisodique, à raison de deux ou trois heures par semaine. Mais, comme l'enfant appréhendant sa langue maternelle dans le texte oral authentique de son entourage, le jeune hispanisant va puiser ses futures connaissances dans le texte, oral ou écrit, mais toujours authentique, que lui proposera le professeur. Comme l'enfant, il maniera la langue proposée, trébuchera sur son réemploi pour en saisir enfin les mécanismes qui lui permettront de l'utiliser à son tour. Comme l'enfant, il emploiera les temps des verbes naturellement, en situation, avant de systématiser et de comprendre en profondeur les mécanismes de leur formation et de leurs emplois. Comme cela se passe pour l'enfant, par un effet "boule de neige" sa langue s'étoffera, s'enrichira, se nuancera et gagnera en maîtrise et en précision.

Ainsi, naturellement, le jeune apprenant emploiera, amorçant la compréhension en situation, avant de nommer et de comprendre en profondeur. Naturellement, il progressera à son rythme pour atteindre le meilleur niveau possible eu égard à ses capacités, à son travail et à ses conditions de vie en général. Naturellement, à chaque étape de l'apprentissage, le professeur prendra en compte ce niveau pour faire en sorte qu'il s'élève peu à peu. Et, non moins naturellement, même si la sanction est parfois dure, le niveau acquis au bout du compte ouvrira ou fermera des portes sur la vie ultérieure... Mais, même si la langue espagnole ne lui est d'aucune utilité dans sa vie, le jeune hispanisant aura bénéficié tout au long de son apprentissage d'une formation culturelle, éducative et humaine que seul, peut-être, l'enseignement d'une langue étrangère peut dispenser...

DEUXIÈME PARTIE

Applications pratiques

Analyse et commentaire d'un film pédagogique

Commentaire du script d'un film

Classe de troisième de Mme Avello

Collège Edouard-Herriot, La Roche-sur-Yon (2 juin 1987)

REMARQUE PRÉLIMINAIRE

Ce film, réalisé par le CRDP de Nantes, a été monté en respectant l'ordre chronologique des interventions des élèves et du professeur. Mais, pour de simples raisons de "lisibilité" et de durée, de nombreuses interventions ont été coupées.

Le texte ci-après a été transcrit à partir de la version définitive du film. La prise de son n'étant pas toujours parfaite, à cause notamment des différents bruits parasites qui émaillent le déroulement d'une classe, ce texte peut, ponctuellement, s'avérer légèrement différent de ce qu'il est en réalité. Mais il ne s'agit que de différences mineures qui ne sont de nature à modifier ni la teneur ni l'intérêt du cours.

Le commentaire de ce script, que nous intercalerons dans le texte, en italique, a pour but de faciliter le repérage d'un certain nombre de faits notables, tant dans les interventions de la classe que dans celles du professeur, et d'analyser, en les démontant, certaines techniques pédagogiques employées par Mme Avello afin d'illustrer les notions que nous avons exposées dans la première partie de cet ouvrage.

Professeur : Vamos a ver. ¿De qué hablamos el otro día? A ver. Alexandra.

Alexandra : El otro día veíamos...

Professeur : vimos...

Alexandra : ... vimos un cuadro de Picasso que representaba una familia de saltimbanquis de la época rosa.

Dans la question, "hablamos" induit l'emploi des temps du passé. Alexandra le perçoit mais l'imparfait ne convient pas. Le professeur aurait pu susciter une correction, mais préfère encourager le démarrage en donnant le passé simple. C'est un gain de temps ou une aide gratuite à l'élève, qui présente l'avantage de ne pas briser d'emblée le premier élan.

Professeur : Bueno... Antony.

Antony : El paisaje... era como... como si los protagonistas fueran...

Professeur : estuvieran...

"Como si fueran" est un réflexe linguistique. Mais le professeur attend autre chose, en l'occurrence "como si estuvieran", car il s'agit là d'une expression qui, selon toute vraisemblance, a été maniée lors de l'étude du tableau. Cette intervention autoritaire du professeur, avant que l'élève ait eu le temps de terminer sa phrase, peut paraître quelque peu intempestive. N'aurait-il pas mieux valu susciter une auto-correction ou une aide, ne serait-ce que pour générer une remémoration ?

Antony : ... estuvieran en un mundo aparte...

Professeur : Sí, estuvieran en un mundo aparte.

Antony : ... y...

Professeur : Perdón. Sigue, sigue.

Antony : ... y en una nube.

Élève : A la derecha había una mujer, que estaba... vestido... vestida como una mujer cualquiera.

Professeur : Nicolas.

Nicolas : La mujer estaba sentada y sola, como si descansara.

Cette structure de langue n'est pas sans nous rappeler le "como si estuviera" commenté supra. Elle apparaît comme le prolongement d'un travail préalable, probablement effectué au cours précédent, sur "como si" + imparfait du subjonctif.

Élève : Todo en su postura muestra que es una artista.

(Le professeur fait, par-dessus son épaule, un signe de la main indiquant l'arrière.)

Élève : ... que era una artista.

Autre élève : A la izquierda del cuadro, había una niña que hacía de bailarina.

(Le professeur fait un signe de la main pour donner la parole à un autre élève.)

Élève : Parecía haber una complicidad entre ellos... porque... tenían la misma postura.

Professeur : Fabrice.

Fabrice : El otro protagonista era el arlequín, y vimos que... vestía un traje deslavado. Por lo tanto, podía suponer que era un circo de poca monta.

On est sensible à l'expression "circo de poca monta", qui a sans nul doute été maniée "en situation" lors du commentaire du tableau de Picasso. Quant à savoir comment elle a été introduite, on a le choix entre deux hypothèses :

– soit les élèves la connaissaient déjà, l'ayant trouvée dans un texte antérieur, et le réemploi récurrent s'est effectué naturellement, de façon spontanée (un élève a pensé à réemployer l'expression, qui a été maniée ensuite en situation par l'ensemble de la classe, pour évoquer, par exemple, les différents détails du tableau qui montrent qu'il s'agit bien d'un cirque "de poca monta"...) ; ou il a été suscité par le professeur qui, pour répondre à la demande d'aide d'un élève, a invité la classe à fouiller dans sa mémoire pour y retrouver cette expression déjà mémorisée ;

– soit le professeur l'a fournie à la demande d'un élève ou pour améliorer la qualité de l'intervention d'un membre de la classe, qui se satisfaisait peut-être un peu vite d'une qualification comme "pobre", incolore, inodore et sans saveur... Il ne s'agit pas, bien évidemment, d'améliorer systématiquement ainsi les productions des élèves, ce qui serait totalement inopérant et qui, au demeurant, semble bien difficile à réaliser. Mais on a sans doute là, dans ce niveau d'exigence de richesse <u>lexicale</u>, un excellent moyen d'améliorer la qualité de l'expression... surtout lorsque, comme c'est le cas dans le cours que nous commentons, cette acquisition -ou ce réemploi- va se trouver réactivé dans le commentaire du texte qui va suivre (cf. p. 117-119). Cela justifie amplement la démarche décrite dans notre deuxième hypothèse, et qui consiste à susciter l'enrichisssement de l'expression par le recours à un vocabulaire précis, sortant de la banalité des "sentiers battus". Pour plus de clarté, imaginons un scénario sur la façon dont a pu se dérouler l'introduction de cette expression :

<u>*Élève*</u> *: A mí me parece que este circo es un circo pobre...*

<u>*Professeur*</u> *: Un circo pobre... Bien. También se podría decir en español "un circo de poca monta". A ver... ¿Podemos pensar que se trata de un circo de poca monta?*

... Et le maniement de l'expression est enclenché. Il est bien évident que les élèves sont invités ici à réemployer un texte "non authentique", mais c'est souvent le cas lorsqu'ils ont recours à l'aide ponctuelle du professeur. Et les avantages l'emportent largement sur les inconvénients :

– on suscite ainsi le souci de richesse de l'expression, laquelle, répétons-le, est avant tout lexicale ;

– on oriente la classe dans son travail personnel, en lui montrant ce qu'elle aura à apprendre ;

– on peut enfin améliorer les connaissances lexicales en français, en invitant à rechercher un vocabulaire précis, voire pittoresque...

Professeur : Bueno. A ver... ¿Valérie?

Valérie : Yo puedo completar la frase de Fabrice diciendo que era un circo que viajaba mucho, que iba de pueblo en pueblo.

On mesure ici l'un des résultats de la formation de la classe : Valérie sait qu'elle doit écouter ses camarades, qu'elle peut compléter -et sans doute aussi contredire- leurs interventions, et elle en a les moyens : "yo puedo completar la frase de Fabrice diciendo que..." est l'une des nombreuses expressions qu'utilisent les élèves tout au long du cours pour préciser, ajouter, contredire, confirmer, revenir à un sujet abordé précédemment... Fournies "en situation", au gré des nécessités qui se font jour au fil des cours, notées dans le cahier, mémorisées et réemployées, ces expressions sont autant de précieux outils permettant aux élèves de s'adapter à toutes les situations d'un cours vivant.

Professeur : Me parece muy bien. A ver... Cambiemos. A ver...

Le professeur procède ici à un recentrage. Meneur de jeu, il souhaite passer à un autre aspect. Il ne s'agit pas, en effet, de faire un second cours, mais d'éviter une leçon trop longue en faisant récapituler l'essentiel.

Élève : En el centro, había un payaso, que está vestido...

Voix : estaba...

Parce que la classe a été formée à l'écoute mutuelle, l'auto-correction est désormais un phénomène normal, spontané et naturel.

Élève : ... que estaba vestido de "jojó" (Rires dus à la mauvaise prononciation de "rojo")

Professeur (rectifiant la prononciation) : de rojo... Sigue, sigue... ¿Nada más? (Donne de la main la parole à Éric.)

Éric : Dijimos también que llevaba un... un hato a cuesta (sic)... y dijimos que era el símbolo del viaje.

Professeur : Bueno, sí.

Éric : ... Y quiere decir que, como lo ha dicho Fabrice, que van de pueblo en pueblo.

Le professeur a préféré ne pas corriger deux fautes relativement bénignes : "a cuesta" et "van" (au lieu de "iban"). Le jeu n'en valait pas la chandelle : la correction aurait rompu la fluidité du déroulement du cours pour un avantage très relatif...

<u>Professeur</u> : Dominique.

<u>Dominique</u> : Además, el payaso era un hombre barrigudo...

<u>Professeur</u> : Sí.

<u>Dominique</u> : ... que se iba... haciendo viejo.

<u>Professeur</u> : Sí, muy bien, Dominique.

Cette courte intervention est destinée à féliciter un élève faible mais de bonne volonté, qui a su réemployer une expression importante, puisque ce sera l'un des axes d'acquisition -ou de consolidation- linguistique du cours proprement dit. Cette forme progressive sera réemployée maintes fois lors du commentaire du texte qui va suivre.

<u>Elève</u> : Para volver al hato, diré que era el símbolo de una vida penosa y agotadora.

"Para volver a..." est l'une des expressions dont disposent les élèves pour s'adapter aux diverses situations générées par le déroulement du cours. Nous l'avons commentée tout particulièrement dans le chapitre XI de la première partie du présent ouvrage.

Quant à l'adjectif "agotadora", tout laisse supposer que le professeur l'a introduit sciemment afin d'anticiper sur l'étude du texte qui va avoir lieu. Cela appelle une remarque sur l'intérêt, pour le professeur, d'avoir en tête et de connaître la suite de sa programmation. Il peut ainsi poser des jalons en anticipant sur ce qui va suivre, et transformer de simples acquisitions en futurs réemplois récurrents. Cela facilitera la compréhension du texte dans lequel réapparaîtra le vocabulaire en question ; et, surtout, cela facilite la mémorisation dudit vocabulaire qui sera réemployé lors de l'étude du texte où il réapparaîtra.

En ce qui concerne l'introduction du mot "agotadora" lors de l'étude du tableau de Picasso, il convient de faire les mêmes remarques que ci-dessus à propos de l'expression "de poca monta". Car si ce mot a été fourni par le professeur lors du commentaire du tableau, ce n'était probablement pas pour répondre à la question "¿cómo se dice 'épuisant'?" Sauf à avoir face à soi une classe parfaitement rodée et habituée à rechercher, même en français, un vocabulaire précis et "pittoresque", le professeur aura plutôt droit, dans la question, à l'adjectif "fatigunt"... À lui d'avoir la présence d'esprit de proposer la recherche d'un terme plus adéquat, et de le fournir, en précisant au besoin, évidemment, que "agotador" est plus fort que "cansado" ou "penoso" et correspond au français "épuisant". Dans ce niveau d'exigence, et à condition de ne pas exagérer, se situe en grande partie l'aspect formateur de notre pédagogie.

Professeur : Éric.

Éric : También hablábamos de un otro chico que...

Professeur : de otro chico.

Éric : ... de otro chico que estaba un poco a la derecha del cuadro. Y dijimos que... no estaba muy... ¿Cómo se dice "habillé"?

Voix : Vestido.

Éric : ... vestido, y...

Professeur : No llevaba muchos vestidos.

Éric : ... no llevaba muchos vestidos, y dijimos también que... llevaba un tamb... tamboril.

Voix : Un tambor.

Éric : ... un tambor.

Professeur : Claire.

Claire (avec un "agudismo" prononcé) : El... otra... saltimbanqui...

Voix : Otro.

Claire : El otro saltimbanqui es un chico...

Voix : Era.

Claire : ... era un chico, ... que también era un acróbato.

Voix : Acróbata.

Claire : ... un acróbata.

Professeur : Era un acróbata, en efecto... Anne.

Anne : Dijimos también que se des... desprendía de este chico una impresión de garbo y de elegancia.

Professeur : Y de elegancia. Bueno... Nicolas.

Nicolas : La... la postura de los saltimbanquis era un semicírculo...

Professeur : Los saltimbanquis formaban...

Nicolas : ... formaban un semicírculo, y eso representaba el grupo, como una cadena que... que forman con sus pies y sus brazos.

Professeur : Bueno, muy bien. Alexandra.

Alexandra : Parecían también orgullosos de vivir en un circo. Lo veíamos a sus posturas.

Professeur : Sí.

Élève : Picasso quiso mostrarnos la doble vida... pintándolos con los vestidos del espectáculo, y la vida de cada día, con los vestidos deslavados.

<u>Professeur</u> : Deslavados.

<u>Autre élève</u> : Para concluir, podemos decir que Picasso quería mostrarnos en este cuadro que, como todo... toda la gente los artistas pueden estar tristes... tristes.

<u>Professeur</u> : Desde luego. Yo creo que es una conclusión interesante.

Entonces vamos a dejar el cuadro, y voy a leer el texto que vamos a estudiar hoy.

TEXTE lu par le professeur "à livres fermés"

> Desde que escapó con un circo a los trece años, Hipólito Ranquileo ejerció ese oficio y jamás le interesó otro. Su mujer y sus hijos lo despedían cuando comenzaba el buen tiempo y florecían las carpas remendadas. Iba de pueblo en pueblo recorriendo el país para lucir sus habilidades en agotadoras giras de carnaval de pobres. Cumplía múltiples ocupaciones bajo la tienda. Primero fue trapecista y saltimbanqui, pero con los años perdió el equilibrio y la destreza. Luego realizó una corta incursión como domador de unas fieras lamentables, que removían su piedad y acabaron con sus nervios. Por fin se conformó con hacer de payaso. Su vida, igual a la de cualquier campesino, se regía por el estado de las lluvias y la luz del sol. Durante los meses fríos y húmedos, a los circos pobres no les sonríe la fortuna y él hibernaba en su hogar, pero con el despertar de la primavera decía adiós a los suyos y partía sin escrúpulos, dejando a su mujer el cargo de los hijos y las faenas del campo.

Isabel ALLENDE, *De amor y de sombra*
© Agencia Literaria Carmen Balcells, Barcelone

Tout plaidait ici, évidemment, pour une lecture magistrale "à livres fermés" : la parfaite structuration du texte (introduction ; "primero... ; luego... ; por fin..." ; conclusion), et surtout la connaissance qu'avaient les élèves de la langue du morceau. Nous verrons que le professeur n'explique que deux ou trois mots lors de l'étude de détail. Les élèves étaient parfaitement armés pour comprendre le document, aboutissement de toute une programmation.

<u>Professeur</u> (après une courte attente) : A ver, Karine.

Le professeur interroge une élève "après une courte attente". Ce court délai est normal, surtout après une lecture "à livres fermés", à l'issue de laquelle les élèves sont invités à formuler ce qu'ils ont compris. Ils n'ont donc pas à réfléchir longtemps. On remarquera, en revanche, que l'intervention de l'élève se fait sans question précise du professeur. Poser une question serait en effet orienter d'entrée les débats, ce qui serait maladroit. L'intervention spontanée de l'élève ne sera pas obtenue d'emblée, car ils sont habitués aux sollicitations de leurs autres professeurs. C'est aussi un fruit de la formation de la classe, que l'on obtiendra sans trop de mal. Il suffira, au début, de garder le silence pendant un petit moment, ce qui déconcertera certainement les élèves, puis d'interroger l'un d'eux en formulant, au besoin, une question sur le thème général du texte, ou sur le type de document que l'on s'apprête à examiner. La répétition de l'opération aux cours suivants finira par "donner le pli", et la classe aura tôt fait de comprendre qu'on commence par le commencement, c'est-à-dire par une approche globale du document avant d'en aborder les détails. Cette méthode d'approche présente l'avantage de laisser à l'élève une entière autonomie quant aux moyens d'expression auxquels il peut avoir recours. Une question induirait sans doute une formulation.

<u>Karine</u> : El texto habla de un hombre que... que... que trabaj... que trabajaba en un...

<u>Voix</u> : Trabaja.

<u>Professeur</u> : Que trabajaba, porque el texto, vamos a ver que está escrito siempre en pasado.

A la suite d'une erreur de temps, le professeur oriente et balise le déroulement futur du cours en abondant dans le sens de Karine qui a compris, intuitivement, que le récit était au passé. Il était inopérant, ici, d'engager un débat de pure forme sur le temps à employer. Cela aurait fait perdre du temps pour pas grand-chose. Le professeur préfère donner une orientation claire et justifiée, tout en exigeant une participation "en situation", c'est-à-dire en invitant les élèves à se situer et à situer leurs commentaires face au passé du récit.

<u>Karine</u> : ... que trabajaba en un circo. Primero fue trape... sí, trapecista y saltimbanqui...

<u>Professeur</u> : Bueno.

<u>Karine</u> : Luego, fue...

Voix + Professeur : Domador.

Karine : ... domador de fieras... Y por fin fue...

 Suite à la lecture magistrale, Karine a compris et retenu "domador de fieras". Ce terme est, de toute évidence, connu de la classe, laquelle a déjà travaillé sur le cirque. Le thème a en effet été abordé au cours de la classe de quatrième, c'est-à-dire il y a un an, et les connaissances lexicales sont donc le fruit d'un travail déjà ancien. Il s'agit là, par conséquent, d'un travail de réactivation qui, à un tel intervalle, ne saurait qu'ancrer définitivement ces connaissances dans la mémoire.

Karine + voix : ...un payaso.

Professeur : Bueno, me parece muy bien. A ver, ¿quién completa?

Élève : Añadiré que... el hombre... decía adiós a su familia.

Professeur : ¿Cuándo?

 Le professeur pose une question fermée parce que la formulation antérieure n'a pas de sens en soi et n'apporte rien. De façon très naturelle, le professeur exige une unité complète de sens.

Élève : Cuando hacía un... buen tiempo.

Professeur : Bien. Jannick.

Jannick : Añadiré que... va de pueblo en pueblo.

Professeur : "Va", no. Dijimos... (Geste de la main vers l'arrière, par-dessus l'épaule.)

Voix : Iba...

Professeur : Iba.

Jannick : ... iba de pueblo en pueblo.

Professeur : Iba de pueblo en pueblo. Manuel.

Manuel : Y este hombre ha perdido su habidades (sic).

Voix : Habilidades.

Professeur : "Ha perdido" : el texto emplea otro... otro tiempo.

Une voix : Perdió.

Professeur : Perdió, sí. A ver : perdió sus habilidades. Pero, ¿cuándo? ¿Te has fijado? ¿Cuándo perdió sus habilidades? ¿No? Éric.

 À l'aide de cette question fermée, le professeur veut obtenir, de toute évidence, un premier réemploi récurrent de la tournure "se iba haciendo viejo" qui a été maniée au cours précédent et restituée dans la leçon. Le professeur induit donc ici un réemploi de la forme progressive ir + gérondif, afin d'obtenir une unité de sens et une parfaite adéquation entre le fond et la forme... Il va l'obtenir.

Éric : Perdió sus habilidades poco a poco, porque...
Professeur : ¿Qué le ocurría?
Éric : Se va...
Professeur : Se... (Geste de la main vers l'arrière, par-dessus son épaule.)
Voix : Se iba.
Éric : Se iba...
Voix (chuchotant) : Haciendo
Professeur (à Karine) : Díselo, díselo.
Karine : Se iba haciendo viejo.
Professeur (à Éric) : Repítelo.
Éric : Se iba haciendo viejo.

Le professeur fait répéter une expression importante mal maîtrisée par Éric en dépit du travail récent qui a visiblement été fait. Il s'assure ainsi que cela a été enfin compris, et en favorise la mémorisation.

Professeur : Claro. Desde luego. Héloïse.
Héloïse : El trabajo... el trabajo del... de Hipólito se... rige... gía...
Professeur : Se...
Voix (plusieurs propositions confuses).
Professeur : Regía.
Héloïse : ... regía con las... estaciones.

L'expression "se regía con las estaciones" est restituée sans trop de problèmes par Héloïse. Elle est en effet composée de termes connus de la classe, ce qui justifie que le professeur ne l'explique pas, par la suite, lors de l'étude de détail, et que les élèves la manient aisément (cf. fin du script).

Voix : Por las...
Héloïse : ... por las estaciones, porque cuando hace buen... hacía buen tiempo, tenía que ir en su casa con su...
Voix : Su mujer.
Professeur : A ver, sigue, sigue.

Héloïse : ... con su mujer y sus hijos. Y cuando volvía... volvía el buen tiempo...

Professeur : Entonces te has equivocado, Héloïse, ¿Eh? Se iba ¿Cuándo? Se iba cuando...

Suite à ce qui n'est manifestement qu'un lapsus d'Héloïse, il aurait été inopérant de susciter une réaction de l'ensemble de la classe. C'est pourquoi le professeur juge préférable, à juste titre, de poser une question fermée à l'auteur même du "contresens" de façon à obtenir un prompt rétablissement du sens exact du texte.

Héloïse : Se iba cuando... era la primavera.

Professeur : Sí. Y volvía a casa...

Héloïse : Y volvía a casa cuando... volvía el invierno.

Professeur : Cuando volvía el invierno...

Héloïse : ... porque había... la... la nieve.

Professeur : Había nieve, porque hacía...

Par le biais d'une amorce de phrase, le professeur cherche ici à réactiver le vocabulaire sur l'hiver, que les élèves ont dû manier lors de cours antérieurs. Etait-ce fondamental dans la phase de compréhension ? L'occasion était bonne, convenons-en, même si, apparemment, elle tourne court.

Voix : ... frío.

Professeur : Hacía frío.

Héloïse : Y la gente... a la gente le gustaba más ... ser... estar en su casa.

Professeur : Desde luego, muy bien. Anne.

Anne : Me parece que, como Hipólito va de pueblo en pueblo, ...

(Le professeur fait de la main son geste habituel indiquant l'arrière.)

Voix : Iba.

Anne : ... iba de pueblo en pueblo, podemos decir que es una forma de aventurero del circo.

Professeur : "Es una forma de" : A ver, dímelo mejor.

Intervention du professeur destinée à faire améliorer l'expression. Si ce n'est le présent du verbe "ser", on ne voit pas bien ce qui n'a pas plu ici à Mme Avello. Elle obtiendra le conditionnel de conjecture "sería", ce qui est loin d'être négligeable...

Voix : Que sería...

Professeur : Que sería... ¿una forma? Que tendría una vida, ¿no? Que tendría una vida...

Anne : ... que tendría una vida de aventurero del circo.

Professeur : Bueno. Era un aventurero del circo. (Donne la parole de la main à un garçon.)

Élève : Al escuchar este texto, me parece que Hipólito quiere... quiere mostrarnos que...

Le professeur ne relève pas une confusion entre "narrador" et "protagonista". Il s'agit sans nul doute d'un lapsus de l'élève, et la correction ne présentait guère d'intérêt. Le professeur préfère gagner du temps et ne pas trop hacher les interventions des élèves.

(Le professeur fait son geste de la main vers l'arrière.)

Voix : Quería.

Élève : ... quería mostrarnos que... su oficio le apasionaba... porque... porque...
(Longue hésitation., rires.)

Professeur : ¿Por qué?

Élève : ... porque...

Professeur : Porque yo creo que Antony te va a ayudar, ¿no? Ayúdale.

Antony : Porque ha hecho este trabajo desde...

Voix : Trece años.

Professeur : Desde... no... desde...

Cette intervention du professeur, qui ne corrige pas mais invite la classe à le faire pour obtenir l'emploi de l'article défini dans l'expression de l'âge, montre qu'il s'agit encore là d'une structure connue dont la remémoration est souhaitée, suscitée... et va être obtenue.

Un élève : ... los trece años.

Professeur : Desde los trece años.
Os voy a dar el texto, y lo vamos a ver.

La phase d'approche ou de compréhension globale du texte est allée au-delà de ce que l'on attend habituellement, tant au niveau de la langue que des idées. On pourra se contenter généralement de faire préciser le type de texte (diálogo, descripción, retrato, artículo periodístico, texto narrativo, etc.) et, le cas

échéant, le thème, le nombre et l'identité des personnages, la situation spatio-temporelle. Ici, les élèves sont parvenus à proposer des éléments d'analyse assez précis, ils ont visiblement compris le texte. Cette démarche se justifie doublement :
  – par le fait que ce texte était parfaitement bien introduit et ne posait guère de problèmes de compréhension à la classe. Il eût donc été artificiel de prétendre brider les élèves dans leurs interventions en n'exigeant d'eux qu'un minimum ;
  – par le fait qu'il s'agit d'un texte riche, dont la teneur profonde n'a pas été déflorée par cette approche longue et relativement détaillée. En fait, la classe n'a pas encore vu le sens profond du document. C'est le commentaire de détail qui le fera apparaître.

Distribution du texte aux élèves.

<u>Professeur</u> : "Desde que escapó con un circo, a los trece años, Hipólito Ranquileo ejerció ese oficio, y jamás le interesó otro". Vamos a fijarnos en esta primera parte : "Desde que escapó con un circo... "Escapó" : ¿Es decir? ¿Qué es lo de "escapó"?... A ver... Eric.

Le professeur a relu la première phrase du texte en insistant et en détachant à la fin, en une question ouverte simplement destinée à éveiller l'attention des élèves, le verbe "escapó". C'est la première focalisation, qui concentre l'attention et la réflexion de la classe sur un élément porteur de sens. Sans cette démarche, nul doute que cet élément serait passé inaperçu. Il va pourtant contribuer à éclairer d'un jour nouveau tout l'axe de commentaire du texte : la passion du personnage. Et cette simple focalisation va amorcer le double mouvement du commentaire : du signifiant ("escapó") au signifié (l'explication-commentaire) ; du signifié à un nouveau signifiant.

<u>Éric</u> : Se fue de la... sociedad, porque no... no vive con... la gente...

<u>Voix</u> : Como

<u>Professeur</u> : No vivía...

<u>Éric</u> : ... no vivía como la gente normal porque... viaje mucho... via... viajía... viajaba...

<u>Professeur</u> : Via...

<u>Voix</u> <u>confuses</u> : Viajaba.

<u>Professeur</u> : Hay que ayudarle un poco, ¿eh?... Viajaba mucho.

<u>Éric</u> : Via... via... via... via... jaba mucho.

> Au bout de deux ans d'étude de l'espagnol, Eric maîtrise encore très mal la formation d'un temps aussi simple que l'imparfait de l'indicatif. Cela ne l'empêche pas de s'exprimer et de progresser à son rythme.

Professeur : Eso. Antony.
Antony : Añadiré que... Hipólito se evadio.
Professeur : Se evadió.
Antony : ... se... se evadió, trató de cumplir sus sueñas.
Voix : Sueños.

> Réemploi récurrent spontané d'un certain nombre de termes ("evadirse", "cumplir sus sueños") que la classe a vus et s'est appropriés bien avant le cours sur le tableau de Picasso. Cela explique les hésitations d'Antony. Celui-ci propose malgré tout deux termes montrant qu'il a compris le sens de "se escapó", qu'ils explicitent de façon fort pertinente.
>
> On remarquera la correction, opérée par le professeur, de la faute d'accentuation initialement commise sur "se evadió". Cela s'imposait.

Professeur : De realizar sus sueños. Flavie.
Flavie : Pienso que la autora ha empleado "escapó" para insistir...
Voix : ... en el hecho de que...

> L'hésitation de Flavie déclenche une intervention-réflexe de la classe : "insistir en el hecho de que..." a manifestement été appris par cœur, et n'est pas sans nous rappeler le "como si fuera" du début du cours. Cela n'empêche pas Flavie d'hésiter. La mémoire n'est pas toujours fidèle...

Flavie : ... en el hecho de que cambió totalmente de vida.
Professeur : Sí, pero ¿cuántos años tenía cuando se escapó?

> Le commentaire s'enlise dans des considérations qui ne manquent pas d'intérêt, mais qui ne sont pas fondamentales par rapport à ce qu'attend le professeur. D'où la question fermée "¿cuántos años tenía...?", qui ramène au texte en focalisant l'attention de la classe sur un nouvel élément signifiant. C'est le deuxième mouvement du commentaire : du signifié au signifiant. L'effet sera immédiat : il suffira d'une simple question ouverte, qui est en fait une incitation à la déduction ("¿Entonces?" - cf. deuxième ligne ci-dessous), pour faire jaillir l'idée et le commentaire.

Une élève : Tenía trece años.

Professeur : Trece años. ¿Entonces? Tenía trece años. Élise.

Héloïse : Por lo tanto, podemos deducir que se escapo sin...

Professeur : Escapó.

Héloïse : ... se escapó sin... ¿Cómo se dice "la volonté"?

Voix : La... ?

Professeur : La volonté.

Héloïse : Ou "la permission"...

Voix : La voluntad.

Professeur : Sin el permiso, si quieres, el permiso.

À la demande de vocabulaire d'ordre général, le professeur ne répond pas, dans un premier temps, laissant la classe fouiller dans sa mémoire pour y trouver un terme adéquat. Il sait en effet que les élèves disposent du matériel linguistique nécessaire. C'est par la sollicitation constante de la mémoire, et par le réemploi qui s'ensuit, que s'opérera la mémorisation du lexique et la maîtrise des mécanismes. D'autre part, inciter les élèves à chercher, c'est aussi lutter contre une paresse bien naturelle et les habituer à une méthode fondamentale, celle du réemploi, qui se substitue à la traduction "mot à mot" pour proposer des solutions bien plus authentiques : si la classe n'avait pas eu le mot "voluntad" à sa disposition, le professeur aurait pu demander : "¿Cómo lo puedes decir de otra manera?", et les élèves auraient pu trouver "sin que sus padres estuvieran al tanto", "sin decír(se)lo a sus padres", etc.

Lorsque la classe a fait l'effort et trouvé un terme adéquat, le professeur propose une solution plus intéressante : "sin el permiso".

Héloïse : ... sin el permiso de sus padres.

Élève : A Hipólito le gustaba el circo porque para él significaba la aventura.

Professeur : La aventura. Nicolas.

Nicolas : Se marchó sin... despedir a su familia.

Professeur : Sin despedirse.

Nicolas : ... a su familia.

Professeur : De su familia.

Nicolas : ... de su familia.

Nicolas utilise ici le verbe "despedir" de façon transitive, comme il est utilisé dans le texte d'Isabel Allende quelques lignes plus bas. L'a-t-il repéré ? C'est peu probable. Le professeur le corrige et propose la construction pronominale indirecte, plus courante. Cela paraît judicieux. Mais une remarque orale ou mieux une note écrite accompagnant le texte aurait pu proposer cette équivalence et couper court aux interrogations d'un élève attentif et rigoureux. On se heurte là aux limites du document authentique, dont nous avons parlé au chapitre IV.

Professeur : Pierre.
Pierre : Podemos pensar que Hipólito se fugó porque su (sic) padres no querían que se... fue... que se fue con...
Une voix : Que se fuera.
Pierre : ... que se fuera con... un circo.

"Se fugó" : réactivation d'un terme déjà connu, appartenant au même champ sémantique que "se evadió" et "se escapó", champ sémantique qui a été exploré au préalable. Le recours à un synonyme de "se evadió", déjà employé au début du commentaire, reflète le plaisir de l'élève de retrouver et d'utiliser ce matériel connu qui lui permet de s'exprimer de façon originale.

Professeur : Bueno, sí, en efecto. Bien. Vamos a seguir un poco : "Hipólito Ranquileo ejerció ese oficio y jamás le interesó otro".
Élève : A Hipólito le obsesionaba el circo.
Professeur : Muy bien. Bertrand.
Bertrand : El circo representaba para él como una pasión.
Professeur : Como una pasión. ¿Seguimos?

La deuxième phrase du texte ne contient guère d'éléments porteurs de sens, si ce n'est la position de l'adverbe "jamás". Les élèves l'ont compris parce que cette position a induit une insistance et une mise en relief de "jamás" lors de la lecture. Leurs interventions ne sont pas inintéressantes parce qu'elles introduisent nettement l'axe thématique du commentaire, la passion du protagoniste, par le truchement de l'expression "a Hipólito le obsesionaba el circo". C'est là un réemploi qui ne manque pas d'intérêt - on le verra en fin de cours, dans les consignes de travail personnel -, mais le professeur sent bien que le commentaire ne peut guère aller au-delà d'une simple paraphrase. C'est pourquoi il n'insiste pas et passe à la lecture du fragment suivant du texte.

On remarquera que la classe, habituée à la simple focalisation, n'attend pas une question du professeur, laquelle - répétons-le - ne s'impose pas dans un premier temps et présente l'inconvénient d'orienter la formulation. Elle réagit de façon autonome dès la fin de la lecture-focalisation.

<u>Professeur</u> : "Su mujer y sus hijos lo despedían cuando comenzaba el buen tiempo y florecían las carpas remendadas". "Remendadas" significa "rapiécées". Sí, Nicolas.

Encore une fois, la simple lecture d'une phrase contenant, elle, de nombreux éléments signifiants, suffit à focaliser l'attention de la classe. L'élucidation du seul mot inconnu, "remendadas", se fait rapidement, par une simple traduction. On se méfiera néanmoins de cette technique, tout à fait judicieuse en soi, mais qui n'entraîne pas nécessairement la compréhension. Si, manifestement, le verbe "rapiécer" a encore un sens pour les jeunes élèves de La Roche-sur-Yon, il ne serait pas étonnant qu'il ne tarde pas à le perdre dans notre société de consommation où l'on ne "rapièce" plus guère et où l'on "reprise" encore moins...

Le fait que Mme Avello passe allègrement sur le mot "carpas" semble indiquer que ce mot a été vu récemment. Sinon, elle se serait sans nul doute assurée de la compréhension générale en demandant à la classe d'en proposer une traduction ("¿Os acordáis todos de lo que es una carpa?").

<u>Nicolas</u> : En esta frase lo que me extrañó... es la palabra... la frase "florecían las carpas remendadas". A mí me parece que es una metáfora porque las carpas, cuando hace buen... hacía buen tiempo, eran como... como flores que... crezcaban...

Démarche complète de la part d'un élève, qui débute par une réaction d'étonnement, s'auto-corrige, formule un avis personnel et, après une brève analyse stylistique, amorce une élucidation de la métaphore.

<u>Professeur</u> : Como flores que...
<u>Nicolas</u> : ... crecían.
<u>Professeur</u> : Que crecían. Flores que se... "abrir"...
<u>Nicolas</u> : ... que se abrían.

L'imparfait de l'indicatif pose manifestement encore des problèmes, ce qui n'est pas étonnant avec un verbe tel que "crecer". L'ayant constaté, le professeur profite de l'occasion pour faire retravailler brièvement la formation de ce temps en situation.

<u>Professeur</u> : Que se abrían. Bien. Bueno, ¿Algo más?
<u>Élève</u> : Me parece que su familia... "respecte"...
<u>Voix</u> : Respecto.
<u>Professeur</u> : Respetar.

Élève : ... respeta su... respectaban...

Professeur : Respetaban.

Élève : ... respetaba su... su pasión porque...

Professeur : ¿Cómo lo vemos?

Intervention qui peut paraître quelque peu intempestive. L'élève s'apprêtait peut-être à effectuer lui-même le retour au texte que sollicite la question du professeur. Quoi qu'il en soit, c'est le deuxième mouvement du commentaire qui s'amorce ici : le professeur saisit l'occasion d'une idée formulée par la classe pour demander à celle-ci de l'étayer en s'appuyant sur le document. Il s'assure ainsi de la compréhension de la lettre du texte et en induit le réemploi immédiat : démarche rigoureuse et apprentissage de la lecture.

Élève : Porque la autora dice "su mujer y sus hijos le despedían".

L'utilisation du style indirect aurait sans doute produit une phrase d'une plus grande fluidité, mais ne changeait pas grand-chose à la forme. Le professeur ne fait pas rectifier.

Professeur : Desde luego.

Héloïse : Pienso que no sólo respetan... (geste habituel du professeur) respetaban su pasión, pero también...

Professeur : No sólo... respetaban su pasión, sino que...

Peut-être le professeur aurait-il pu susciter ici une auto-correction des élèves...

Héloïse : ... sino que... sino que también pensaban que... que es nece... que era necesario para... su vida...

Professeur : Para su vida... porque...

Héloïse : ... para gañarse la vida.

Professeur : Para ganarse la vida, para su vida, para su...

Autre élève : ... su bienestar.

Professeur : La autora nos habla de "las carpas remendadas". ¿Es una indicación, no? ¿Qué nos indica eso? Karine.

Nouvelle focalisation sur un détail signifiant, l'adjectif-participe "remendadas". Cette focalisation se fait en deux temps : la reprise de l'expression du texte suffit à y jeter un rai de lumière ; le professeur, très naturellement, ajoute une question de pure forme, puisqu'il s'agit d'une affirmation : "¿Es una indicación, no?" Nul doute qu'il attend "un circo de poca monta", lequel ne va pas tarder à arriver...

<u>Karine</u> : Eso muestra que el circo donde Hipólito traba... trabajaba era un circo de poca monta.

<u>Professeur</u> : "Iba de pueblo en pueblo recorriendo el país para lucir sus habilidades en agotadoras giras de carnaval de pobres". "Giras" significa "les tournées".

L'adjectif "agotadoras" a été introduit lors de l'étude du tableau de Picasso et réemployé dans la leçon. Quant au verbe "lucir", il est parfaitement compris, comme le montre l'intervention d'Eric qui va suivre.

<u>Élève</u> : Ejercía su oficio en... circos... de poca monta.

<u>Professeur</u> : De poca monta. Es igual que en la primera frase, ¿no? Bien. Antony.

<u>Antony</u> : Añadiré que cuando veo la palabra "agotadoras... giras", diré que es un trabajo muy difícil, pero... a él le gusta. Entonces...

<u>Professeur</u> : Era un trabajo muy difícil, pero a él...

<u>Antony + autres élèves</u> : ... que le gustaba.

Bonne occasion pour faire retravailler encore la formation de l'imparfait en situation.

<u>Éric</u> : Pienso que las palabras "lucir sus habilidades" quieren decir que... Hipólito no tiene vergüenza de ser... no tenía vergüenza de ser saltimbanquis (sic), y al contrario... quiere mostrar a la gente que...

<u>Une voix</u> : Quería...

<u>Eric</u> : ... quería mostrar a la gente que era un... hombre como los otros o... mismo supe...

<u>Professeur</u> : O hasta...

<u>Eric</u> : ... o hasta superior.

<u>Professeur</u> : Superior a los otros. Bien. Vamos a seguir : "Cumplió múltiples ocupaciones bajo la tienda. Primero... Primero, fue trapecista y saltimbanqui, pero con los años perdió el equilibrio y la destreza". Yo creo que hay algo importante : es la palabra "primero". ¿Qué indicación nos da ese "primero"? Fabrice.

La focalisation s'effectue ici sur un terme apparemment banal, l'adverbe "primero". Pourtant, dans la perspective du cours, qui est un regard attentif sur le texte et sa signification, ce mot banal acquiert une dimension insoupçonnée à première vue, car il est en réalité très lourd de sens. L'importance d'une préparation attentive est ici flagrante. Il est évident qu'une lecture superficielle du texte n'eût pas permis de discerner le relief de "primero", que les commentaires des élèves, suscités par la focalisation du professeur, vont mettre en lumière.

Fabrice : Cuando era joven, Hipólito era trapecista y saltimbanqui...

La réponse de Fabrice ne reprend pas les termes de la question du professeur, ce qui aurait sans doute conduit à une impasse, mais qui peut être un réflexe si on ne veille pas à lutter contre. C'est encore une fois le résultat d'une formation : le professeur a probablement suggéré de ne pas reprendre systématiquement les termes d'une question.

Professeur : Habla más alto.

Une intervention s'adresse à tout le monde et pas seulement au professeur. L'audibilité est l'une des conditions du bon fonctionnement du cours. Elle implique des efforts de la part de tous. Mais il ne sera pas toujours facile - ni même possible - de l'obtenir. Si l'idée exprimée est importante, on pourra alors avoir recours à une "caisse de résonance" en demandant à un élève proche de celui qui vient de parler de la réexprimer de façon claire. C'est là un procédé intéressant dans la mesure où il permet de tester l'attention de l'ensemble de la classe et, éventuellement, de solliciter de façon intelligente, utile et naturelle des élèves qui, sinon, ne s'exprimeraient pas, ou s'exprimeraient peu.

Fabrice : ... pero cuando se hizo viejo, perdió su equilibrío y su destreza.
Professeur : Su equilibrio.
Fabrice : Equilibri-o.
Professeur : Equilibrio.
Fabrice : Equilibrio. (Prononciation difficile, rires).
Professeur : Y su...
Fabrice : ... y su destreza.

Le professeur fait ici corriger la prononciation du mot "equilibrio", ce qui se justifie par le fait que ce mot a été particulièrement écorché par Fabrice. Cette mauvaise prononciation a peut-être infléchi le déroulement du cours, qui aurait pu s'orienter vers une reformulation de l'expression "se hizo viejo" dans le sens d'un réemploi de la forme progressive "se fue haciendo viejo". Cette structure constitue en effet, manifestement, l'un des axes de réemploi privilégiés par Mme Avello dans cette séquence pédagogique. La leçon l'a montré et la suite du cours le confirmera.

Professeur : Bueno. Su destreza. Jannick.

Jannick : Además, ... hizo... varios... trabajo en el...

Professeur : Trabajos.

Jannick : ... trabajos en el circo, porque lo vemos en el texto.

Professeur : Sí, y ¿dónde lo vemos?

Deuxième mouvement du commentaire : retour au texte, par le biais d'une question, pour justifier une affirmation.

Jannick : La autora dice "cumplía múltiples ocupaciones".

Héloïse : A mi modo de ver, no ha cambió... cambiado de... oficio porque... lo quería, sino porque... le tenía... porque...

Professeur : Porque... ¿Quién le ayuda?

Éric : Tenía que.

Professeur : Tenía que...

Éric : ... cambiar.

Héloïse : ... porque tenía que...

Professeur : Tenía que cambiar.

Héloïse : Tenía que cambiar porque... se hac... se iba haciendo viejo, y... por lo tanto, como perdió su equilibrio y su destreza, tenía que...

Professeur : Tuvo que.

Héloïse : ... tuvo que... que hacer un oficio que le gusta también... que le gustaba también en un circo, pero que... que no necesitaba...

Professeur : Habla más alto.

Héloïse : ... que no necesitaba... a...

Professeur : Que no necesitaba...

Héloïse : ... equilibrio.

Professeur : Tanto equilibrio.

Héloïse a des difficultés pour exprimer sa pensée, mais celle-ci est juste et, en hésitant, en titubant, elle parvient néanmoins à formuler une phrase complexe en ayant recours à de nombreux réemplois : on remarque l'emploi de "no... sino..." ; de "tener que", qu'Héloïse maîtrise encore mal mais qu'elle utilise d'abord avec l'aide d'Éric, puis qu'elle réutilise seule, ce qui montre qu'elle a tiré profit de sa première tentative ; "se iba haciendo viejo", hérité du cours précédent ; "perdió su equilibrio y su destreza" est un réemploi immédiat de la langue du texte ; "necesitar" était déjà connu.

Professeur : Nicolas.

Nicolas : A mi modo de ver, al leer "pero con los años perdió...", eso me da lástima por Hipólito.

Élève : Sin embargo, seguía con su pasión.

Quoiqu'un peu boîteuse, la phrase de Nicolas ne manque pas de richesse, ni l'intervention suivante. Les deux répliques constituent en outre une excellente synthèse partielle. A elles deux, elles contiennent toute la portée du texte.

Professeur : Seguía con su pasión... (s'adressant à Héloïse qui lève le doigt) Vamos a seguir, ¿Eh?

Bien que formulé fort gentiment, ce refus de prendre en compte la demande d'intervention d'un élève est à imiter avec beaucoup de prudence. Le professeur se doit, certes, d'imposer au cours un rythme de progression de façon à parvenir à la fin de l'unité d'apprentissage qu'il a prévue. Il doit parfois, pour cela, brusquer un peu les choses, surtout lorsqu'il se trouve face à une classe participant beaucoup. Et il est vrai que le temps passait, et que la phrase avait été bien commentée. Mais il doit aussi ménager les susceptibilités, et Héloïse avait peut-être encore quelque chose d'intéressant à dire...

Cette réaction du professeur illustre bien, à notre sens, le rôle qu'il doit tenir dans la classe. Mme Avello est bien loin d'être "absente" de son cours, dont elle tient les rênes avec une main de fer dans un gant de velours. Le dialogue avec la classe, en temps voulu, permettra de faire comprendre ce type de réaction en en montrant la nécessité. Il s'agit de participer, de manier la langue, bien évidemment, mais aussi d'avancer...

Professeur : "Luego realizó una corta incursión como domador de unas fieras lamentables, que removían su piedad y acabaron con sus nervios". ¿Entendéis lo de "removían su piedad"?

Élèves : No.

Professeur : ¿No? Pues significa "suscitaient sa pitié", "lui inspiraient pitié"... "Suscitaient sa pitié"... "Y acabaron con sus nervios", eso lo entendéis.

Héloïse : Como no podían domarlas, ... se... desa... desanima... ba...

Ce ne sont pas les mots qui posent ici problème, mais l'expression. Héloïse l'a comprise et, recourant à sa mémoire, elle propose un terme synonyme auquel le professeur va substituer une expression plus adéquate.

Professeur : Se desanimaba. Se ponía nervioso, Manuel. Se ponía nervioso. ¿Sí? Bien. Yo quisiera también tener una explicación. Tenemos en el texto "realizó una corta incursión". ¿Quién me explica lo que significa eso? Yo creo que hay que explicarlo... A ver... "Realizó una corta incursión". Otros, un poco. ¿No, Nathalie?

Nouvelle focalisation sur un élément signifiant du texte : le terme "incursión", qualifié de "corta". Autant de termes apparemment banals, mais dont le professeur a vu, en préparant son cours, tout le parti qu'il pouvait en tirer pour éclairer la personnalité du personnage tout en suscitant des réemplois linguistiques. Mais l'expression du texte est relativement limpide, ce qui explique le jeu de Mme Avello, qui justifie sa demande d'explication par une prétendue nécessité ("yo quisiera también una explicación... Yo creo que hay que explicarlo...").

Élève : Quiere decir que no se quedó mucho tiempo...
Professeur : Desde luego.
Élève : ... porque no le gustaba este oficio.

On part d'une explication littérale de l'expression, immédiatement justifiée.

Professeur : Y ¿Por qué no le gustaba?

Deuxième mouvement du commentaire. La question part du "para-texte" produit par un élève et invite la classe à scruter le texte afin d'y trouver les explications de l'attitude du personnage et de dévoiler ainsi tout un pan de sa personnalité.

Élève : Porque la autora dice que acabaron con sus nervios... Por eso...
Héloïse : ¿Quién?

Héloïse a remarqué que la phrase produite par son camarade est incomplète car elle n'a pas de sujet. D'où sa question directe. Cet échange "horizontal" reflète l'attention d'Héloïse et la spontanéité des réactions de la classe : une phrase mal formulée est l'une des "situations" possibles du cours, face auxquelles les élèves sont invités à réagir. Si Héloïse ne l'avait pas fait, nul doute que le professeur aurait lui-même posé la question, de façon à s'assurer que la lettre du texte avait été comprise.

<u>Professeur</u> : ¿Quién? - te pregunta Héloïse.
<u>Élève</u> : Las fieras.
<u>Professeur</u> : ¡Ah! Porque las fieras...

Cette amorce est une invitation à formuler l'idée en une phrase complète, de façon à renouer avec un discours cohérent et à faciliter la compréhension de l'ensemble de la classe.

<u>Élève</u> : ... las fieras acabaron con sus nervios. Entonces... no parece ser un oficio para él.
<u>Professeur</u> : Sobre todo, ¿por qué no le gustaba ese trabajo? Yo creo que lo dice muy bien la autora, ¿eh? Héloïse.

Nouvelle invitation à scruter le texte pour y rechercher un complément d'explication... et une autre base de départ pour un nouveau commentaire. C'est ce qui va se produire.

<u>Héloïse</u> : Porque las fieras eran...
<u>Professeur</u> : Léelo.

Héloïse hésite, alors qu'elle a la solution sous les yeux. Le professeur l'invite à un réemploi immédiat de la lettre du texte. Ce type de réemploi est certainement moins intéressant que lorsqu'il s'agit d'une expression pouvant donner lieu à une adaptation au nouveau discours produit par l'élève. C'est peut-être, du reste, ce caractère un peu simpliste qui gênait Héloïse et provoquait son hésitation. Mais il ne saurait être négligé. Le maniement du vocabulaire, même simple - et peut-être même surtout s'il est simple - est un premier pas nécessaire vers sa mémorisation.

<u>Héloïse</u> : ... lamentables.
<u>Professeur</u> : Eran lamentables. Pierre.
<u>Pierre</u> : La autora quiere mostrar que Hipólito no... ¿Cómo se dice "exploiter"?
<u>Professeur</u> : Explotar.
<u>Pierre</u> : ... no explota los animales... (Geste habituel du professeur pour indiquer qu'il convient de s'exprimer au passé) no explotaba...
<u>Professeur</u> : No abusaba de los animales.
<u>Pierre</u> : ... no abusaba... los animales.

Professeur : ... de los animales.
Pierre : ... de los animales.
Professeur : ¿Cómo era Hipólito entonces? ¿Qué tipo de hombre era?... Nathalie.
Nathalie : Sensible.
Professeur : Hipólito...
Nathalie : ... era sensible.
Professeur : Repite : Hipólito...
Nathalie : Hipólito...
Professeur : Era...
Nathalie : ... era sensible.
Professeur : Era sensible, era un hombre sensible.

Le professeur exige une réponse structurée, même simple et élémentaire, de la part d'une élève éprouvant manifestement d'importantes difficultés.

Pierre : Como muchos artistas.
Professeur : Desde luego. (Geste à Nathalie qui lève le doigt pour l'inviter à s'exprimer.)
Nathalie : ... Y tenía lástima de las fieras.
Professeur : Desde luego, tenía lástima. En el texto, ¿qué expresión emplea la autora? Dínosla... Tenía lástima : la autora lo dice de otro modo.
Nathalie : Que removían su... Unas fieras que removían su piedad.

Encouragée par sa première intervention, laborieuse mais pertinente, Nathalie en deviendrait presque intarissable ! Elle réemploie fort judicieusement "tenía lástima", ce que met à profit le professeur pour s'assurer qu'elle a bien compris la lettre du texte. C'est là le but essentiel du retour au texte qu'induit la question. Le réemploi immédiat de "removían su piedad" amorce en outre la mémorisation et aide les élèves à repérer ce qu'il faudra s'efforcer de retenir.

Professeur : Que removían su piedad. Bueno. Terminamos. "Por fin, se conformó con hacer de payaso". "Se conformó con" : ya sabéis lo que significa, ¿No?
Élèves : Sí. Contentarse con.
Professeur : Así... Dímelo bien, John : "se conformó..."
John : Se contentó.

Nouvelle focalisation sur une phrase courte, et en particulier sur un verbe, "se conformó", chargé de sens. Les élèves le connaissent, mais sans doute pas de fraîche date, ce qui justifie que le professeur s'assure dans un premier temps de sa bonne compréhension. Ils proposent d'abord un synonyme à l'infinitif, et Mme Avello en profite pour solliciter un élève sans doute faible, ou du moins très timide -c'est là sa seule intervention-, mais qui montre qu'il connaît le sens de "conformarse", qu'il en connaît un synonyme et est capable d'en donner la forme équivalente à celle qui est employée dans le texte. C'est une bonne participation.

<u>Professeur</u> : Bueno. Se contentó con, en efecto. Manuel.
<u>Manuel</u> : Para mí, se conformó con hacer de payaso porque no es necesario...
<u>Professeur</u> : Para hacer de payaso...

Le professeur améliore la cohérence de la formulation en proposant à l'élève le réemploi d'une expression du texte.

<u>Manuel</u> : Para hacer de payaso, no se necesita... de... destreza.
<u>Antony</u> : A mi modo de ver, volvemos a encontrar aquí la sensibilidad... del... de Hipólito... porque si quiso hacer de payaso, fue que...
<u>Professeur</u> : Era que...
<u>Antony</u> : Era que a él le gusta los niños... le gustaba los niños.
<u>Professeur</u> : Le gustaban los niños... (A Nicolas qui lève le doigt) Para concluir, ¿eh?
<u>Nicolas</u> : No estoy conforme contigo, porque cuando la autora... escrito "por fin se conformó..." era para poner de relieve que...
<u>Professeur</u> : Bueno.
<u>Nicolas</u> : ... Hipólito no podía hacer...
<u>Nicolas + plusieurs camarades</u> : ... otra cosa.
<u>Nicolas</u> : Al leer "por fin se conformó con hacer de payaso", eso me recuerda la frase "y jamás le interesó otro oficio".
<u>Professeur</u> : sí... ¿Podrías explicar un poco? ... Eso muestra...
<u>Nicolas</u> : Eso muestra que sólo su oficio le interesaba a Hipólito.
<u>Professeur</u> : Le interesaba, le...
<u>Nicolas</u> : Le apasionaba a Hipólito su oficio.

Voyant que le temps passe, le professeur souhaite une conclusion rapide sur le fragment du texte que l'on est en train d'examiner. D'où sa consigne : "para concluir, ¿eh?". Nicolas va en effet conclure, et de façon magistrale :

– en s'opposant d'abord à Antony, dont l'intervention ne manquait pas d'intérêt mais constituait un contresens sur le personnage. Et l'explication de Nicolas montre qu'il a parfaitement saisi le sens de "se conformó" : ce n'est pas par amour des enfants qu'Hipólito a fait le clown, mais bien parce qu'il n'avait pas d'autre solution ;

– en débouchant, à partir de cette remarque, sur le fond du texte : "le apasionaba a Hipólito su oficio" ;

Nicolas est certainement un élève très fin, et son intervention est d'autant plus remarquable que le professeur n'intervient aucunement. Cela dit, il est évident que cette conclusion est, par définition, induite par tout ce qui précède, c'est-à-dire par une compréhension du texte qui perce la simple surface pour en scruter les profondeurs. Mais elle implique aussi une grande attention, beaucoup d'intérêt et une grande vivacité d'esprit.

<u>Professeur</u> : "Su vida, igual a la de cualquier campesino, se regía por el estado de las lluvias y la luz del sol. Durante los meses fríos y húmedos, a los circos pobres no les sonríe la fortuna y él hibernaba en su hogar, pero con el despertar de la primavera decía adiós a los suyos y partía sin escrúpulos, dejando a su mujer el cargo de los hijos y las faenas del campo". ¿Entendéis "el cargo"?

Jusqu'à présent, le découpage du texte a été effectué phrase par phrase. Ici, le professeur procède à la relecture de toute la fin du texte, composée de deux phrases dont la deuxième est particulièrement longue. C'est que ces deux phrases constituent une unité de sens, la deuxième expliquant la première. Il est donc parfaitement judicieux de ne pas les séparer dans le commentaire.

<u>Élèves</u> : No.

<u>Professeur</u> : "La charge". Significa "la charge"... A ver, fijaos bien : "Durante los meses fríos y húmedos, a los circos pobres no les sonríe la fortuna". Anne.

Le professeur a choisi de focaliser l'attention de la classe sur le premier membre de la deuxième phrase, dont le sens est plus ouvert que celui de l'autre grand élément signifiant de ce morceau : "Su vida [...] se regía por el estado de las lluvias y la luz del sol". Focaliser l'attention sur cette première phrase aurait inévitablement entraîné une explication littérale, qui aurait sans doute débouché, indirectement, sur le commentaire de "a los circos pobres no les sonríe la fortuna". On aurait sans doute abouti au même résultat par des moyens différents.

<u>Anne</u> : Porque en estos meses la gente no va al circo.

Élève : Yo pienso que el trabajo en un circo se rige por las estaciones.

Professeur : Alexandra.

Alexandra : Diré que su vida se rige por las estaciones.

Professeur : Se...

Alexandra + autres élèves : ... regía...

Alexandra : ... por las estaciones, porque durante los meses fríos y húmedos se... invernaba en sus...

Professeur : Eh... Durante los meses fríos y húmedos... Lee la palabra : "hi...". Dilo bien. Hibernaba.

Le texte sert de référent et situe le niveau d'exigence. Son utilisation permet de préciser le vocabulaire.

Alexandra : Hibernaba en su hogar...

Professeur : Sí.

Alexandra : ... con su mujer y sus hijos.

Héloïse : Por eso la autora dice... dice que... igual... a la de cualquier campesino... se re... regía con las estaciones, porque... en efecto, ... el campesino tiene que... vivir con las estaciones.

Professeur : Vamos a ver la última parte : "Decía adiós a los suyos y partía sin escrúpulos... sin escrúpulos... dejando a su mujer el cargo de los hijos y las faenas del campo". A ver... Anne.

Dans la relecture, le professeur a souligné, en la répétant, l'expression "sin escrúpulos", qui synthétise toute la portée de cette dernière phrase. C'est une autre technique de focalisation. Et Anne l'a bien compris, qui va procéder à un commentaire à partir de cette expression.

Anne : Esta palabra "sin escrúpulos" muestra que... muestra un lado... un poco egoísta del... de Hipólito, porque no piensa mucho en su familia... (Geste habituel du professeur)... pensaba mucho en su familia.

Élève : Las palabras "sin escrúpulos" ponen de relieve que... el... el oficio de Hipólito era lo más importante para él.

Professeur : Bien. Para concluir, dijimos que a Hipólito le apasionaba el circo...

Le professeur souhaite manifestement passer rapidement à la synthèse finale, étape très importante qui permet de retirer l'essentiel du texte en réemployant une dernière fois la langue qui a servi au commentaire. Mais peut-être pouvait-il, en l'occurrence, faire preuve de plus d'à-propos en utilisant la remarque du dernier élève : "*el oficio de Hipólito era lo más importante para él*". On n'était pas loin de l'idée centrale du texte, et le professeur pouvait, après avoir fait améliorer la formulation de la phrase par un réemploi de "*a Hipólito le apasionaba...*", demander aux élèves de rappeler les différentes idées, formulées lors du commentaire, qui abondaient dans le sens de cette vision du personnage. Cela aurait sans doute été plus naturel que la sollicitation pour laquelle opte Mme Avello, quelque peu dirigiste et en décalage par rapport à l'intervention de l'élève. Cela dit, elle avait sans doute de nombreux arguments à sa décharge. Les impératifs horaires... et les caméras qui filmaient n'étaient probablement pas les moindres. Et nous manquons tous, à un moment ou à un autre, d'esprit d'à-propos...

Morgane : Le pasionaba el...

Professeur : Le apasionaba...

Morgane : Le apasionaba el circo porque fue trapecista, saltimbanqui, y después...

Une voix : ... domador...

Morgane : ... domador de unas fieras.

Professeur : Sí.

Voix : Y por fin... payaso.

Professeur : Y por fin, ...

Morgane : Y por fin, payaso.

Professeur : Yo creo que el verbo es importante, Morgane. Y por fin... ¿qué dice la autora? Por fin, se...

Voix : Conformó.

Professeur : Se...

Morgane : Se conformó con hacer de payaso.

Le professeur ne se contente pas de l'idée, mais exige le réemploi d'une expression importante qui a été maniée pendant le cours. C'est une façon de consolider la mémorisation et de signifier à la classe que cette expression sera à apprendre dans la leçon, ou du moins à restituer au début du prochain cours (car, en l'occurrence, les élèves la connaissaient avant d'étudier le texte d'Isabel Allende).

Professeur : se conformó con hacer de payaso. Antony.

Antony : Se apasionaba también porque la autora dice "ejerció ese oficio y jamás le interesó otro".

Professeur : Claro. Anne.

Anne : Añadiré que... Hipólito se da... al circo.

Professeur : Se...

Anne : Se daba al circo.

Professeur : se daba al circo. Me podrías...?

Anne : ... porque vive a su... vivía a su ritmo.

Professeur : A ver, Nolwen, dime algo.

Nolwen : El payaso pasaba la mitad del año con su familia, y la otra en el circo.

Le professeur sollicite ici, de façon très ouverte, une élève qui n'est pas intervenue dans le déroulement du cours. Cela semble indiquer que c'est le seul élève à ne pas encore s'être exprimé. Nolwen formule une phrase simple, mais claire, fluide, fort correcte et qui montre qu'elle a suivi le cours, qu'elle a compris... et qu'elle connaît de l'espagnol.

Professeur : Alexandra.

Alexandra : A Hipólito le apasionaba el circo porque... diré que no ejercía otro oficio...

Professeur : No ejer...

Alexandra : ... ejerció... oficios... Comment dit-on "en dehors" ?

Professeur : Fuera.

Alexandra : ... fuera del circo.

Professeur : Para el jueves 4 de julio,

- Primero : Hipólito cuenta su vida en primera persona, desde el principio del texto, "Desde que escapó...", hasta "... las carpas remendadas". Es decir que vais a emplear "yo".
- Segundo : Notar las expresiones que indican que a Hipólito le apasionaba el circo.
- Y por fin, "por fin se conformó con hacer de payaso" : Explicar por qué.

Les consignes de travail personnel vont dans le prolongement direct du cours :

– Le premier exercice, court, consistera à mettre au discours direct les deux premières phrases du texte. L'adaptation des pronoms personnels à la première personne exigera une bonne compréhension de la construction et du fonctionnement de ces phrases, dont la structure est relativement simple. Cet exercice permettra par ailleurs de revoir la conjugaison du passé simple - qui a été manié

pendant le cours à la troisième personne - à la première personne du singulier. Il s'agit donc là d'un exercice dont l'exécution sera sans nul doute rapide, et qui devrait permettre même aux élèves les plus faibles de tirer leur épingle du jeu.

– La deuxième consigne est destinée à orienter la leçon : il s'agit de favoriser la mémorisation du lexique important, parfaitement ciblé, ayant trait à la passion d'Hipólito : thème qui constituait le fond du texte, comme l'a souligné la synthèse finale, et qui a constitué l'axe directeur du cours.

– Le troisième exercice est un exercice de rédaction sur un aspect dont le cours a souligné l'importance. Il est destiné à permettre aux élèves, après quelques heures, de rassembler les idées exprimées pendant le cours. Car une bonne explication de la phrase du texte "por fin se conformó con hacer de payaso" impliquera que l'on aborde tous les aspects essentiels dégagés par le commentaire : la passion du personnage pour le cirque et sa résignation finale à cause du poids des ans. La formulation de ces idées impliquera elle-même que les élèves aient recours à la langue maniée pendant le commentaire. On retrouvera nécessairement dans les copies "a Hipólito le apasionaba el circo", "se iba haciendo viejo", "perdió su equilibrio y su destreza", que les meilleurs penseront peut-être à adapter à la forme progressive ("poco a poco fue perdiendo..."), etc. On aura donc là l'essentiel des idées, et le deuxième exercice fera mémoriser la langue. Tous les ingrédients sont réunis pour la leçon du prochain cours.

On remarquera que les élèves ne notent rien sur leur cahier. La mémorisation de la langue du texte est amplement suffisante.

Ce cours nous semble illustrer de façon éloquente un des nombreux résultats possibles de la formation d'une classe. Il s'agit, de toute évidence, d'une classe qui est bien loin d'être composée exclusivement de bons élèves, et dont nombre d'éléments sont, au contraire, des enfants ayant sans doute de grosses difficultés scolaires. Mais, parce que le professeur a su maintenir leur intérêt en éveil, en exigeant beaucoup d'eux sans les décourager - c'est-à-dire sans doute en leur faisant comprendre et en appliquant dans les faits le principe selon lequel le cours de langue s'adresse à tous et à chacun, au niveau qui est le sien, mais à condition que chacun consente à faire les efforts requis pour une progression personnelle à un rythme adapté à ses capacités mais régulier - parce que le professeur a su créer, ainsi, les conditions favorables à l'expression et aux progrès de chacun, le cours se déroule dans les meilleures conditions possibles :

– L'ensemble de la classe participe spontanément : si l'on comptabilise le nombre des intervenants élèves, on arrive à un nombre de vingt-trois, en comptant seulement un minimum de deux élèves non identifiés (désignés comme "élève", "voix" ou "autre élève" dans le script). Le nombre réel est sans doute supérieur, d'autant que le montage du film a pu éliminer certaines prises de parole. Comme nous l'avons remarqué dans le commentaire, l'intervention finale de Mme Avello s'adressant à Nolwen ("A ver, Nolwen, dime algo") semble même indiquer que Nolwen est sans doute la seule élève, à ce stade du cours, à n'avoir pas encore pris la parole.

Un décompte plus précis montre que trois des neuf élèves identifiés participant à la leçon - Valérie, Dominique et Claire - n'interviennent plus durant le reste du cours. En dépit des réserves déjà formulées sur la fiabilité des conclusions que nous autorise le montage, on peut néanmoins penser que ces trois élèves ont compris le profit qu'ils pouvaient tirer de ce moment privilégié qu'est pour eux le début du cours : ils sont peut-être peu sûrs d'eux, peu imaginatifs, lents, et se sentent plus rassurés quand il s'agit de restituer que lorsqu'il faut produire. Pour ce qui est des six autres élèves participant à la leçon, trois d'entre eux interviennent fréquemment dans le commentaire du texte : Antony (5 séquences d'interventions), Nicolas (5) et Anne (4) ; les trois autres interviennent, certes, mais de façon ponctuelle : Alexandra (2), Fabrice (1) et Éric (2). Le moment de la leçon s'érige donc ainsi, dans le cours d'espagnol, en moyen supplémentaire mis à la disposition du professeur pour pratiquer la pédagogie individualisée que requiert l'hétérogénéité de la classe. S'il ne semble pas pertinent de réserver exclusivement ce moment à la participation des plus faibles ou des plus timides, il est certain que les conditions sont propices à l'expression de ce type d'élèves.

– Une telle participation implique nécessairement que les élèves se sentent en confiance, c'est-à-dire que règne un esprit de tolérance, de respect et d'écoute des autres. Or, une telle ambiance n'est jamais donnée a priori, même dans la meilleure des classes. Elle est le fruit, ici encore, d'une formation de tous les instants, par le dialogue du professeur avec sa classe. Il s'agit de faire comprendre que tout le monde n'a pas les mêmes capacités, mais que chacun a ses capacités, différentes de celles du voisin ; et que c'est en collaborant, c'est-à-dire en s'écoutant et en s'aidant qu'on fera progresser les autres et qu'on progressera soi-même. L'ambiance de classe est en fait le résultat d'un véritable "contrat social" qui, bien compris, est une école de tolérance, d'intelligence, et peut faire des merveilles...

– Une telle participation va de pair avec la qualité de la langue. Celle-ci est parfois hésitante, bredouillante, entachée de petites ou de grosses erreurs grammaticales ou de prononciation, mais elle reste toujours de qualité : cette

qualité tient essentiellement à la richesse et à la précision lexicales, que nous avons soulignées, ainsi qu'à la complexité des phrases. On remarquera que la moindre intervention d'élève, à ce stade d'apprentissage, donne systématiquement lieu à une phrase complexe, jamais -ou presque jamais- construite sur un schéma simple -simpliste- du type sujet-verbe-complément. On a au moins une situation initiale ("a la derecha...", "a la izquierda...", "en el centro..."), l'expression d'une impression, d'un sentiment ou d'une opinion ("En esta frase lo que me extrañó...", "parecía que...", "me parece que...", "porque yo creo que..." "pienso que...", "podemos pensar que...", "a mi modo de ver...", "para mí..."), ou une formule introductive destinée à compléter ("además...", "añadiré que...", etc.), à exprimer un désaccord justifié ("no estoy conforme contigo, porque..."), à s'appuyer sur le document ("al ver...", "al escuchar este texto...", "eso muestra que...", etc.), à déduire ("por eso...", "por lo tanto...", etc.), etc. : autant de formules simples, mais dont l'emploi nous semble extrêmement important. Outre qu'elles enrichissent l'expression en donnant de l'ampleur et du rythme à la phrase, ces formules permettent de se poser en tant qu'individu face à une situation donnée pour affirmer une pensée personnelle en la nuançant de certitude, de doute, d'hypothèse, ou encore d'un sentiment personnel ; leur emploi reflète en outre toute une attitude faite d'attention, d'écoute et de respect de l'autre, au-delà des divergences d'opinion.

On aura compris qu'une telle qualité d'expression, sous toutes ses facettes, est le fruit d'un niveau d'exigence et de rigueur : rigueur dans la programmation de l'étude des documents, évidente dans le cours que nous venons de commenter, et qui fait que l'élève ne se trouve pas en porte-à-faux face à un nouveau document parce que celui-ci a été introduit et que la classe dispose des moyens de le commenter sans avoir recours à la "traduction" (on remarquera à ce propos que les interventions destinées à demander du matériel linguistique sont très rares dans le cours de Mme Avello) ; rigueur dans l'étude du document, qui, outre qu'elle permet une compréhension en finesse de la langue du texte et en facilite ainsi l'acquisition et la restitution, donne les moyens à la classe de repérer les phénomènes linguistiques à mémoriser (nul doute que, lors de la prochaine leçon, Mme Avello a obtenu spontanément "a Hipólito le apasionaba el circo", "se iba haciendo viejo", "se conformó con hacer de payaso", etc.) ; rigueur, enfin, dans le travail personnel, sélectif et limité en fonction de l'objectif et de l'intérêt du cours, mais régulier et "ciblé" de façon à faciliter la mémorisation d'une certaine langue... et en prévision des cours suivants.

Concluons en une synthèse. Ce n'est certainement pas un hasard si la qualité de la participation va de pair avec la qualité de la langue. Car l'intérêt que portera l'élève au cours d'espagnol sera lui-même fonction de la conscience qu'il aura de progresser, c'est-à-dire d'acquérir régulièrement un matériel linguistique nouveau, authentique et riche. Et cela ne peut se faire que progressivement et rigoureusement, par le réemploi systématique et en bannissant autant que faire se peut la "traduction". En parlant et en apprenant un bon espagnol, les élèves de Mme Avello prennent plaisir à parler espagnol.

Un tel résultat peut s'avérer décourageant pour nombre d'entre nous, moins rompus que Mme Avello aux techniques de la didactique de l'espagnol. Mais il est vrai, aussi, que le cours que nous venons de commenter était l'aboutissement de tout un travail de préparation destiné à montrer, par le truchement de l'image, l'aboutissement d'une programmation rigoureuse dans une classe de niveau moyen-faible. S'il est vrai que tout un chacun peut -c'est un idéal- faire la même chose, il n'en est pas moins évident qu'il sera impossible d'obtenir un tel résultat à chaque cours, ne serait-ce que parce que les documents ne s'enchaînent pas toujours aussi parfaitement, et que tous les documents peuvent difficilement être aussi bien introduits que le texte d'Isabel Allende dans le film. Mme Avello, elle-même, ne nous démentirait pas.

Il est vrai aussi que le cours se déroulait dans un collège de La Roche-sur-Yon, et que La Roche-sur-Yon n'est ni La Courneuve ni Vaulx-en-Velin...

Ces considérations ne sauraient être tenues pour mineures et sont autant de bémols à apporter à notre jugement. Mais cela n'enlève rien à nos conclusions, aussi valables à Vaulx-en-Velin qu'à La Courneuve ou à La Roche-sur-Yon : c'est en formant la classe au réemploi et en favorisant au maximum ce réemploi, dans une atmosphère de rigueur qui ne saurait exclure la compréhension ni le dialogue, que l'on générera des progrès et que l'on suscitera l'intérêt pour l'étude de l'espagnol.

Trois séquences pédagogiques autour d'un même document

Nous présentons ci-après trois séries de quatre, cinq et deux fiches pédagogiques offrant autant de simulations de cours en trois séquences pédagogiques, chacune d'elles s'articulant autour du même document : un texte tiré de *La casa de los espíritus* d'Isabel Allende.

Ces fiches pédagogiques ne différent de celles figurant dans nombre de "livres du maître" que par le fait que les documents étudiés s'enchaînent de façon cohérente en trois séquences. Elles prétendent donc illustrer de façon concrète non seulement quelques façons, parmi de nombreuses autres possibles, d'aborder et d'envisager l'étude d'un certain nombre de documents de nature diverse, mais également l'agencement de ces différents documents en trois unités thématiques dans lesquelles chacun d'eux jette sur le suivant un éclairage précieux et fournit un matériel linguistique à réemployer, facilitant ainsi doublement le commentaire.

Dans chacune des fiches que nous présentons, le lecteur est donc invité à trouver une démarche pédagogique face à un document concret et précis. Il s'agit en fait d'autant de préparations de cours, dans lesquelles -à la différence des préparations quotidiennes- les finalités sont précisées de même que les moyens que le professeur envisage pour les atteindre. Le tout est exposé sous forme de simulations de cours, c'est-à-dire de petits scénarios : en italique, nous explicitons notre démarche, et en caractères normaux, nous imaginons les interventions possibles -souhaitées ou envisagées- de la classe et du professeur, en soulignant les réemplois en caractères gras. Après chaque réemploi récurrent, nous indiquons en outre, entre parenthèses et en italique, le numéro du document de la séquence auquel il est emprunté.

Il va sans dire que l'on ne saurait prendre tout cela au pied de la lettre, et que nos lecteurs ne doivent déduire de ces simulations ni que nos résultats sont meilleurs que les leurs, ni que nous sommes de doux rêveurs. Nous nous heurtons aux mêmes difficultés qu'eux et sommes parfaitement conscients des réalités du cours d'espagnol. Et disons-le tout net : il est impossible que ces scénarios se déroulent comme prévu durant l'heure de cours. Les interventions de la classe feront ponctuellement dévier le déroulement du cours dans des directions insoupçonnées ; quant à l'expression des élèves, elle sera forcément beaucoup moins riche et académique que celle que nous leur prêtons, certaines idées ne seront pas exprimées, les réemplois ne se feront pas tous... et il serait complètement aberrant de les exiger, de les forcer, ou de passer des heures sur un même document pour obtenir tout ce que l'on a prévu.

Alors, pourquoi ces simulations que d'aucuns qualifieront d'utopiques ? D'une part parce que, ponctuellement, elles peuvent s'avérer moins utopiques qu'il n'y paraît, cette apparence étant due davantage à l'accumulation des bonnes répliques qu'à la qualité de chacune d'entre elles considérée individuellement. La deuxième raison est qu'il s'agit de simulations dans l'abstrait, hors de tout contexte autre que celui du document étudié et de la séquence dans laquelle il est inclus (pas de classe réelle, avec ses effectifs, son niveau, ses conflits, etc.), et que chaque phrase que nous prêtons à la classe est un aboutissement, un niveau final, pour ainsi dire idéal et obtenu -peut-être, mais rien n'est moins sûr- après force tâtonnements et corrections qu'il serait inopérant d'imaginer. Enfin, ce qui intéresse c'est avant tout la démarche, c'est-à-dire l'analyse faite par le professeur du document à étudier, la fixation des objectifs et la détermination des moyens envisagés pour les atteindre. Car c'est cela qui restera, quoi qu'il arrive. Le cours pourra dévier ponctuellement, le professeur qui aura en tête des objectifs précis, qui aura repéré dans le document les détails signifiants à faire expliquer et commenter, qui aura envisagé les moyens d'amener la classe à le faire, bref, le professeur qui connaîtra son document sur le bout du doigt saura s'adapter naturellement aux réactions des élèves pour infléchir le déroulement du commentaire dans le sens des objectifs qu'il se sera fixés, tout en gardant suffisamment de souplesse pour ne pas négliger les nouvelles pistes suggérées par la classe. C'est dire que, face à une classe déterminée, concrète, et à un moment donné de l'année scolaire, nous n'étudierions peut-être pas le ou les documents que nous proposons ici. Mais si nous les étudiions, nous les préparerions dans l'esprit où nous le faisons, quitte, pendant le cours, à nous adapter au niveau réel des élèves en poussant moins loin que prévu la réflexion et -naturellement- en n'exigeant pas forcément d'eux la qualité d'expression que nous imaginons ; quitte, également, à suivre ponctuellement une voie nouvelle proposée par la classe. Cela se produit assez fréquemment. Tant il est vrai qu'aller très loin n'est pas forcément aller trop loin...

C'est donc avant tout à une série de démarches que nous convions nos lecteurs. Et si ces démarches se veulent cohérentes, elles ne sauraient bien évidemment être uniques, inamovibles et irremplaçables. A chacune d'entre elles peuvent certainement se substituer plusieurs autres, complètement différentes, et souvent avantageusement, nous n'en doutons pas...

Nous espérons simplement, par ces illustrations, rendre plus concrets les principes que nous avons énoncés dans la première partie de cet ouvrage.

Première séquence pédagogique
classe de seconde ou première

El hombre y su entorno

DOCUMENT 1 : Texte *El hombre y la ciudad* - Ángel GANIVET

DOCUMENT 2 : Tableau *Cabeza Urbana* - Ángel ORCAJO

DOCUMENT 3 : **Texte d'Isabel ALLENDE, *La casa de los espíritus***

DOCUMENT 4 : Dessin de BALLESTA

DOCUMENT ANNEXE : *Mi ciudad* - Joan FERRES *(El otro cantar)*

DOCUMENT 1

El hombre
y la ciudad

Fregar los platos,
el suelo = Laver
la vaisselle, le sol

Apuntar = Viser

Un hombre que habita en una ciudad desigual con calles quebradas, con jardines semisalvajes, circundada por la belleza natural que la tierra da de balde, es un hombre apto -si se decide a trabajar, justo es decirlo- para la creación de obras originales, por lo menos es un hombre llano, natural ; ese mismo hombre habita en una ciudad muy bien alineada, barrida y <u>fregada</u> e insensiblemente comienza a perder los rasgos más salientes de su personalidad, comienza él también a alinearse, a recortarse, a pelarse, o afeitarse y engomarse, en una palabra a estropearse por fuera y por dentro y quizá al encontrarse un amigo en la calle no sepa ya saludar familiarmente, sino haciendo varios movimientos mecánicos y ofreciendo en vez de toda la mano, como antes lo hacía, el dedo índice que parece <u>apuntar</u> como cañón de revólver.

Ángel GANIVET, citado en *España vista por los españoles*.

Ce texte d'Ángel Ganivet, court et parfaitement bien structuré, est néanmoins très riche et relativement difficile d'accès. Pour défendre la thèse, classique depuis le XVIIIe siècle, de l'influence du milieu sur l'homme, il s'articule en une opposition entre deux types d'homme vivant dans un environnement urbain totalement différent : le premier est naturel, le deuxième normalisé, sophistiqué et aseptisé. Mais Ganivet va plus loin en affirmant qu'en perdant son caractère naturel, la ville réduit l'homme à un robot insensible et violent.

Nous le présenterions assorti de l'explication, en marge, de deux mots sélectionnés en fonction de l'exploitation que nous envisageons d'en faire, et qui n'est sans doute pas la seule possible. Toute autre exploitation nécessiterait peut-être une autre présentation : on pourrait donner en marge la traduction ou l'explication de tous les mots supposés ignorés des élèves ; en traduire d'autres ; ou n'en traduire aucun...

Pourquoi traduire ces deux mots ? L'emploi du participe passé *fregada* répond, à notre avis, à une intention de l'auteur qui ne peut s'apprécier que par référence à deux des emplois types du verbe *fregar*. Ce sont ces emplois que nous donnons, plutôt qu'une simple traduction, car cela nous semble plus facile à l'écrit qu'oralement, lors de la "descente" du texte. Quant à *apuntar*, nous envisageons la possibilité d'une focalisation sur la fin du texte (à partir de *y quizá al encontrarse un amigo en la calle...*) sans relecture magistrale. L'explication que nous envisageons pour cette fin de texte implique néanmoins la compréhension de *apuntar*. D'où la nécessité de donner la traduction en marge. Ce mot ne sera évidemment pas traduit s'il a été vu et est connu du groupe classe.

Pourquoi ne pas proposer une traduction de tous les mots difficiles du texte ? Cela ne nous semble pas judicieux dans le cas présent, car cela risquerait, nous semble-t-il, de disperser l'attention de la classe lors de la lecture magistrale initiale. Or, le but de cette lecture sera essentiellement -nous allons le voir- de faire appréhender la structure du texte, et d'en tirer un premier accès au sens. Il nous semble donc préférable de ne pas émietter le texte en attirant l'attention de la classe sur le sens de mots dont la compréhension précise n'est pas indispensable dans un premier temps, et qui seront faciles à expliquer lors de la "descente" du document.

Cette "stratégie" constitue évidemment l'un des fruits de la préparation de détail du cours, dont nous exposons ici les résultats. Elle serait totalement différente pour un autre texte, ou même pour une autre exploitation de ce même texte.

1 - Prise de contact avec le texte

Le texte pourrait être abordé par une lecture magistrale "à livres ouverts". Une telle approche nous semble judicieuse eu égard au caractère abstrait du document, qui rendrait sans doute inopérante une lecture "à livres fermés", ou ferait au moins perdre du temps. Or ce document, court, est à étudier en une unité de cours.

De la lecture à livres ouverts, on attendra de la classe qu'elle perçoive, plutôt qu'un thème difficile à appréhender, la structure du texte, qui est, ici, hautement signifiante et dont on pourra tirer d'emblée quelques conclusions qui permettront d'orienter efficacement le commentaire. Au besoin, on opérera une première focalisation :

<u>Professeur</u> : Fijaos en la estructura de este texto.

On attendra de la classe qu'elle découvre que le texte comporte une seule phrase, divisée en deux parties qui nous présentent un homme plongé dans deux milieux urbains opposés.

Classe : El texto consta de una sola frase, dividida en dos partes opuestas : A "Un hombre que habita en una ciudad desigual..." se opone "ese mismo hombre habita en una ciudad muy bien alineada...". Y ese mismo hombre, sumido en ese nuevo entorno, ya no es el mismo hombre...

2 - Explication et commentaire de détail

Après cette première approche pourra commencer l'explication de détail, au cours de laquelle, en élucidant et en commentant la langue du texte, on amènera la classe à la manier et à appréhender le sens du document. Nous proposons ci-après deux façons différentes de faire ce travail, mais il est sans doute possible d'en imaginer d'autres.

- **Première démarche : "descente" du texte**

L'élucidation du premier membre de phrase, qui pourra déjà donner lieu, sans doute, à des commentaires intéressants, servira surtout de support au commentaire du deuxième membre en installant des référents auxquels s'opposera, terme à terme, le lexique employé à la fin du texte. De cette opposition surgira le sens du passage.

Relecture magistrale de la première phrase. Au cours de cette relecture, le professeur expliquera les mots "quebradas" (quebrar = casser, briser), "circundada" (= rodeada), "de balde" (= gratis), "llano" (= sencillo y amable). La première focalisation pourra se faire sur l'adjectif "desigual".

Professeur : "Un hombre que habita en una ciudad desigual..." ¿Comprendéis lo de "desigual"? "Desigual" es lo contrario de...

Classe : "Desigual" es lo contrario de "igual".

Professeur : Y una ciudad desigual será... (Y comprendemos lo que será una ciudad desigual...)

L'idée ne sera peut-être pas facile à trouver. Le professeur aura recours, au besoin, au terme s'opposant à "desigual" dans le deuxième membre de phrase : A este término, "desigual", se opone otro adjetivo en el segundo miembro de la frase. A lo mejor éste nos permitirá comprender mejor...

Classe : Al término "desigual" se opone, en la segunda parte de la frase, el adjetivo "alineada", que el autor emplea en forma superlativa : "muy bien alineada".

— Esto nos permite comprender que "una ciudad desigual" es (lo contrario de una ciudad muy bien alineada) una ciudad cambiante, variada...

Au besoin, le professeur incitera à la précision dans l'explication et le commentaire :

Professeur : ... una ciudad cambiante ¿en qué?

Classe : ... una ciudad cambiante en sus formas, sus líneas, su arquitectura ; una ciudad sin monotonía ; con líneas curvas, como en los cascos viejos de las ciudades europeas...

Le retour au texte pourra s'effectuer de deux façons, comme c'est souvent le cas :
– Soit il s'effectuera naturellement, par le biais d'un réemploi immédiat de "calles quebradas", par exemple, l'élève ayant besoin de ce mot pour exprimer l'idée de son commentaire :

Classe : Por lo visto, una "ciudad desigual" será una ciudad de calles quebradas, y no rectilíneas como las calles modernas.

L'élève peut ne pas penser à réemployer spontanément "calles quebradas", car il ne connaît pas encore assez bien le texte ; son premier réflexe sera peut-être de solliciter une aide lexicale (l'adjectif "tortueux", par exemple). Dans ce cas le professeur le renverra au texte : Mira cómo lo dice el texto. *Ce qui ne l'empêchera pas, éventuellement, de donner des synonymes plus courants :* "Unas calles quebradas son, en efecto, calles tortuosas, retorcidas, no rectilíneas".

– Soit le retour au texte s'effectuera par une nouvelle focalisation opérée par le professeur lui-même :

Professeur : A ver, el texto nos da otras características de una ciudad desigual : "con calles quebradas, con jardines semisalvajes"... Ya comprendemos, ¿no?

Classe : - Unas "calles quebradas" serán calles retorcidas, no rectas, que suben y bajan, van en todas direcciones...

— Y unos jardines semisalvajes serán jardines no demasiado ordenados, donde flores y plantas crecen y se reparten de modo natural, sin que se les imponga el hombre...

Il sera important de faire saisir le sens et la portée du préfixe "semi-". Pour cela, le professeur opérera une focalisation précise :

<u>Professeur</u> : Pero cuidado, que el autor no habla de "jardines <u>salvajes</u>, sino "<u>semi-salvajes</u>"...

<u>Classe</u> : Es que se trata sin embargo de jardines, y en una ciudad. El hombre de que se trata no es un salvaje, sino que vive en una sociedad civilizada...

Retour au texte : le professeur focalisera l'attention de la classe sur un autre détail signifiant. Cela pourra se faire par une simple relecture du passage : "... circundada por la belleza natural que la tierra da de balde..."

Si le professeur le juge utile, il pourra s'assurer que la classe a bien compris quel mot est déterminé par le participe "circundada" :

<u>Professeur</u> : A ver, comprendamos bien : ¿Qué es lo circundado?

<u>Classe</u> : Es la ciudad la que está circundada por la belleza natural que **la tierra da de balde**.

Puis on passera à l'essentiel, c'est-à-dire à l'explication des termes réellement signifiants de ce membre de phrase. Ces termes sont au nombre de deux : "la belleza natural", idée qui n'est certainement pas évidente pour la plupart des élèves ; et "que la tierra da de balde", qui a pour portée essentielle de situer l'auteur par rapport à la nature ; et d'introduire le concept de générosité, qui sera précieux pour la compréhension de la fin du texte.

Dans un premier temps, il s'agira donc de faire appréhender le sens et la portée de l'adjectif "natural", qui qualifie "la belleza". Pour cela, on pourra avoir recours à la "maïeutique" d'une série de questions, l'important étant que la classe découvre que l'adjectif "natural" ne pourrait qualifier n'importe quel environnement rural.

<u>Professeur</u> : "... la belleza natural"... (Eventuellement : ¿De qué belleza se tratará?)

<u>Classe</u> : Se trata de la belleza de la naturaleza que circunda a la ciudad.

<u>Professeur</u> : Pero ¿no todas las ciudades están circundadas por esa "belleza natural"?

<u>Classe</u> : No, los paisajes modernos, que circundan a las ciudades modernas, no son muy naturales ya... El autor quiere hablar aquí de una naturaleza auténtica, de un entorno virgen...

Dans un deuxième temps, on focalisera l'attention de la classe sur l'expression "... que la tierra da de balde", de façon à faire discerner l'idée de générosité de la terre et d'entrevoir, à travers elle, la position de l'auteur.

<u>Professeur</u> : "... que la tierra da <u>de balde</u>" : En esta expresión aparece el autor, ¿no?

Si cette question s'avère trop directe, on pourra passer par des étapes intermédiaires, en invitant la classe à discerner le sens et la portée de l'expression "dar de balde".

Professeur : "... que la tierra da de balde" : ¿Qué visión de la tierra tenemos aquí? (Al darnos este detalle, ¿qué quiere decir el autor?)

L'essentiel sera de parvenir à l'expression des idées que nous avons indiquées :

Classe : - En esta expresión, como en "la belleza natural", aparece un autor amante de la naturaleza virgen, auténtica, que es bella y generosa, puesto que **le da de balde al hombre su belleza**.
- La expresión "da de balde" expresa bien la generosidad de la naturaleza auténtica ; y se trata de la opinión del autor, que se nos presenta así como un hombre amante de la naturaleza...

Puis le professeur relira le premier membre de phrase avant (et afin) de focaliser l'attention de la classe sur la deuxième partie : "es un hombre... es un hombre llano, natural" ; si la classe est bien formée, rompue à ce genre d'exercice, cette simple relecture sera sans doute suffisante pour entraîner l'explication et le commentaire. Sinon, on pourra répéter en soulignant, pour mieux focaliser l'attention : "apto para la <u>creación</u> de obras <u>originales</u>... <u>llano, natural</u>".

Classe : El autor parece vincular la llaneza, la naturalidad, e incluso la capacidad creadora a la ciudad donde vive el hombre.

Le professeur pourra faire expliciter cette idée. Cette explication-commentaire sera évidemment assistée, au besoin, par le professeur, qui s'efforcera de faire approfondir...

Professeur : Es decir...

Classe : - Es decir que el medio ambiente hace al hombre, le da su personalidad...
- O el hombre hace su medio ambiente a su imagen...
- O los dos : no cabe duda de que el entorno influye en el hombre, pero éste también influye en el medio ambiente, lo transforma, el medio ambiente se va haciendo cada vez menos natural, y cambia también, por lo tanto, la influencia que sufre el hombre...

Professeur : Sería interesante preguntarse por qué, en tal medio, el hombre es "apto para la creación de obras originales"...

Classe : En un medio natural, reina el desorden, y por lo tanto una inmensa variedad... El hombre se inspira en esta belleza natural, cuya variedad suscita y sostiene su fantasía. Por eso es apto para la creación...

Peut-être -sans doute, avec certaines classes- pourra-t-on obtenir une réflexion sur les concepts de création et d'originalité.

Classe : ... porque la creación siempre se produce a partir de algo existente, de una fuente, que en este caso es lo que **la naturaleza da de balde al hombre** : su belleza, fuente de inspiración, de creación "original"...

Professeur : En cuanto a la llaneza y la naturalidad...
- Estas ideas nos recuerdan las de algunos autores del siglo XVIII (Rousseau, Bernardin de Saint Pierre, etc.), y la teoría del buen salvaje, algo utopista...
- Pero en el texto, el hombre de que se trata no es ningún salvaje, puesto que vive en una ciudad... Es decir que el autor alía la naturaleza y la convivencia, la sociabilidad. Es lo que dice el adjetivo "semisalvajes".
- Y por la interinfluencia entre hombre y entorno de que ya hemos hablado, es lógico que en un medio natural, sencillo, no sofisticado, el hombre también sea llano y natural.

Nouveau retour au texte-focalisation :

Professeur : Pero el autor emite una restricción, o por lo menos una condición necesaria para esta creación : "si se decide a trabajar..."

Classe : - Es que la creación necesita el trabajo, el esfuerzo...
- Y además, el trabajo no es "natural" - *ajoutera peut-être l'élève espiègle et tourné vers l'état de nature...*

Au terme de cette première moitié d'explication, le moment sera sans doute venu de procéder à une première synthèse partielle, destinée à mettre en lumière l'essentiel des idées et de la langue utilisée pour les exprimer. Le professeur pourra saisir l'occasion pour solliciter un ou deux élèves s'exprimant peu spontanément.

Professeur : Así que ya entendemos bien lo que hace el autor en esta primera parte de la frase, ¿verdad?

Classe : En esta primera parte de la frase, el autor establece una relación entre un entorno urbano pero natural, caracterizado por cierto desorden, la variedad y la belleza, y la existencia en el hombre de ciertas cualidades realmente humanas : la aptitud para la creación, es decir la imaginación, la creatividad y también el trabajo, pero también la llaneza y la naturalidad, que son cualidades imprescindibles para la convivencia. Es que el hombre hace su entorno a su imagen, pero también se inspira en él. Y como, para el autor, la naturaleza es bella y generosa puesto que **"da de balde"**, en un entorno natural el hombre será también bello y generoso...

Il est évident que le discours que nous imaginons ci-dessus, comme tous ceux que nous attribuons à la classe, est un discours que l'on n'obtiendra pas tel quel, du moins de la part d'une seule personne. Et l'objectif du professeur ne sera pas, du reste, de l'obtenir. Il sera même sans doute obligé, dans la plupart des classes, d'intervenir pour inciter à l'approfondissement et à la précision, et obtiendra la restitution de l'essentiel dans un discours fragmenté et formulé par plusieurs élèves.

Relecture magistrale de la première partie de la deuxième "phrase", jusqu'à "... y por dentro". Au fil de cette relecture, on pourra expliquer, si aucun de ces mots n'est connu de la classe : "barrida" (verbe "barrer", balayer), "pelarse" (pelar = éplucher, peler, plumer), "afeitarse" (se raser), "engomarse" (s'apprêter, se parer de façon artificielle), et éventuellement "estropearse" (estropear = abîmer). La compréhension de "recortarse" ne devrait pas poser de problème, la classe connaissant le verbe "cortar".

Après l'explication de la première phrase, la focalisation pourra peut-être se faire de façon spontanée, les élèves repérant les oppositions existant entre les termes de cette phrase et ceux de la première.

Classe : Esta ciudad se opone a la de la primera frase : "una ciudad muy bien alineada" se opone a "una ciudad desigual con calles quebradas" ; y "barrida y fregada" se opone a "con jardines semisalvajes, circundada por **la belleza natural que la tierra da de balde**". Si la primera era una ciudad algo desordenada, semisalvaje pero muy variada y natural, ésta parece muy monótona, de líneas y calles rectas, artificial...

Le professeur pourra opérer diverses focalisations sur des aspects signifiants du texte :
– sur l'exagération contenue dans le participe "fregada" :

Professeur : El autor habla de "una ciudad barrida y fregada"...

Classe : barrer y fregar son dos faenas domésticas. Al emplear estos verbos -"fregar" en particular, el autor quiere sugerir el exceso de limpieza, el mantenimiento excesivo, que se opone al relativo desorden de la ciudad natural descrita al principio del texto. Esta ciudad es tan sofisticada y cuidada como las propias casas de sus habitantes...

– sur la valeur des participes passés :

Professeur : Pero fijaos en que "alineada", "barrida" y "fregada" son tres participios pasados, que también en español se dicen "participios pasivos"...

Classe : El empleo del participio pasado expresa una influencia, una acción que ha sufrido la ciudad. Y esta acción no puede ser más que la del hombre...

- sur la sécheresse du style qui s'oppose à l'exubérance de la présentation de la ville naturelle. Pour obtenir cette focalisation, le professeur pourra éventuellement mettre à profit les idées de sophistication, d'entretien excessif ou d'alignement, de sécheresse et de monotonie qui ne manqueront pas d'être exprimées par la classe :

Professeur : Y esta idea de rectitud y sequedad, ¿no hay nada más que la refleje en el texto? *Au besoin* : fijaos en el estilo...

Classe : La presentación de esta ciudad es muy sencilla, reducida y escueta, como si el estilo del autor reflejara el mismo aspecto del lugar... Y se opone también a la relativa exuberancia de la primera frase, en la que la descripción de la ciudad se extiende a lo largo de varias líneas...

On fera analyser de très près la transformation humaine à travers les termes qui l'expriment : "... e insensiblemente comienza a perder los rasgos más salientes de su personalidad, comienza él también a alinearse, a recortarse, a pelarse, o afeitarse y engomarse, en una palabra a estropearse por fuera y por dentro..." *Il s'agira de faire appréhender l'idée du passage : le "rabotage" de la personnalité, la suppression du "relief" humain qui débouche sur la disparition de l'homme lui-même.*

Pour cela, on pourra opter entre plusieurs possibilités, parmi lesquelles figurent les trois suivantes, mais ce ne sont certainement pas les seules envisageables :

1) On pourra, par exemple, amener la classe à remarquer la disparition du mot "hombre" dans cette deuxième phrase. Il suffira de relire la première en soulignant de la voix chacun des trois emplois du mot : "Un hombre que habita...", "es un hombre apto...", "por lo menos es un hombre llano..." *; et de relire encore une fois la première partie de la deuxième, dans laquelle ce mot n'est employé qu'une fois, au tout début. La classe ne devrait pas avoir de mal à remarquer le phénomène, ni à l'interpréter, interprétation que viendra corroborer l'analyse détaillée du texte, comme nous le verrons ci-après.*

2) On pourra partir de "... en una palabra a estropearse por fuera y por dentro", *en faisant définir ce que signifie "estropearse" pour l'auteur (= alinearse, recortarse, pelarse, afeitarse y engomarse) et en faisant expliquer l'apparent paradoxe inhérent à l'équation "afeitarse y engomarse" = "estropearse". Explication qui s'appuiera, évidemment, sur l'analyse du sens de chacun des verbes et expressions dont les actions sont synthétisées dans le "estropearse" final...*

3) On pourra enfin partir de "él también", en focalisant l'attention de la classe sur l'adverbe "también", qui est ici très signifiant car il contient en germe l'idée centrale du texte, l'adéquation entre l'homme et la ville. C'est là la solution que nous choisissons de développer, ce qui ne veut pas dire que ce soit la meilleure...

Professeur : "... comienza <u>él también</u> à alinearse...". ¿También...?

Classe : - El hombre comienza a alinearse como la ciudad, sus calles, sus aceras, sus líneas y edificios...
- Al emplear el adverbio "también", el autor vuelve a su idea inicial, según la cual el hombre refleja la ciudad donde vive, es a su imagen. Alinearse, es adaptarse, parecerse a, conformarse con.
- El verbo "alinearse" connota cierto conformismo, que hasta se podría calificar de militar. Este conformismo conlleva la sumisión, la aceptación de la uniformidad...
- Es de notar que el autor emplea el mismo verbo, "alinearse", que unos renglones más arriba. Pero ya no en participio pasado, sino en forma pronominal, reflexiva. Es decir que la acción que ha impuesto a la ciudad, ya la sufre él mismo.

Si la classe n'opère pas d'elle-même un retour au texte qui s'impose, afin d'éclairer la parenté sémantique existant entre les divers éléments de l'accumulation de verbes débouchant sur le "estropearse" final, le professeur interviendra :

Professeur : ¿No emplea otros términos el autor para expresar estas ideas?

Classe : El autor afirma que ese hombre "comienza a perder **los rasgos más salientes** de su personalidad", y esta frase expresa a las claras la pérdida de la originalidad de que estamos hablando.

L'adjectif "salientes" est ici hautement signifiant. Si la classe ne le remarque pas, ce qui est fort possible, le professeur opérera une nouvelle focalisation :

Professeur : Y fijaos en que el autor habla de "los rasgos más <u>salientes</u>..."

Classe : El empleo del adjetivo "salientes" viene a expresar de otro modo la idea de alineación, que es la característica dominante de la ciudad. Perdiendo **los rasgos más salientes** de su personalidad, el hombre se alinea también, pierde su originalidad, lo que lo diferenciaba de los demás, se uniformiza... "Alineándose", el hombre se vuelve impersonal como la ciudad en la que vive, un ser soso, trivial, sin originalidad...

Si la classe ne le fait pas d'elle-même, il faudra l'amener à commenter les autres verbes de la série, par un nouveau retour au texte-focalisation. Au besoin, on fera remarquer qu'il s'agit de verbes réfléchis, et on fera tirer les conclusions qui s'imposent. Puis on pourra focaliser l'attention de la classe sur le "estropearse" final.

<u>Professeur</u> : Esta idea, ¿no la precisa con otros verbos el autor?

<u>Classe</u> : "recortarse", "pelarse", "afeitarse" son tres verbos de significado bastante parecido puesto que los tres expresan la pérdida de algo que formaba parte del ser inicial y de su personalidad, algo "saliente", que sobresalía : pelos y barbas ("afeitarse"), piel, pelos o "corteza" ("pelarse"), e incluso, quizás, algo más importante y esencial con el verbo "recortarse".

<u>Professeur</u> : Y fijaos en que todos estos verbos son verbos reflexivos...

<u>Classe</u> : Es decir que todas estas acciones, se las impone el hombre a sí mismo, el hombre se recorta a sí mismo, se vuelve una víctima de sí mismo.

<u>Professeur</u> : "... en una palabra a estropearse por fuera y por dentro". Pero ¿es estropearse "afeitarse y engomarse"?

La focalisation de l'attention sur un apparent paradoxe amènera la classe à reprendre l'idée essentielle en formulant une synthèse partielle. On pourra peut-être faire appréhender l'idée sous-jacente d'une fausse "sauvagerie" dans la ville naturelle, et d'une fausse "civilisation" dans la ville "alignée". Sinon, on la gardera pour la conclusion.

<u>Classe</u> : Aparentemente, "afeitarse y engomarse" sería más bien hacerse más guapo, más limpio. Pero en el enfoque del autor, hemos dicho que afeitarse es perder algo "saliente", alinearse y uniformizarse. En cuanto al verbo "engomarse", no expresa ya la supresión ni la pérdida, sino todo lo contrario : la sofisticación por la aplicación de una sustancia extraña y ajena al hombre. Pero esta operación, como las demás, le hacen perder su naturalidad, es decir su ser profundo, para hacer de él un ser semejante a sus conciudadanos, pero artificial. De modo que las dos operaciones -la que "recorta" y la que añade- contribuyen a "estropear" al hombre quitándole algo de humanidad...

Le moment sera alors venu de faire approfondir l'idée de déshumanisation. Cela pourra se faire, successivement :

– *par la focalisation de l'attention sur l'absence du mot "hombre" dans la deuxième phrase, absence qui contraste avec la triple répétition de ce mot dans la première (cf. p. 160).*

<u>Classe</u> : La ausencia de la palabra "hombre" en la segunda frase sugiere la deshumanización de este tipo de persona, que ya no es hombre porque ha perdido su originalidad, su personalidad y su naturalidad. Será una especie de robot...

– *par la focalisation de l'attention de la classe sur "... estropearse por fuera y por dentro" :*

<u>Classe</u> : El cambio se produce a nivel físico, "por fuera", es decir que el nuevo "hombre" se vuelve mucho más sofisticado en su aspecto exterior, se cuida mucho más, como lo sugieren los verbos... Pero haciéndolo, se estropea. Y también se produce a nivel moral e intelectual, "por dentro". Podemos pensar que ese hombre ya no será llano, natural ; ya no será **apto para la creación de obras originales** puesto que ha perdido **los rasgos más salientes de su personalidad...** Y además, ya no tiene la hermosa fuente de inspiración que era la naturaleza auténtica y variada...

L'explication-commentaire de la fin du texte pourrait se faire de deux façons :
– *soit, de façon "classique", par une relecture magistrale des dernières lignes, à partir de "... y quizá al encontrarse..." ;*
– *soit par un retour au texte à partir de l'idée de la perte de la simplicité et du naturel. C'est cette solution que nous allons développer.*

<u>Professeur</u> : ¿No nos da el autor un ejemplo de dicha pérdida de llaneza y naturalidad? Fijaos en los últimos renglones del texto...

<u>Classe</u> : - El autor imagina una actitud posible de ese hombre, que "quizá [...] no sepa ya saludar familiarmente a un amigo, sino haciendo varios movimientos mecánicos...". Esto remite a la idea de deshumanización que acabamos de expresar, y prueba que, como lo hemos dicho, ese "hombre" ya no es hombre sino un verdadero robot...

Au besoin, on focalisera l'attention sur l'adverbe "familiarmente" et l'adjectif "mecánicos" pour faire approfondir l'idée.

Classe : Un movimiento mecánico es un movimiento automático, un reflejo, un ademán que no corresponde a ningún sentimiento real, meramente reflexivo... Y ese "nuevo hombre" sólo es capaz de saludar así porque está "alineado", robotizado, es incapaz de variar en sus actitudes, etc.

Si la classe n'y pense pas d'elle-même, on s'efforcera de montrer que l'attitude décrite dans le texte n'est pas forcément imaginaire...

Professeur : ¿Cuáles pueden ser esos "movimientos mecánicos" con que saluda?
Classe : - Saludará diciendo mecánicamente : "Hola, ¿qué tal?", y sin esperar respuesta, contestará él mismo : "Bien", aunque esté mal...
- Saludará haciendo un rápido ademán con la mano, o con la cabeza... Etc.
- Con estos movimientos solemos "saludar" los ciudadanos modernos, quienes vivimos en efecto en ciudades "alineadas"...

Les réponses que nous imaginons ci-dessus ne seront sans doute pas obtenues telles quelles, mais on pourra s'en approcher assez facilement, et cela pourra même s'avérer assez amusant...

Commentaire de la dernière idée du texte. Le professeur relira la fin de la phrase :

Professeur : "... y ofreciendo en vez de toda la mano, como antes lo hacía, el dedo índice que parece apuntar como cañón de revólver."

On pourra laisser libre cours à l'expression des élèves, qui, après l'explication du début du texte, ne manqueront pas d'être inspirés. Ou focaliser leur attention sur l'adverbe "antes" :

Professeur : "Antes" : ¿cuándo?
Classe : Cuando habitaba en una ciudad desigual, natural, saludaba familiarmente ofreciendo..., mientras que ahora que habita en una ciudad..., ya no saluda así, sino..., porque...
- Ya ofrece sólo el índice, es decir que ha "recortado" su ademán original. Y éste cobra un nuevo sentido : la violencia, la agresión o agresividad, que se opone a la llaneza inicial...

On approfondira le commentaire en attirant l'attention de la classe sur le verbe "ofrecer" qu'emploie l'auteur :

Professeur : En este contexto, cobra cierto interés el verbo "ofrecer" que emplea el autor, ¿no os parece?

<u>Classe</u> : Este verbo connota la generosidad, el desinterés, la convivencia. La mano entera simboliza la franqueza, la sinceridad, la apertura, y remite al "dar de balde" de la naturaleza en la ciudad desigual. Pero lo único que ofrece ese hombre-robot es ya el dedo índice, que hace pensar en un arma y en la violencia de nuestras ciudades modernas...

- **Deuxième démarche : exploitation directe de l'opposition**

La prise de contact avec le texte a permis de mettre à jour l'opposition entre deux types de ville et d'appréhender l'évolution de l'homme qui en résulte. Cette deuxième "stratégie" que nous proposons pour l'explication-commentaire consistera à exploiter directement les fruits de cette prise de contact, en faisant trouver, expliquer et commenter les binômes d'opposition "desigual, con calles quebradas, con jardines semisalvajes, circundada por la belleza natural que la tierra da de balde" - "muy bien alineada, barrida y fregada" et "un hombre apto [...] para la creación de obras originales, [...] un hombre llano, natural" - "comienza él también a alinearse, a recortarse, a pelarse, o afeitarse y engomarse...". En induisant une formulation précise des oppositions qui sous-tendent le sens du texte, cette exploitation permettra de souligner plus facilement l'opposition formelle, dans l'écriture, entre l'exubérance baroque de la ville "naturelle" (sa description s'étale sur deux lignes) et la sécheresse de la présentation de la ville "alineada", "domestiquée", asservie, normalisée, qui se fait en une demi-ligne et en neuf mots. Au bout du compte, on aboutira aux mêmes résultats que par une "descente" classique du texte, mais par des moyens quelque peu différents.

Dans un premier temps, le professeur pourra inviter la classe à préciser les termes de l'opposition entre les deux types de ville et il les fera expliquer. Il laissera l'explication se dérouler autant que possible de façon autonome, mais interviendra lorsque le besoin se fera sentir, pour opérer des retours au texte, par exemple, ou des focalisations sur des détails signifiants.

Focalisation sur l'opposition soulignée par la classe lors de la prise de contact avec le texte :

<u>Professeur</u> : Así que, primero son las dos ciudades las que se oponen, ¿verdad ?

<u>Classe</u> : Sí : a la "ciudad desigual" de la primera frase se opone la "ciudad muy bien alineada" de la segunda.

Focalisation sur "ciudad desigual" par une intervention du professeur dans le dialogue :

Professeur : Y esta oposición nos permite comprender qué será esa "ciudad desigual" de que habla el texto.

Classe : Por lo visto, el adjetivo "desigual" se opone a "alineado". No cabe duda de que una "ciudad muy bien alineada" es una ciudad con mucho orden, de calles y aceras rectas, en la que los edificios están muy bien alineados ; podemos suponer que será una ciudad a la norteamericana, de calles que se cruzan formando ángulos rectos. Y, opuesta a esta ciudad, está la "ciudad desigual".

Focalisation sur le sens de "desigual". "Question" fermée :

Professeur : Sí. Y "Desigual" es lo contrario de...

Classe : "Desigual" es lo contrario de "igual". Una "ciudad desigual" será, pues, una ciudad variada, no igual, es decir una ciudad sin uniformidad ni monotonía...

Retour au texte pour une nouvelle focalisation :

Professeur : "con calles quebradas". El verbo "quebrar" significa "briser".

Classe : Las calles "quebradas" de esa ciudad se oponen a las calles rectas y monótonas de la otra. Son calles retorcidas, tortuosas, que suben y bajan, de anchura variable, donde los edificios están mal alineados, como en los cascos viejos de las ciudades europeas...

Retour au texte :

Professeur : Pero las dos ciudades se oponen en otros aspectos. Fijaos.

Relecture du premier membre de la première phrase, du début à "... de balde", ainsi que du premier membre de la deuxième, de "ese mismo hombre..." à "... barrida y fregada...". Au cours de cette relecture, le professeur expliquera les mots "circundada" (= rodeada), "de balde" (= gratis) ; "barrida" (barrer = balayer).

Classe : En la primera frase, "con jardines semisalvajes, circundada por la belleza natural que la tierra da de balde" se opone a "barrida y fregada" en la segunda. Es decir que la primera ciudad es una ciudad casi salvaje, con jardines donde flores y plantas crecen desordenadamente, mientras que la segunda está mucho más limpia.

Focalisation sur "barrida y fregada" :

Professeur : El autor emplea incluso los participios "barrida" y "fregada"...

Classe : Estos dos participios parecen algo exagerados, tratándose de una ciudad. Barrer y fregar son dos faenas domésticas. Empleando estos dos participios, el autor asemeja la ciudad a una casa, y esta exageración conlleva un juicio crítico sobre el exceso de limpieza, y por lo tanto, quizás, la uniformidad, monotonía y sofisticación de dicha ciudad...

Focalisation sur "circundada por..." :

Professeur : Mientras que la primera está "circundada por la belleza natural que la tierra da de balde"... La belleza natural...

Classe : Se tratará de la belleza de la naturaleza que rodea la ciudad.

Intervention du professeur destinée à faire approfondir la compréhension :

Professeur : Como cualquier ciudad...

Classe : No. La descripción de la segunda ciudad nos permite suponer que será muy diferente de la primera. No estará circundada por la naturaleza, sino que ésta habrá sido sustituida por carreteras y autopistas, o por los feos edificios de las afueras.

Focalisation sur un autre aspect du texte. La question-affirmation du professeur oriente la recherche de la classe.

Professeur : En esta visión de la naturaleza circundante, aparece el autor, ¿no?

Classe : No cabe duda de que al autor le gusta la naturaleza, que es bella. Y esta belleza, la tierra la "da de balde". Esta expresión recalca la generosidad de la naturaleza auténtica, virgen, y confirma que el autor es amante suyo.

Intervention "naturelle" du professeur dans le dialogue, destinée à susciter une synthèse partielle :

Professeur : O sea que ya comprendemos bien en qué se oponen estas dos ciudades...

Classe : La primera ciudad es ante todo natural, y por lo tanto variada en sus líneas, su plano, sus calles, la naturaleza de sus jardines y la que la circunda ; mientras que la segunda es mucho más sofisticada, artificial, de líneas rectas y monótonas. La primera hace pensar en los cascos viejos de nuestras ciudades, y la segunda está construida al estilo de las grandes metrópolis modernas.

Focalisation sur l'écriture, signifiante elle aussi :

Professeur : Parece que la escritura refleja un poco, "físicamente" por así decirlo, el aspecto de cada una de las dos ciudades. Fijaos...

Le professeur relira chacune des deux descriptions, ce qui fera apparaître la différence de longueur :

Classe : La descripción de la primera ciudad es mucho más larga que la de la segunda. Esta diferencia recalca el desorden exuberante de la "ciudad desigual", oponiéndolo al aspecto austero, rígido, de la segunda...

Après cette première phase de l'explication, on abordera le thème du changement de l'homme qu'implique le passage d'une ville à l'autre.

Professeur : Dijisteis al principio de la clase que al pasar de una ciudad a la otra, el hombre ya no es el mismo. Fijémonos.

Relecture du texte, du début à "... a estropearse por fuera y por dentro...". Au cours de la lecture, le professeur élucidera les mots : "llano" (= sencillo y amable), "pelarse" (pelar = éplucher, peler, plumer), "engomarse" (s'apprêter, se parer de façon artificielle) ; et, si ces mots ne sont pas déjà connus, "los rasgos" (les traits), "afeitarse" (se raser) et "estropearse" (estropear = abîmer). La compréhension de "recortarse" ne devrait pas poser de problème, la classe connaissant le verbe "cortar".

Plus que d'une opposition nette, il s'agit ici d'une évolution de l'homme authentique parce que naturel vers un être réduit dans son humanité pour avoir perdu de sa personnalité. Une certaine opposition existe néanmoins, mais elle reste implicite dans la précision "apto para crear obras originales, [...] llano, natural". Le lecteur comprend qu'après son évolution néfaste, l'homme ne possèdera plus ces qualités. Cette opposition sera soulignée par le commentaire.

Comme dans le premier scénario, le professeur s'attachera donc à faire expliquer et commenter "alinearse", sans oublier l'adverbe "también", ainsi que tous les verbes réfléchis qui suivent. Et l'on verra pourquoi la perte de personnalité gomme l'aptitude à l'expression originale, personnelle...

Pour le commentaire de la fin du texte, on pourra également procéder comme dans le premier scénario.

3 - Synthèse finale et jugement sur le texte

La synthèse sera facile à faire si on n'est pas allé au bout de l'idée de l'auteur, qui se livre à une critique de la cité moderne, ce que l'on n'a pas encore dit dans les deux scénarios que nous avons imaginés. Si ces scénarios ne se déroulaient pas comme prévu, ce qui est tout à fait envisageable, et si cette idée a été exprimée, on pourra susciter la synthèse finale en faisant justifier le titre, ce qui entraînera nécessairement la reprise de l'idée de l'homme comme reflet du milieu ; et en la faisant dépasser pour en éclairer la portée : une critique de nos villes modernes qui rognent la personnalité et déshumanisent.

Si nous suivons les scénarios imaginés, il s'agira donc de parachever le commentaire en faisant trouver une idée supplémentaire. On pourra tout simplement poser la question : *¿Podemos ya distinguir lo que hace Ángel Ganivet en este texto?* Et on pourra obtenir une réponse du genre de la suivante, formulée par un ou plusieurs élèves, et dans laquelle on s'efforcera de susciter -si besoin est, ce qui ne sera pas le cas si la classe est "formée"- le maximum de réemplois immédiats :

Classe : - En este texto, Ganivet establece una relación entre el habitante de la ciudad y el estilo de su medio ambiente, mostrando que éste se refleja en aquél : en una ciudad natural, influida por la generosidad de la naturaleza, que **da de balde su hermosura**, el hombre será llano, natural, auténtico, generoso y **apto para crear obras originales** ; mientras que en una ciudad recortada, alineada, estandarizada, sosa y monótona, el hombre va perdiendo **los rasgos más salientes** de su personalidad, se recorta y se alinea también a sí mismo, es decir que se estandariza, se vuelve menos hombre. Y esta reducción, se la impone a sí mismo.
- El autor critica la vida urbana moderna, en la que que el hombre se "recorta" volviéndose un verdadero robot, perdiendo su personalidad, su originalidad y su autenticidad, llegando incluso a ser violento, cuando el semisalvaje que era inicialmente era un hombre auténtico por su llaneza, naturalidad y capacidades creadoras.

Pour terminer, on pourra inciter la classe à exercer son esprit critique en ne prenant pas pour argent comptant une thèse assénée sans la moindre argumentation.

Professeur : Y fijaos : ¿Cómo justifica su tesis el autor? (¿Justifica su tesis el autor?)

La classe n'aura aucun mal à découvrir l'absence d'arguments. On pourra déboucher alors sur une courte critique (positive et/ou négative) des idées de l'auteur, ce qui devrait impliquer d'autres réemplois de la langue du texte.

4 - Travail personnel

Étant donné que les réemplois immédiats pratiqués dans l'étude de ce texte ont été essentiellement des réemplois lexicaux, on pourra se contenter d'une simple leçon pour le cours suivant. Cette leçon aura pour but de favoriser la mémorisation de l'essentiel du lexique, d'autant plus que le document suivant, dans l'ordre de la programmation envisagée, est un document visuel (tableau) dont le commentaire fera certainement appel à une bonne partie du matériel lexical contenu dans ce texte.

Travail à faire pour le cours suivant :

Hombre de verdad y hombre "recortado", víctima de sí mismo :

1 - Entresacar del texto y recordar las palabras, expresiones y actitudes que ilustran estos dos conceptos de hombre.

2 - ¿Cómo refleja cada uno un tipo de ciudad particular?

Pour la leçon de la prochaine fois, vous saurez répondre à cette question.

DOCUMENT 2

Ángel ORCAJO, *Cabeza Urbana*, 1975, © ADAGP, Paris, 1996.

L'étude du tableau d'Ángel Orcajo que nous proposons comme deuxième document dans notre programmation est difficile pour plusieurs raisons : le sens du document, tout d'abord, ne laisse pas d'être assez énigmatique à première vue, et son interprétation reste très ouverte. On pourra, naturellement, en accepter plusieurs dans la mesure où elles s'appuieront sur une observation, une description et une analyse rigoureuse du paysage représenté. L'étude préalable du texte d'Ángel Ganivet ouvrira sans nul doute des perspectives intéressantes à la réflexion de la classe, qui pourra abonder dans le sens de l'auteur de l'*Idearium español*, en voyant dans le tableau une représentation critique de la décérébration de l'homme par la ville moderne ; ou, au contraire, trouver dans l'existence même de ce tableau la preuve de l'immortalité de l'art, capable d'utiliser les tares et les aberrations de nos civilisations urbaines pour produire des œuvres originales, d'une grande beauté et susceptibles, par les interrogations et la réflexion qu'elles font naître, de maintenir l'intelligence humaine en éveil en la mettant en garde contre certaines évolutions ; peut-être pourra-t-on y voir une représentation symbolique et critique de notre civilisation matérialiste, dans laquelle l'homme alimente la ville par sa consommation, laquelle produit les seules constructions vraiment nettes mais génère également de multiples pollutions qui embrument le cerveau ; ou encore -interprétation peut-être plus optimiste- la représentation des potentialités insoupçonnées, car encore perdues dans les brumes des horizons futurs, d'un esprit humain dangereusement envahi par l'impersonnalité de la ville... Autant de lectures plausibles, parmi d'autres possibles, qui pourront s'appuyer sur l'analyse de la figuration.

Le deuxième obstacle, on l'aura compris, est d'ordre linguistique, et plus précisément lexical. Car il va sans dire que le commentaire de ce tableau fera nécessairement appel à tout un registre de vocabulaire qu'un élève du secondaire ne possède pas forcément. Le texte de Ganivet, ainsi que le commentaire auquel il aura donné lieu fourniront, certes, un certain nombre de termes qui pourront être réemployés - *desigual ; calles quebradas, tortuosas, retorcidas ; ciudad muy bien alineada* -, mais cela ne saurait suffire pour parler du "cerveau", de "blocs de béton", "d'estomper les contours", de "grilles", "d'autoroutes", de "larynx", "pharynx" et autres "conduits"... Le tableau étant projeté sur écran, on ne pourra avoir recours à la solution du vocabulaire annexe, solution dont il convient d'user avec modération, l'idéal étant, bien évidemment, l'introduction préalable de la langue nécessaire de façon à favoriser les réemplois. Mais une préparation idéale n'est pas toujours possible. C'est là la rançon du parti-pris d'étude de documents authentiques. C'est aussi la raison d'être de la sempiternelle question *"¿cómo se dice...?"*, bien pratique mais dont il ne faut pas abuser, nous l'avons dit, sous peine de rendre le cours inopérant. Cette question sera sans nul doute inévitable à maintes reprises lors de l'étude de ce tableau. On pourra toutefois en éviter l'excès si l'on prend soin d'étoffer encore un peu la préparation de cette étude, par celle du petit poème **Mi ciudad,** que nous joignons en annexe à la présente programmation. Il s'agit d'un poème court, facile à étudier, et qui propose tout un lexique qui serait ici d'un précieux secours puisqu'on y trouve des termes comme *cristal, cemento, faroles, horizontes, rascacielos, nubes de humo negro, pulmones, asfalto,* ou encore des verbes tels que *arrancar, plantar, ensanchar, asfaltar.* L'étude du poème pourrait précéder immédiatement celle du texte de Ganivet, ou avoir lieu quelques semaines auparavant, ce qui pourrait donner lieu à des réactivations lexicales différées, toujours extrêmement intéressantes pour consolider la mémorisation. Quant à remplacer l'étude du texte de Ganivet par celle du poème, cela est évidemment possible. Mais -répétons-le- le texte de Ganivet est susceptible d'ouvrir des perspectives intéressantes pour le commentaire du tableau.

1 - Étude du document

Le document visuel étant par définition beaucoup plus ouvert que le texte, il est difficile de prévoir une démarche précise, sauf à prendre le parti de brider la classe en lui imposant un schéma de commentaire rigide et inamovible. Cela ne nous semble pas judicieux. Ce qui ne signifie aucunement que le commentaire sera débridé et que les élèves pourront dire n'importe quoi n'importe comment. Mais l'étude du tableau pourra s'amorcer et se prolonger de bien des façons. Au professeur de s'adapter aux remarques de la classe pour les canaliser, les orienter, faire établir les rapprochements qui s'imposent, tirer des déductions, etc., bref, amener l'analyse et les débats dans le sens prévu par sa préparation... ou suivre éventuellement de nouvelles pistes qu'il aura pu négliger et qui lui seront suggérées. L'une et l'autre démarche ne seront possibles, en tout état de cause, que si son propre regard et sa propre analyse du tableau sont suffisamment précis et approfondis pour s'adapter à chaque instant aux remarques de la classe.

Étant donné le caractère quelque peu énigmatique du document, on peut néanmoins s'attendre à ce qu'il suscite nombre d'interrogations. Celles-ci devraient déboucher assez rapidement sur des tentatives d'interprétation, qui serviront de base au professeur pour opérer des retours au document-focalisations destinés à les faire justifier ou, au contraire, infirmer en s'appuyant sur des détails du tableau. C'est là un scénario classique qui ne manquera pas de se réaliser, mais qui ne lève aucune incertitude sur la façon dont la classe abordera le document.

Il nous paraît donc hors de propos d'imaginer une simulation de cours comme nous avons pu le faire pour le texte de Ganivet et comme nous le ferons pour d'autres documents écrits. Sans exclure quelques simulations d'interventions magistrales possibles, nous nous attacherons essentiellement à envisager, dans chacune des phases de l'examen du tableau, la formulation des idées que nous souhaiterions voir exprimées et dont le professeur s'emploiera, par les mêmes méthodes que dans l'étude d'un texte, à générer la germination.

Le commentaire devrait, entre autres possibilités que l'examen d'un tel tableau ne manquera pas de susciter :

— faire apparaître une opposition ou une évolution entre la partie inférieure (au niveau de la gorge), où les quartiers anciens, à droite, se prolongent sur la gauche par des constructions apparemment plus massives et plus modernes, le tout étant nettement discernable jusque dans ses moindres détails ; et la partie supérieure de la tête (au niveau du cerveau), où les constructions, modernes, rectilignes, géométriques, paraissent inachevées ou cachées par d'épaisses brumes qui en estompent les contours ;

— remarquer l'absence de signes de présence humaine, et même de vie : pas d'animaux, pas de végétaux ;

— repérer et amorcer un décryptage des représentations symboliques que sont les voies de communication entre la ville inférieure et la bouche, le soupirail muni de barreaux au niveau des yeux, les orifices rouges qui percent le béton de l'encéphale, et même peut-être le nez, qui semble obstrué...

— déboucher sur une ou plusieurs interprétations.

Il pourrait enfin, si l'occasion se présente, donner lieu à un bref débat critique à partir du sens que l'on aura donné au tableau.

Pour ce qui est de l'approche du document, on pourra, tout d'abord, laisser un temps d'observation silencieuse afin de permettre aux élèves de structurer leurs premières impressions. De façon naturelle, le professeur s'appuiera ensuite sur ces impressions pour orienter le commentaire.

Dans un premier temps, on peut attendre de la classe des réactions d'étonnement, voire de répulsion ; on attendra, bien sûr, qu'elle se livre à une première description de la figuration.

Classe : Me extraña este cuadro porque tiene la forma de una cabeza humana, y también porque esta cabeza está invadida por una ciudad.

Nul doute que le tableau suscitera bien d'autres réactions et peut-être même (sans doute) la classe repérera-t-elle l'opposition entre la partie inférieure et la partie supérieure. Si tel n'était pas le cas - hypothèse peu vraisemblable, tant l'opposition est criante - le professeur pourrait mettre à profit une remarque telle que celle que nous venons d'imaginer pour orienter la description dans la direction souhaitée.

Professeur : Sí. Y parece que no se trata de la misma ciudad arriba que abajo, ¿verdad?

Classe : - Incluso se opone la ciudad de abajo a la de arriba. Aquélla parece mucho más **desigual**, con sus **calles quebradas tortuosas, retorcidas** (réemploi document 1), angostas, sus casas antiguas. Hasta se ve la cúpula de una iglesia a la derecha. No cabe duda de que se trata del casco viejo de una ciudad. Mientras que la ciudad de arriba es moderna, incluso futurista, con sus líneas rectas.

- No se puede decir que la ciudad de abajo sea antigua. Es cierto que la parte de la derecha parece antigua, pero abajo a la izquierda, y también al nivel de la boca, se alzan unos edificios que no son tan modernos como los de arriba, por supuesto, pero tampoco tan antiguos como los primeros a la derecha.

- Me parece que las dos ciudades se oponen por la edad que tienen, claro está, pero sobre todo por la nitidez de su representación. La de abajo se ve muy claramente con sus más mínimos detalles, mientras que la de arriba parece incompleta, inacabada, se pierde (se difumina) en las nieblas, los humos o las nubes del cielo. A lo lejos, se divisan apenas unos rascacielos que sobresalen por encima de una nube.

Si la classe ne le fait pas spontanément, le professeur pourra l'amener à découvrir que, au-delà de l'opposition entre les deux types de ville, l'auteur a peut-être voulu représenter l'évolution de l'urbanisme à travers le temps, de la ville traditionnelle, dans la partie inférieure droite, à l'architecture ultra-moderne de la partie supérieure, en passant par un urbanisme intermédiaire représen-

té dans la partie inférieure gauche du tableau. L'évolution serait alors à la fois verticale et ascendante et horizontale, de droite à gauche. La focalisation pourrait se faire à partir d'une remarque de la classe, mais aussi par une fausse question, participation du professeur aux débats destinée à générer une synthèse :

<u>Professeur</u> : O sea que, si entiendo bien lo que habéis dicho, además de una oposición, habría una evolución, ¿verdad?, o un paso paulatino (progresivo) de un tipo de urbanismo a otro...

<u>Classe</u> : Parece que ese cambio se va produciendo a medida que se sube hacia el cerebro, desde el casco viejo, abajo a la derecha, hasta el nivel de los lóbulos cerebrales donde encontramos la ciudad moderna, pasando por los barrios de principios o mediados de siglo, situados a la izquierda del casco viejo, y por unas afueras más recientes, evocadas por los rascacielos que se divisan a lo lejos, perdidos en los humos o la niebla.

<u>Professeur</u> : Es decir que la evolución es vertical y ascendente, pero no sólo.

<u>Classe</u> : No, es también horizontal, de derecha a izquierda (desde la derecha hasta la izquierda).

La classe verra sans doute l'évolution suggérée dans la partie supérieure gauche, par le prolongement des lignes de la ville "moderne" ou "futuriste". Sinon, il sera évidemment intéressant de focaliser son attention sur ce détail :

<u>Professeur</u> : Y si nos fijamos en la parte superior izquierda del cuadro, ...

<u>Classe</u> : Podemos divisar las líneas rectas de la ciudad moderna que se pierden en la niebla o los humos de la parte trasera del cerebro, por encima de los rascacielos de las afueras.

Une telle réflexion peut évidemment entraîner, déjà, des propositions d'interprétation du tableau : la ville du futur, encore imprécise dans l'imagination humaine, mais située dans le prolongement linéaire d'un urbanisme moderne déjà bien concret ; ou des remarques sur la pollution urbaine, de plus en plus importante à mesure que l'on avance dans le temps... Si tel est le cas, on laissera évidemment exprimer ces interprétations, étayées par l'observation et la description du tableau, pour ramener ensuite la classe à un autre aspect du document, qui pourrait être le deuxième axe de commentaire que nous avons défini en introduction. Sinon, la nouvelle focalisation pourra se faire directement :

<u>Professeur</u> : ¿Y el pintor? No lo olvidemos... Porque me parece que está el pintor en este cuadro, es decir en la visión que nos propone de la ciudad...

<u>Classe</u> : - Lo que llama la atención, es la ausencia de vida en todas estas ciudades : no se ve a nadie, no crece ningún árbol, parece que no hay ningún animal.

- Tampoco se ven coches, ni el menor medio de locomoción, nada de autobuses, ni aviones, ni trenes... Es decir que la ciudad representada parece totalmente vacía, deshumanizada.

- El único hombre representado es el que forma el mismo cuadro. Pero él no está en la ciudad, sino que tiene la ciudad en la cabeza.

- También llaman la atención los agujeros rojos que horadan (perforan, agujerean) el cemento (hormigón) del edificio del lóbulo cerebral. Se ven algunos más también que perforan la niebla en lo alto, así como una mancha roja en el edificio grande de abajo. Estos agujeros evocan la violencia, hacen pensar en impactos de balas en un cuerpo vivo, o en arterias o venas cortadas. Situados en la frente y en el cuello del hombre, estos impactos de balas sugieren unas heridas de gravedad, mortales para él. Y las líneas curvas que se hallan en la parte superior derecha se asemejan a unas vendas, como si hubieran intentado curarlo después de haberlo herido.

- En ello también notamos una diferencia entre la ciudad de abajo y la de arriba : la primera está deshumanizada, pero no se ven en ella tantas señales de violencia, mientras que la segunda no sólo está deshumanizada, sino que, además, genera mucha más violencia. Y se puede suponer que en el futuro será peor, al ver los agujeros que salpican ya la parte superior del cerebro, antes que haya aparecido el menor edificio...

- Además, ya hemos notado que en la ciudad tradicional de abajo, todos los detalles se ven muy nítidamente porque no hay humos como en los barrios de arriba. Estos humos pueden ser nubes (las nubes del futuro, de lo incierto, de la incertidumbre...), pero también puede que sean los de la contaminación, cada vez más grave y dañosa para las ciudades modernas.

- Lo que también llama la atención es que la ciudad de arriba parece construida en el vacío, se va extendiendo hacia la izquierda, pero sin fundamentos, y esto será muy significativo, como si el hombre ya no dominara la urbanización, y como si el pintor pensara que la dominará cada vez menos en el porvenir...

- O sea que el pintor nos propone aquí una visión bastante pesimista de la ciudad, y no sólo de la ciudad, sino también de su evolución en el porvenir. Ese pesimismo se refleja en el color gris, o grisáceo, que domina en el cuadro, así como en las manchas rojas que evocan la violencia. Sólo quedan algunos jirones de cielo azul...

Si le temps dont on dispose le permet, on pourra se livrer à une explication de cette idée, par une référence aux problèmes que pose la ville moderne. Sinon, il sera toujours possible de faire commenter ce pessimisme à la fin du cours, dans le court débat que nous avons envisagé.

En attendant, et toujours si la classe ne le fait pas spontanément, il sera sans doute temps d'en arriver à un autre aspect essentiel du tableau, qui est la représentation des liens et relations entre l'homme et la ville. Cette observation devrait déboucher sur quelques propositions ou tentatives d'interprétation.

Pour ce faire, on pourra partir de l'interprétation donnée aux trous qui perforent l'encéphale, si cette interprétation a déjà eu lieu :

<u>Professeur</u> : Parecen algo surrealistas los agujeros del cerebro de que habéis hablado, aunque simbolizan una triste realidad. Y ¿no hay en el cuadro otros elementos simbólicos?

Ou on ramènera l'attention des élèves au document par une focalisation sur les relations suggérées entre la ville et l'homme :

<u>Professeur</u> : Hasta ahora sólo hemos hablado de la ciudad, y es cierto que, como lo hemos dicho, está ausente el hombre de la ciudad. Pero también hemos dicho que esa ciudad la encierra una cabeza humana. Y me parece que entre esta cabeza y la ciudad que contiene existen claros vínculos y relaciones, ¿no?

<u>Classe</u> : - Las relaciones más evidentes (obvias, patentes, claras,...) las establecen las vías o tubos que unen la ciudad a la boca del hombre y se parecen a especies de autopistas o vías de comunicación. Pueden evocar también unas laringes o faringes múltiples. La de arriba parece desembocar en las narices. Como si estas vías le permitieran a la ciudad alimentarse (nutrirse) y respirar, es decir, en una palabra, vivir, gracias al hombre.

- Pero lo que parece extraño es que el hombre no tiene boca, o por lo menos la tiene tapada : se la tapan las "vías" de que acabamos de hablar, como si éstas fueran las vendas de una momia, o una mordaza (como si tuviera la boca amordazada).

- O sea que respirando y consumiendo, bebiendo y comiendo, es decir viviendo, el hombre moderno alimenta a la ciudad. Y en efecto, los Estados modernos, es decir las ciudades si tomamos esta palabra en su acepción antigua, dependen del consumo (consumismo) de los ciudadanos. Por eso a nuestros políticos les preocupa tanto la reactivación económica o la tasa de crecimiento y la evolución del consumo...

Dans certaines classes, il sera peut-être difficile de faire établir le rapport entre État et Cité. Le professeur pourra alors l'expliquer lui-même. Quant au rapport entre vie de la cité et consommation, il serait bien étonnant qu'aucun élève ne soit capable de le discerner, du moins dans une classe du deuxième cycle.

<u>Classe</u> : - Pero por otra parte, estos vínculos entre la vida de la ciudad y el consumo del hombre le impiden a éste hablar, amordazándolo. Como si por ellos no pudiera expresarse.

Cette idée devrait être assez facile à trouver. Il faudra s'efforcer de la faire traduire plus concrètement, en invitant la classe à voir en quoi la consommation peut être un bâillon pour l'expression.

<u>Professeur</u> : Claro. Pero yo me pregunto qué habrá querido decir el pintor al sugerir así que el consumo es una mordaza que le impide al hombre expresarse.

Au besoin, si la classe n'y pense pas, ce qui serait assez étonnant, on pourra lui rappeler le texte de Ganivet :

<u>Professeur</u> : Recordad el texto que estudiamos la última vez... ¿No os parece que se puede relacionar con la idea expresada en este cuadro?

<u>Classe</u> : - El texto nos presentaba la deshumanización del hombre por la ciudad moderna, su robotización. El hombre se recortaba, es decir que **perdía los rasgos más salientes de su personalidad** (réemploi document 1), y también de su humanidad. Y podemos notar que el hombre del cuadro **ha perdido todos los rasgos** (réemploi document 1) que hacían de él un hombre : su fisonomía, las facciones de la cara. Sólo le queda una silueta, una forma externa... Todo el interior lo constituye una ciudad impersonal e inhumana...
- Además, en la ciudad moderna, **muy bien alineada, barrida, fregada, ya no era apto para la creación de** (capaz de crear) **obras originales** (réemploi document 1), artísticas. Y el arte es expresión personal...

Nous simulons ici des réemplois textuels de fragments du document étudié lors du cours précédent. Si c'est là un idéal, il est bien évident que l'on ne saurait être trop exigeant et que l'on se contentera de réemplois moins complets ou d'une adaptation.

- El consumismo es el bienestar, y éste nos hace insensibles a los demás, a sus desgracias. Sólo nos interesa consumir, ganar y gastar. Para ello tenemos que trabajar siempre más, y nos volvemos unos robots de verdad... Va desapareciendo la expresión de los sentimientos auténticos, y sólo somos capaces de hacer movimientos mecánicos, como lo decía el autor del texto...

- El autor también sugería que la expresión de los sentimientos incluso se podía convertir en violencia : al saludar, el habitante de la ciudad moderna no ofrecía ya toda la mano, sino sólo, en un ademán **"recortado", el índice como si apuntara con un revólver** (réemploi document 1). Y a lo mejor ésta es la idea que quiere sugerir el pintor al representar los agujeros sangrientos en el cerebro de hormigón de la cabeza del cuadro.

<u>Professeur</u> : Hemos hablado mucho de los vínculos entre la boca del hombre y la ciudad. Pero no son los únicos sugeridos en el cuadro, me parece...

<u>Classe</u> : - También la relación se puede establecer por los ojos, y aquí vemos que están sustituidos por un hueco oscuro, una abertura rectangular con una reja metálica delante. Esta abertura se asemeja (se parece a, parece ser, evoca, recuerda, hace pensar en, ...) una cárcel, un calabozo.

- Quizás el pintor haya querido sugerir que este hombre tiene presa la mirada...

- Tener presa la mirada, es no ser libre de ver, es decir no poder ver lo que se quiere, sino tener que ver lo que a uno se le enseña, o incluso no poder ver la realidad, o la verdad.

- Quizás la verdad esté en la autenticidad perdida, es decir la naturalidad de la vida en la "ciudad desigual" de que hablaba el texto que estudiamos la última vez, y que ya hemos perdido... es decir que nuestro modo de vivir en nuestras ciudades modernas nos cegaría y nos impediría ver lo importante...

- También podemos notar que el hombre tiene tapada la nariz, que es la última vía de relación posible con la ciudad que tiene dentro. Como si el pintor quisiera sugerir que el hombre no puede oler los gases nauseabundos que flotan por encima de la ciudad. O, al revés, como si la ciudad no pudiera comunicar con el exterior...

La voie une fois tracée, il sera sans doute facile à la classe de gloser sur ces thèmes et d'interpréter de multiples façons les différents aspects symboliques du tableau. Il conviendra enfin de faire effectuer une synthèse en invitant les élèves à proposer une ou plusieurs interprétations du tableau en général. On pourra parachever la conclusion en attirant l'attention de la classe sur le titre, dans lequel l'adjectif "urbana" suggère "humana" en une assonance riche et féconde de suggestions.

<u>Professeur</u> : Entonces, me parece que ya comprendemos lo que ha querido expresar el pintor en este cuadro, ¿verdad?

<u>Classe</u> : - Para mí este cuadro es una visión bastante pesimista del hombre moder-

no, cuyo cerebro está invadido por la ciudad, y que queda por lo tanto descalabrado, incapacitado para pensar, expresarse, ver, oler. Es decir que ha perdido sus sentidos y sin duda, con ellos, su sensibilidad, lo que lo hacía hombre, su humanidad. Y no se da cuenta de lo que es la verdad, ni de su triste realidad, de que tiene que consumir para que la ciudad se nutra de su consumo ; de que estos vínculos que lo atan a la ciudad también lo amordazan impidiéndole expresarse. Al fin y al cabo, la ciudad moderna no está al servicio de su habitante, sino todo lo contrario. Éste resulta esclavo de ella.

- Esta visión pesimista se completa con la violencia que invade las ciudades modernas quitándoles algo más de la humanidad que perduraba en ellas. Esta violencia está simbolizada en el cuadro por los agujeros que perforan la ciudad moderna.

- A mí también me parece pesimista la visión del autor. El hecho de que la ciudad invada por completo la cabeza del hombre simboliza quizás su importancia en la vida moderna y en el modo de pensar del hombre actual, que es habitante de la ciudad antes de ser hombre. Sufriendo la influencia de una ciudad deshumanizada y cada vez más violenta, el hombre ha perdido la flexibilidad mental y la sensibilidad que lo caracterizaba antes. Su rigidez mental la representan quizás las líneas rectas que prolongan las de la ciudad moderna, o futurista, en la parte trasera de su cerebro...

- Yo veo en la evolución que hemos notado entre el casco viejo de la ciudad de abajo, desigual y de calles retorcidas, y las líneas rectas de la "ciudad demasiado bien alineada" de arriba, que se difumina en las nieblas del futuro, la visión de un porvenir siempre dominado por la ciudad, pero una ciudad cada vez más deshumanizada y violenta, en la prolongación de la representada arriba.

- También podemos ver en los humos que ocultan y oscurecen el cerebro las consecuencias dañosas de la vida ciudadana actual : una contaminación que, en este caso, afecta al cerebro humano.

<u>Professeur</u> : Y si nos fijamos en el título del cuadro, ¿os parece acertado? Fijaos : "Cabeza urbana"...

<u>Classe</u> : Este título parece muy acertado puesto que, como lo hemos dicho, la ciudad invade por completo la cabeza, lo cual simboliza...

<u>Professeur</u> : Sí, y esta cabeza, ¿de quién es? ¿Sólo se trata del vecino de la ciudad, o del hombre en general? Si lo pensamos bien, el adjetivo "urbana" es bastante parecido a otro adjetivo, que también le convendría muy bien a la cabeza...

Au besoin, on sera beaucoup moins allusif : on établira directement le rapport entre "urbana" et "humana", on pourra faire trouver ou donner le mot "assonance" (asonancia), et on invitera la classe à exprimer ses réflexions :

<u>Professeur</u> : A mí el adjetivo "urbana" no deja de recordarme otra palabra, que se le parece mucho y a lo mejor resultaría también muy acertada : es el adjetivo "humana", que forma con "urbana" una asonancia, casi paronomasia...

On s'assurera de la compréhension de la classe en faisant définir les mots "asonancia" et "paronomasia", que l'on écrira au tableau. Puis on invitera la classe à exprimer les réflexions que cela lui inspire :

<u>Professeur</u> : Esta paronomasia, ¿será casual?

<u>Classe</u> : - La sustitución del adjetivo "humana" por "urbana" recuerda el último texto que estudiamos, en el que los rasgos de la ciudad sustituían a los del hombre, el cual perdía de su personalidad por el contacto con la impersonalidad de la ciudad...

- La sustitución de un adjetivo por el otro sugiere, en efecto, la sustitución de lo humano por lo urbano, del hombre por la ciudad. Es que la ciudad domina ya nuestra civilización : en todos los países modernos, crecen las ciudades y van desapareciendo los campesinos...

- Podemos añadir que el modo de vivir y pensar impuesto por nuestra civilización urbana afecta ya a todos los ciudadanos, que sean vecinos de la ciudad o habitantes del campo...

- Además, hemos dicho que la palabra "ciudad" puede designar el Estado en su conjunto, los habitantes de un país, de una nación.

- Es decir que los problemas planteados por este cuadro rebasan los límites de la mera ciudad para plantearse a nivel general : el hombre moderno ya tiene la ciudad en el cerebro, o en lugar del cerebro, lo cual no le permite pensar realmente...

- Pero entre la ciudad y el hombre se han establecido unos vínculos muy fuertes. El consumo nutre a la ciudad, pero la civilización urbana también está al origen de la sociedad de consumo...

- etc.

La focalisation sur le titre pourra suggérer bien d'autres idées. Il est possible, également, que l'on n'en obtienne pas autant, ou que d'autres interventions du professeur soient nécessaires. Ce sera à lui de juger, d'intervenir s'il le juge *utile, ou au contraire de s'arrêter sans pousser plus avant la réflexion. Cela dépendra des possibilités de la classe, des idées exprimées durant l'heure de cours, du temps disponible... L'objectif du cours est de déboucher sur une conclusion cohérente, la plus approfondie <u>possible</u>. Et le <u>possible</u> dépend de nombreux facteurs...*

Si on a le temps, on pourra, pour terminer, provoquer un court débat en suscitant une critique de la vision du peintre. On attirera par exemple l'attention de la classe sur le fait que ce tableau est aussi une production de la "civilisation citadine" actuelle, et peut-être l'amènera-t-on ainsi à des considérations plus optimistes que nous avons évoquées en introduction.

2 - Travail personnel

S'agissant de l'étude d'un document visuel, il conviendra sans doute de faire noter sur le cahier des élèves un certain nombre de choses dont on souhaite la mémorisation. Il pourra s'agir d'une ou deux structures syntaxiques que l'on aura maniées, et qui pourront donner lieu à un exercice d'application ou d'approfondissement, si le professeur le juge utile. Mais on fera essentiellement noter le vocabulaire nouveau nécessaire à la prochaine leçon, ou en prévision de l'étude de documents ultérieurs. C'est le cas du verbe *invadir*, que l'on aura sans doute été amené à utiliser plusieurs fois et que l'on retrouvera dans le texte d'Isabel Allende prévu pour le prochain cours. Si ces mots ne sont pas trop nombreux, ce qui est souhaitable, on pourra les utiliser dans quelques courtes phrases sur le document étudié. On pourra aussi les faire noter avec, en regard, leur traduction. Ou encore distribuer une photocopie de cette liste. Cette dernière solution permet de gagner du temps. Elle présente par ailleurs l'inconvénient de ne pas "coller" forcément au cours en présentant du vocabulaire qui n'aura peut-être pas été employé, ou, au contraire, d'omettre un terme important que l'on aura utilisé mais auquel le professeur n'aura pas pensé en rédigeant sa liste. On pourra pallier cet inconvénient :

– en distribuant une liste présentant les mots sans leur traduction. On demandera alors aux élèves, à la fin du cours, de trouver et de rajouter la traduction des seuls mots que l'on aura employés, et de s'efforcer de les retenir

– en faisant rajouter le ou les termes importants ne figurant pas sur la liste.

Outre les éventuels exercices écrits destinés à faire approfondir ou consolider certains points syntaxiques travaillés pendant l'heure, le travail personnel pourrait être simplement orienté vers la restitution de l'essentiel du commentaire lors de la leçon du prochain cours. On pourrait alors demander à la classe de savoir répondre aux questions suivantes :

– ¿En qué es pesimista la visión de la ciudad que nos presenta Ángel Orcajo en su cuadro "Cabeza Urbana"?

– ¿En qué es también pesimista su presentación del hombre moderno?

DOCUMENT 3

Muy pronto empecé a sentirme a gusto en el campo. Mis vecinos más próximos quedaban a una buena distancia a lomo de caballo, pero a mí no me interesaba la vida social, me complacía la soledad y además tenía mucho trabajo entre las manos. Me fui convirtiendo en un salvaje, se me olvidaron las palabras, se me acortó el vocabulario, me puse muy mandón. Como no tenía necesidad de aparentar ante nadie, se acentuó el mal carácter que siempre he tenido. Todo me daba rabia, me enojaba cuando veía a los niños rondando las cocinas para robarse el pan, cuando las gallinas alborotaban en el patio, cuando los gorriones invadían los maizales. Cuando el mal humor empezaba a estorbarme y me sentía incómodo en mi propio pellejo, salía a cazar. Me levantaba mucho antes que amaneciera y partía con una escopeta al hombro, mi morral y mi perro perdiguero. Me gustaba la cabalgata en la oscuridad, el frío del amanecer, el largo acecho en la sombra, el silencio, el olor de la pólvora y la sangre, sentir contra el hombro recular el arma con un golpe seco y ver a la presa caer pataleando, eso me tranquilizaba y cuando regresaba de una cacería, con cuatro conejos miserables en el morral y unas perdices tan perforadas que no servían para cocinarlas, medio muerto de fatiga y lleno de barro, me sentía aliviado y feliz.

Cuando pienso en esos tiempos, me da una gran tristeza.

Isabel ALLENDE
La casa de los espíritus
Novela
Plaza & Janés
Barcelone, 1985

En campant un personnage qui, plongé dans la solitude champêtre, voit son naturel se révéler et s'exacerber et finit par devenir un véritable sauvage, ce texte, de façon quelque peu contradictoire, s'inscrit à la fois dans le prolongement et en contrepoint du texte d'Ángel Ganivet et du tableau d'Orcajo. Dans le prolongement car l'évolution est comparable ; en contrepoint car ici, ce n'est pas l'impersonnalité de la ville moderne qui génère la disparition de l'humanité et l'apparition de réactions que l'on pourrait qualifier d'animales, mais bien l'isolement de la campagne. Après l'étude des deux premiers documents de la séquence, il y a donc là matière à commentaire et à réflexion, surtout pour une classe du second cycle...

Il s'agit d'un texte relativement simple, composé de deux parties bien distinctes -l'évolution du caractère du narrateur d'une part, l'exutoire de la chasse de l'autre - et d'une courte conclusion, le tout s'articulant autour de la personnalité du narrateur. Ni le style narratif ni le vocabulaire ne s'opposent à un abord audio-oral.

1 - Prise de contact avec le texte

Au cours de la lecture magistrale, très expressive, le professeur s'efforcera de mettre en relief les temps du récit (*empecé, quedaban, cuando pienso en esos tiempos...*, etc.), la personne employée (*mis vecinos, a mí no me interesaba...*, etc.) et l'idée-clé du texte, exprimée par la phrase *me fui convirtiendo en un salvaje* ; il explicitera par des gestes certains termes et expressions de la deuxième partie, relatifs à la chasse : *con la escopeta al hombro, la cabalgata*, peut-être *el acecho...*

La classe sera certainement sensible à la partie sur la chasse, qui n'a de sens que par rapport à ce qui précède. D'où l'intérêt de canaliser les interventions des élèves pour les amener à "dégrossir" le texte, c'est-à-dire à répondre aux traditionnelles questions : *¿De quién (de qué) se trata? ¿Dónde...? ¿Cuándo...?* La réponse à cette dernière question ne pourra être donnée que si la classe a bien fait attention à la dernière phrase du texte. D'où la nécessité de la souligner lors de la lecture initiale pour que l'on comprenne bien d'emblée qu'il s'agit de souvenirs évoqués par le narrateur depuis un temps ultérieur au déroulement des faits relatés. Peut-être ne sera-t-il pas inutile d'opérer une première focalisation :

<u>Professeur</u> : ¿Nadie se ha fijado en la última frase del texto?

Et l'on pourra au besoin la relire, de manière à parvenir, au terme de cette première démarche, à une formulation du genre de la suivante :

<u>Classe</u> : En el texto, un narrador algo misántropo cuenta sus recuerdos acerca de una época de su vida pasada en el campo.

Puis l'on pourra distribuer le texte aux élèves et passer à l'étude détaillée.

2 - Étude détaillée

Le professeur pourra relire les trois premières lignes (jusqu'à "... tenía mucho trabajo entre las manos"), qui constituent une première unité de sens. Au fil de la lecture, il fera traduire "a lomo de", et s'assurera que la classe a bien compris "quedaban" (ici synonyme de "estaban") et "me complacía" en lui demandant d'en donner un ou plusieurs synonymes (estaban, vivían ; me gustaba, me daba gusto, etc).

L'idée à faire appréhender ici est le processus d'adaptation du narrateur à la solitude, adaptation favorisée par un caractère et des circonstances. Pour cela, on pourra partir de la première phrase :

<u>Professeur</u> : "Muy pronto empecé a sentirme a gusto en el campo". Esta primera frase nos da a entender varias cosas, ¿no?

<u>Classe</u> : - Antes, el narrador no vivía en el campo, sino...

- El narrador acababa de llegar (mudarse) al campo puesto que afirma que **empezó muy pronto a sentirse a gusto en el campo.**

<u>Professeur</u> : Sí. Y comprendemos por qué empezó muy pronto a sentirse a gusto.

Cette idée est expliquée par ce qui suit, que l'on fera reprendre de manière à l'expliquer. Cela donnera lieu à quelques réemplois immédiats non dénués d'intérêt. Au besoin (si les élèves expriment ces idées maladroitement ou ne pensent pas à utiliser la langue du texte) on les incitera à l'utiliser : "Fíjate, lo dice muy bien la autora".

<u>Classe</u> : El narrador **se sentía a gusto** porque **a él no le interesaba la vida social.**
<u>Professeur</u> : ¿Es decir...?

Cette question est évidemment destinée à faire expliciter une expression dont le sens n'est pas forcément bien perçu par tous les élèves.

<u>Classe</u> : - **No le interesaba ver (tratar, hablar con)** gente.

- **Al narrador le complacía la soledad** y en el campo sus vecinos **más próximos quedaban** bastante lejos de su casa, ya que afirma que éstos **quedaban a buena distancia a lomo de caballo.**

- Como acababa de llegar al campo, **tenía mucho trabajo entre las manos** y por eso no se aburría, no necesitaba tratar con gente.

Après l'explication de ces trois premières lignes, on pourra faire tirer une première conclusion partielle en demandant à la classe, si elle ne le fait pas spontanément, de qualifier le narrateur :

<u>Professeur</u> : ¿Qué clase de hombre sería, pues, el narrador?
<u>Classe</u> : - Al ver cómo reaccionó al llegar al campo, podemos pensar que sería un

hombre algo adusto (reservado, distante, huraño, poco propenso a charlar, insociable, solitario, ...) e incluso misántropo.

On sera peut-être amené ici à fournir un ou plusieurs mots nouveaux à la classe. On admettra "el narrador era un salvaje, mais on refusera l'adjectif "salvaje", impropre ici, auquel on préférera "adusto", "arisco" ou "huraño".

Après quoi on relira la phrase suivante : "Me fui convirtiendo en un salvaje... me puse muy mandón." On s'assurera de la bonne compréhension de "acortar" et "mandón". Eventuellement, pour les expliquer, on établira ou on fera établir la relation avec, respectivement, l'adjectif "corto" et le verbe "mandar" ; et on demandera à la classe une proposition de traduction.

Puis on passera à l'explication-commentaire du fond. On fera d'abord bien comprendre le sens de la phrase progressive :

<u>Professeur</u> : El narrador no dice que "se convirtió en un salvaje", sino que...

<u>Classe</u> : Dice que **se fue convirtiendo en un salvaje**, lo que significa que se convirtió poco a poco en un salvaje.

La forme progressive étant bien comprise, on fera établir les relations qui s'imposent entre cette phrase et les explications qui suivent dans le texte. Après quoi il sera souhaitable de faire expliquer et commenter ces évolutions du narrateur.

<u>Professeur</u> : ¿Comprendéis por qué afirma el narrador que se fue convirtiendo en un salvaje?

On admettra évidemment des réponses telles que : afirma que **se fue convirtiendo en un salvaje** porque desde que vivía en el campo no solía tratar con nadie *; mais en outre on amènera la classe à trouver et exprimer au discours indirect les explications données dans le texte, en fin de phrase. On fera ainsi comprendre le texte et réemployer la langue. Il s'agit, en l'occurrence, d'expressions très idiomatiques qu'il sera sans doute difficile de réemployer telles quelles (surtout la deuxième, "se me acortó el vocabulario"), mais qu'il est indéniablement intéressant de faire manier afin d'en faire saisir les mécanismes.*

<u>Classe</u> : El narrador **se fue convirtiendo en un salvaje** porque (al narrador) **se le olvidaron las palabras y nos dice también que se le acortó el vocabulario.**

Peut-être n'est-il pas utopique, surtout dans une classe du second cycle, de penser que les élèves sont capables de mettre ces expressions, très idiomatiques, à la forme progressive que l'on vient d'expliquer.

Professeur : Muy bien. Pero el vocabulario no se le acortó así de repente, ¿verdad? Y por lo tanto podríamos decir...

Classe : **Al narrador se le fueron olvidando las palabras** y **se le fue acortando el vocabulario.**

Professeur : Y ¿por qué razón se le acortó el vocabulario y se le olvidaron las palabras al narrador? (Le fait de transformer l'expression en déplaçant le c.o.i. peut faciliter la compréhension d'une construction qui déroute souvent les élèves.)

Classe : **Al narrador se le acortó el vocabulario** y **se le olvidaron las palabras** porque no solía hablar con casi nadie ; empleaba siempre las mismas palabras porque podemos pensar que se dirigiría casi sólo a animales... Y poco a poco **se le fue olvidando su lengua** como a un hombre que vive en un país extranjero sin hablar con ningún compatriota en muchos años.

Le professeur fera compléter l'explication du processus de transformation en focalisant l'attention de la classe sur l'adjectif "mandón" :

Professeur : También nos dice : "me puse muy mandón"...

Ces idées ou des idées proches ayant été répétées maintes fois déjà, on pourra ici solliciter un élève peu habitué à s'exprimer spontanément, ou ne l'ayant pas encore fait depuis le début du cours. On contrôlera ainsi son attention et sa compréhension, tout en lui tendant une perche pour qu'il s'exprime à son tour.

Classe : El narrador **se puso muy mandón** porque no solía tratar con otra gente, casi sólo se dirigía a animales, vivía solo y no aguantaba que no le obedecieran.

On pourra ensuite passer à l'explication-commentaire des lignes suivantes, c'est-à-dire à la fin de la première partie du texte, de "Como no tenía necesidad..." à "... invadían los maizales." Le professeur relira ces deux phrases en expliquant, au fil de la lecture, "aparentar" (= "fingir" ou "simular", si la classe connaît l'un de ces deux verbes ; sinon, on traduira : "feindre", "faire semblant") ; "me enojaba" (je me mettais en colère) si ce verbe n'est pas encore connu ; "rondando las cocinas" (= rôdant dans les cuisines) ; "alborotaban" (alborotar = hacer ruido) ; "los gorriones" (= les moineaux) et, éventuellement, "los maizales" (= los campos de maíz).

La focalisation initiale pourra se faire sur la première de ces deux phrases, dont le deuxième membre constitue un point d'orgue à "me puse muy mandón" et est explicité par ce qui suit. On fera en sorte que la classe le remarque, et on fera expliquer et commenter la raison de ce changement, exprimée dans le premier membre de la phrase ("Como no tenía necesidad de aparentar ante nadie...").

Professeur : "Como no tenía necesidad de aparentar ante nadie, se acentuó el mal carácter que siempre he tenido." ¿"El mal carácter"? ¿Se puede saber qué tipo de mal carácter tenía el narrador?

Classe : - Ya hemos dicho que en el campo **se puso muy mandón**. Así que sería un hombre autoritario, propenso a mandar. No le gustaría que le desobedecieran... Y en el campo, **se acentuó este rasgo,** que era quizás **el rasgo más saliente de su personalidad** (réemploi document 1).

- También podemos pensar que sería un hombre muy nervioso, de poca paciencia. No le gustaría que todo no fuera como quería que fuera. Por eso afirma que **todo le daba rabia.**

Si besoin est, c'est-à-dire si la classe ne le fait pas d'elle-même, on fera établir le rapport entre cette dernière expression et l'explicitation qui suit dans le texte. Pour cela, on pourra, par exemple, focaliser l'attention de la classe sur l'indéfini "todo" :

Professeur : ¿Creéis que todo le daba rabia, de verdad?

Classe : Desde luego, **no todo le daba rabia,** sino sólo lo que no le gustaba. Pero al decir que **todo le daba rabia**, el narrador quiere decir que **se enojaba** por futilidades (nimiedades, menudencias, cosas sin importancia, ...). Por ejemplo, nos dice que **le daba rabia ver a los niños rondando las cocinas, a las gallinas alborotar en el patio o a los gorriones invadir los maizales.** Como lo hemos dicho antes, **se había puesto muy mandón** y no aguantaba nada, **se enojaba** por cualquier cosa...

Professeur : Desde luego. Y fijaos : nos explica la razón de esta evolución : "Como no tenía necesidad de aparentar ante nadie..."

Classe : Según el narrador, antes de venir a vivir en el campo ya tenía mal carácter, pero no se le notaba porque no vivía solo y **tenía necesidad de aparentar.** Es decir que la vida social favorece un buen carácter aparente, pero éste es en realidad mera hipocresía impuesta por las conveniencias sociales, la convivencia.

Il pourra s'avérer intéressant de faire expliquer et commenter brièvement cette idée. Avec une bonne classe de second cycle, on pourra également établir un rapprochement avec le texte de Ganivet (document n° 1 de la séquence), qui exprime une idée comparable bien que très sensiblement différente.

Professeur : Esto nos recuerda el texto que vimos hace unos días, ¿no?

Classe : La idea del otro texto era bastante diferente, puesto que el autor afirmaba que en la ciudad moderna, "**alineada**", el hombre también **se alinea** a sí mismo **recortando los rasgos más salientes de su personalidad** (réemploi document 1). No se trataba de adaptarse a los demás para convivir, sino de una pérdida de originalidad...

A la fin de l'explication de cette première partie du texte, il sera judicieux de tirer une conclusion partielle dans laquelle on rappellera l'essentiel des idées. On pourra, pour ce faire, solliciter un ou deux élèves un peu trop discrets ou ayant quelques difficultés. Cette synthèse pourra consister en l'explication de deux phrases clés de cette première partie, à savoir :
  - *"El narrador **se sentía a gusto** en el campo."*
  - *"**Se fue convirtiendo** en un salvaje."*

Au cours de cette conclusion partielle, on veillera au bon réemploi d'expressions et de constructions idiomatiques employées lors de l'étude du texte, telles que : "ir" + gérondif ; "sus vecinos más próximos", qui rappelle "los rasgos más salientes..." du texte de Ganivet ; "a él no le interesaba..." ; "le complacía" ; "se le olvidaron las palabras", "se le acortó el vocabulario" ; "se puso muy mandón" ; "al narrador le daba rabia ver..." ; etc.

Professeur : Así que ya comprendemos bien por qué el narrador afirma al principio que muy pronto empezó a sentirse a gusto en el campo...

Classe : El narrador no tardó en sentirse a gusto en el campo porque al llegar ya tenía mal carácter, es decir que era un hombre autoritario, nervioso, de poca paciencia. Además, **le complacía la soledad**. Como en el campo **sus vecinos más próximos quedaban** bastante lejos de su casa y **no le interesaba tratar con ellos, poco a poco se fueron acentuando los rasgos más salientes** (réemploi document 1) de su carácter : **se fue convirtiendo en un salvaje,** es decir, como nos lo explica, que **se le olvidaron (se le fueron olvidando) las palabras, se le acortó (se le fue acortando) el vocabulario y se puso todavía más mandón. Se enojaba** por cualquier nimiedad, y **todo le daba rabia.** Al fin y al cabo, le gustaba el campo y su aislamiento, **se sentía a gusto** en él, pero la soledad no hizo más que acentuar el mal carácter que ya tenía...

La deuxième partie du texte étant beaucoup moins riche que la première, on pourra la lire en une seule fois, en expliquant, en traduisant ou en faisant traduire (pour s'assurer de leur compréhension) les mots et expressions nouveaux pour les élèves : "estorbar" (= gêner), "pellejo" (= peau ; on pourra préciser qu'au sens propre, il s'agit de la peau d'un animal), "amaneciera" (amanecer = salir el sol), "al hombro" (= sur l'épaule), "morral" (= gibecière), "perro perdiguero" (= perro de caza, para cazar perdices), "el acecho" (= le guet), "la presa" (= la proie), "pataleando" (patalear = gigoter, s'agiter), "conejos" (= lapins), "lleno de barro" (= couvert de boue), "aliviado" (= soulagé) ; et, éventuellement, "la cabalgata" (on pourra donner le verbe "cabalgar") et "la pólvora", ainsi que tout autre terme susceptible de faire obstacle à la compréhension.

A la fin de la lecture magistrale, on laissera la classe exprimer quelques considérations générales sur le thème de cette deuxième partie, en faisant remarquer, au besoin, qu'il ne s'agit pas du récit d'une anecdote ponctuelle, mais bien de faits qui se répétaient régulièrement. D'où l'emploi de l'imparfait de l'indicatif. Il ne s'agira pas de faire un cours théorique sur la valeur de l'imparfait, mais, éventuellement, et seulement si les élèves se trompent en employant le passé simple, de focaliser leur attention sur l'emploi de l'imparfait et d'en faire tirer les conclusions qui s'imposent, de manière à parvenir à une formulation telle que la suivante :

<u>Classe</u> : El narrador nos cuenta que de vez en cuando salía a cazar.

Il s'agira de préciser "de vez en cuando", circonstance temporelle vague explicitée dans le texte ("<u>Cuando</u> el mal humor...") : démarche que la classe amorcera peut-être d'elle-même et d'emblée en repérant les circonstances dans lesquelles le narrateur partait à la chasse :

<u>Classe</u> : El narrador nos cuenta que salía a cazar cada vez que el mal humor **empezaba a estorbarle y se sentía incómodo en su propio pellejo.**

Dans ce cas, on saisira l'occasion pour faire préciser et mieux comprendre ce qui constitue l'axe thématique de cette deuxième partie : la chasse comme exutoire à la mauvaise humeur du narrateur, comme exercice de défoulement qui n'est rien d'autre qu'une manifestation supplémentaire de sa "sauvagerie". Cette fin de texte confirme donc et renforce l'auto-portrait brossé dans la première partie. C'est cela qu'il faudra faire comprendre.

<u>Professeur</u> : ¿Es decir...? ¿Salía a cazar para comer?

<u>Classe</u> : - No, esto muestra a las claras que salía a cazar para desahogarse.

- Y además la caza era un entretenimiento, una diversión, puesto que afirma que le gustaba la cabalgata en la oscuridad...

Si la classe ne remarque pas d'elle-même certains détails significatifs de la cruauté presque animale du narrateur, le professeur opérera quelques focalisations :

<u>Professeur</u> : Fijaos en esta frase : "Me gustaba la cabalgata en la oscuridad, el frío del amanecer, el largo acecho en la sombra, el silencio, el olor de la pólvora y la sangre, sentir contra el hombro recular el arma con un golpe seco y ver a la presa caer pataleando..."

En relisant cette phrase, le professeur pourra créer des "images mentales" en soulignant, par l'intonation, les termes ayant trait au registre des sensations.

<u>Classe</u> : - De esta frase se desprende una impresión de sensualidad. Describiendo el placer que experimentaba, el narrador evoca casi todos los sentidos : el oído, con "el silencio", el olfato, con "el olor de la pólvora y la sangre", el tacto y la vista al decir que le gustaba " sentir contra el hombro recular el arma... y ver a la presa caer pataleando".

- En esta frase el narrador se nos presenta como un hombre cruel, casi sanguinario, al evocar "el olor de la pólvora y la sangre" o **el placer que le daba ver caer a la presa "pataleando"**.

Si la classe ne va pas plus loin, on pourra focaliser son attention sur le mot "presa", très signifiant.

<u>Professeur</u> : Sí. Y fijaos en que la autora emplea la palabra "presa" : "... ver caer a la presa pataleando"...

<u>Classe</u> : - Esta palabra "presa" refleja bien toda la actitud del narrador, que se nos presenta aquí como un animal salvaje de verdad, una fiera o un depredador. Todo el placer cruel que le proporcionaban sus sentidos nos recuerda el de una fiera, así como su salida nocturna, el placer del "largo acecho en la sombra"...

- Cuenta además que salía a cazar **cuando se sentía incómodo en su propio pellejo,** y esta palabra "pellejo" evoca un animal...

On fera compléter cette idée à travers l'analyse de la fin du texte, que l'on relira en soulignant "cuatro conejos miserables", "unas perdices tan perforadas que no servían para cocinarlas", "lleno de barro"... :

<u>Classe</u> : - Este final de texto confirma bien lo que hemos dicho, o sea que el narrador no iba a cazar para comer, sino sólo para desahogarse. Por eso afirma que **"eso le tranquilizaba"** y que **al regresar de una cacería se sentía aliviado y feliz.**

- Por eso también dice que llevaba en el morral "cuatro conejos miserables y unas perdices tan perforadas que no servían para cocinarlas". Podemos suponer que sería **porque se había desahogado (tranquilizado, aliviado)** abarrotándolas de perdigones (de plomo), se había encarnizado (ensañado) en ellas como una fiera en su presa, gratuita y cruelmente, matando y destrozando sólo por matar y destrozar...

- Y regresaba de las cacerías "lleno de barro". Este detalle lo animaliza un poco más...

- Este comportamiento del narrador en las cacerías es a la vez una consecuencia y un ejemplo más de su salvajismo. Como **todo le daba rabia,** se desahogaba ensañándose en (con) unos miserables animales como una fiera en sus presas. Todo esto viene a confirmar que el narrador **se había convertido en un salvaje.**

La dernière phrase du texte présente une grande ambiguïté, le narrateur ne précisant pas les raisons de sa tristesse. Nostalgie ou remords ? On pourra peut-être la mettre à profit pour faire tirer le bilan du texte.

<u>Professeur</u> : Y añade el narrador : "Cuando pienso en esos tiempos, me da una gran tristeza".

<u>Classe</u> : - No cabe duda de que el narrador ya ha vuelto a una vida normal, social. **Y le da una gran tristeza pensar** en los tiempos pasados porque experimenta mucho remordimiento. Con la distancia, ya es capaz de analizar su comportamiento y se da cuenta de que **se había convertido en un salvaje...**
- También podemos pensar que **si al narrador le da una gran tristeza pensar en esos tiempos** será porque añora la vida que llevaba en aquel entonces. Le gustaba **(le complacía) la soledad** del campo y, **aunque todo le daba rabia, cuando se sentía incómodo en su propio pellejo** se desahogaba en un pasatiempo que le gustaba mucho, la caza... Hoy sigue teniendo el mismo carácter solitario, adusto, pero como vive en la sociedad, otra vez **tiene necesidad de aparentar,** y ya no puede dar rienda suelta a sus instintos primarios como lo hacía en aquel entonces.

3 - Travail personnel

Le verbe "ensañarse" (ou "encarnizarse"), que l'on aura sans doute utilisé dans le commentaire, sera précieux, voire indispensable, pour exprimer l'idée de la fin du texte. Si la classe ne le connaissait pas, ce qui est probable, elle l'aura demandé et le professeur l'aura fourni. Il sera donc judicieux de le faire noter sur le cahier personnel des élèves, en une courte phrase, simple : "El narrador se desahogaba ensañándose en (con) sus presas".

Le travail personnel proprement dit pourra s'articuler autour de la phrase-clé, "me fui convirtiendo en un salvaje", qui résume tout le texte. Il pourra comprendre quelques exercices écrits destinés à faire retrouver et mémoriser les idées et la langue du texte, ainsi que des consignes précises pour la leçon.

- **Écrit**

1 - El narrador se fue convirtiendo en un salvaje. Illustrer et expliquer cette phrase en un court essai d'une quinzaine de lignes que vous composerez à l'aide des idées et de la langue du texte.

2 - Compléter la phrase suivante :

Años después, al narrador le da una gran tristeza...

3 - <u>Me fui convirtiendo</u> en un salvaje.

Transformer les phrases suivantes en utilisant la forme progressive soulignée :
- Se me olvidaron las palabras.
- Se me acortó el vocabulario.
- Me puse muy mandón.

Ce deuxième exercice écrit ne sera donné que si on a manié la forme progressive pendant le cours.

- **Oral**

El narrador afirma que se fue convirtiendo en un salvaje. Explícalo apoyándote en el texto.

Document 4

Juan BALLESTA, Cambio16 n° 959, 9 avril 1990

Ce dessin de Ballesta présente une proximité thématique évidente avec l'ensemble des documents étudiés précédemment dans notre programmation. Cela offre le double avantage d'ouvrir des perspectives à la réflexion de la classe et de lui offrir des moyens d'expression grâce aux réemplois linguistiques possibles. Cela dit, il n'est jamais aisé de faire appréhender le piquant d'un dessin humoristique, surtout lorsque l'humour est extrêmement discret comme c'est ici le cas. En revanche, suite à la préparation effectuée, la classe devrait être sensible au thème traité, et ce dessin devrait lui inspirer des réflexions intéressantes.

En ce qui concerne le lexique nécessaire au commentaire de ce document - éternel problème lorsqu'on se trouve face à un document visuel, si l'on veut éviter le déferlement des *¿cómo se dice...?* - la classe devrait être assez bien armée, surtout si le texte **Mi ciudad** a été étudié au préalable, comme nous l'avons suggéré lors de l'étude du tableau d'Ángel Orcajo. Elle pourra certes ignorer des mots tels que la *excavadora* (la pelle mécanique ou le bulldozer, lequel se dit aussi "buldozer"), *la grúa, el camión cisterna,* ou encore *el capataz (jefe o encargado de obras), el casco* ou *la serpiente...* Ces termes ne sont pas trop nombreux et l'on pourra les fournir à la demande. On peut aussi opter pour les donner en marge d'une légère réduction du dessin.

1 - Étude du dessin

Le commentaire du document devra se fixer pour objectifs :

— de faire décrire la scène : celle du premier plan, bien entendu, mais aussi les circonstances et les raisons de l'expulsion. On obtiendra ainsi un premier niveau d'explication, immédiat : un couple chassé d'un bois par les travaux de construction d'une route ou d'immeubles ;

— de déboucher sur un deuxième niveau d'interprétation a partir de la portée symbolique perceptible à travers l'identité suggérée du couple nu, ou le parallélisme qu'établit le dessinateur entre ce couple et Adam et Eve. En tissant d'étroites interrelations entre le mythe ancien et la réalité contemporaine, ce parallélisme a pour effet d'opérer un double transfert : d'une part il suggère de transférer au niveau du contremaître et de tout ce qu'il représente la symbolique contenue dans les personnages d'Adam et Eve ; et, à l'inverse, en transférant dans le mythe la réalité du contremaître, il lui confère une forte charge symbolique. Les implications de ce double processus sont évidentes : au niveau de la réalité, c'est la destruction de la nature, chassée par les nécessités et les exigences souveraines de l'urbanisation -et l'on reconnaît là une interprétation qui se situe dans le prolongement direct de nombre d'idées exprimées depuis le début de la progression- ; au niveau du mythe, c'est l'assimilation du bois que l'on détruit au paradis terrestre, la malédiction congénitale des descendants du couple, et à travers cette symbolique, l'identité du contremaître, ce qu'il représente... et peut-être même les raisons de son courroux.

On peut penser que, dans sa chronologie, le cours devrait suivre ce plan. Mais il est aussi possible que les deux premières étapes s'entremêlent, la classe proposant assez vite une interprétation de la scène au deuxième niveau. Le professeur s'adaptera au déroulement du cours imposé par les interventions des élèves, en ayant en point de mire, essentiellement, les deux derniers objectifs cités. La description du dessin se fera inévitablement à l'appui du commentaire.

Car il y a matière à commentaire, et à commentaire savoureux, à condition que l'absence de références bibliques de nos élèves ne constitue pas un handicap rédhibitoire. Cela ne devrait pas être le cas, l'histoire d'Adam et Eve étant sans doute connue, du moins d'une minorité d'élèves. Ce sera pour les autres une bonne occasion de l'apprendre...

- **Description du dessin et explication de la scène**

Après distribution du document à la classe, le professeur laissera un temps d'observation silencieuse avant les premières réactions, qui se produiront sans doute spontanément. Il serait étonnant que l'attention de la classe ne soit pas attirée d'emblée par la scène du premier plan, dont on fera décrire les détails signifiants que sont, notamment, les attitudes et les physionomies des personnages. La classe ne manquera pas de voir la relation entre cette scène et ce qui se passe au deuxième plan. Il peut aussi se faire que la description commence par le deuxième plan, mais on en arrivera inévitablement aux trois (ou quatre) personnages principaux.

Au cours de cette approche du document, on est en droit d'attendre, mais bien évidemment, pas nécessairement sous la forme que nous indiquons, et si possible dans des phrases élaborées et plus complexes :

– Un bosque **invadido** (réemploi document 3) por las obras de construcción de unos rascacielos o de una autopista.

– En el fondo, una grúa está construyendo un rascacielos (un edificio). En el segundo plano, muchos camiones y excavadoras están arrancando los árboles y arrasándolo todo, cargando y descargando...

– Impresión de mucho trajín (ajetreo, jaleo, ...) ; el ruido que sustituirá al sosiego pasado del bosque.

– La escena del primer término : un capataz, con una llave en la mano, está echando fuera a una pareja desnuda. Con aire amenazador, conminatorio (airado, furioso ; cara de asco, agria, adusta, malhumorada ; gesto terminante,...) **los está apuntando con el índice** (réemploi document 1), señalando la salida del bosque. **Al capataz le da rabia** (réemploi document 3) encontrarse con... . El hombre y la mujer, desnudos aún (¡no les ha dado siquiera tiempo a vestirse!) están obedeciendo avergonzados. A su lado, también está huyendo una serpiente, con algo en la boca. Resulta bastante graciosa con su aire tan atemorizado como el de la pareja.

La classe en arrivera sans doute rapidement à l'identification du couple nu, sans que le professeur ait à intervenir. Si toutefois cela ne se produisait pas, le professeur devrait amener les élèves à établir le rapprochement :

Professeur : Esta pareja desnuda y la serpiente, ¿no evocan nada para vosotros?

Classe : La escena hace pensar en la expulsión de Adán y Eva del paraíso. Esto es lo que evoca a las claras la serpiente que está huyendo al lado de la pareja desnuda. Lo que lleva en la boca, y que tiene forma de corazón, será la manzana del pecado original, que es pecado de amor.

- **Interprétation du dessin**

A partir de cette première approche, le sens du dessin ne devrait pas échapper à la réflexion de la classe, que le professeur orientera par ses questions et ses suggestions de façon à la faire aller au-delà d'un premier niveau de lecture.

Classe : Creo que el dibujante ha querido denunciar la destrucción de la naturaleza por nuestra civilización, y en particular por la urbanización moderna...

Professeur : Pero ¿qué tiene que ver la naturaleza con Adán y Eva?

Classe : Adán y Eva simbolizan el estado natural del hombre, como lo muestra el hecho de que vayan desnudos (su desnudez). Y en el bosque virgen, no **invadido** (réemploi document 3) todavía por las máquinas y los obreros, vestidos, que simbolizan la civilización, estaban en su medio natural.

Professeur : Así que, si entiendo bien, esta destrucción de la naturaleza tiene lugar a varios niveles...

Classe : - Las máquinas de la urbanización destruyen el bosque virgen y el capataz echa fuera a Adán y Eva. Esto nos recuerda el texto que vimos hace unos días, en el que la **"ciudad alineada" recortaba** al hombre, haciéndole perder **los rasgos más salientes de su personalidad** (réemploi document 1). Según Ganivet, en la ciudad moderna, el hombre perdía su naturalidad y su **llaneza** (réemploi document 1). Esto es un poco lo que significa este dibujo, pero su significado va aún más allá, puesto que Ballesta quiere decir que la urbanización moderna borra incluso la humanidad.

- Quizás sea esto lo que quiere decir Juan Ballesta al dibujar la manzana del pecado original en forma de corazón. Haciéndole perder al hombre su naturalidad, la ciudad moderna le hace perder la autenticidad de sus sentimientos, o por lo menos de su expresión. Esto era lo que decía también Ángel Ganivet presentándonos un hombre "recortado" que ya no sabía saludar con naturalidad...

On pourra faire illustrer ces idées, si cela n'a pas déjà été fait. Dans le cas contraire, si on les a fait illustrer lors de l'étude du texte de Ganivet, par exemple, on pourra faire rappeler quelques-unes de ces illustrations :

<u>Professeur</u> : Y esta idea, ¿os parece que corresponde a la realidad? (El otro día, dijimos que tenía algo de razón Ganivet al expresar esta idea. ¿Os acordáis de los ejemplos que pusimos?)

<u>Classe</u> : Es cierto que nuestras ciudades modernas son muchas veces muy inhumanas por su impersonalidad, el anonimato que desarrollan, y que favorece el desinterés por los demás, la insensibilidad frente a la desdicha ajena, etc...

Ces idées ne seront sans doute pas exprimées en ces termes, mais une classe de second cycle devrait être capable de trouver nombre d'illustrations. Après quoi on pourra suggérer une inversion du transfert symbolique, le contremaître passant au niveau du mythe.

<u>Professeur</u> : Hemos visto lo que simbolizan Adán y Eva en la realidad del capataz. Pero ¿no os parece que también se puede ver el simbolismo al revés, transfiriendo al capataz a nivel de Adán y Eva?

Ou, pour être plus concret :

<u>Professeur</u> : Y si nos situamos a nivel de Adán y Eva, ¿quién será el capataz?

<u>Classe</u> : - El capataz será Dios, y el dibujo expresará el poder de la civilización moderna y de sus valores materialistas, que prevalece sobre el estado natural y los sentimientos auténticos...

- Según esta interpretación, el bosque que destruyen las excavadoras es el paraíso y simboliza la felicidad que **se va perdiendo** a medida que **se va destruyendo** (réemploi document 3) la naturaleza...

- Y podemos pensar que el "pecado" original forma parte de esa naturaleza... y de esa felicidad que **va desapareciendo** (réemploi document 3). El dios de la urbanización moderna echa a Adán y Eva, pareja **llana y natural** (réemploi document 1), fuera del paraíso porque **le da rabia** (réemploi document 3) que no acaten las reglas (pautas) morales que impone la sociedad. **La cara de asco que pone** refleja sus sentimientos frente al "pecado" de Adán y Eva, que no es sino un pecado muy natural.

- Este dibujo resulta también algo pesimista en su alcance, puesto que si seguimos con esta interpretación, la maldición divina se seguirá aplicando para siempre a los hijos de Adán y Eva. Es que los avances de la urbanización son ineludibles...

Cette dernière idée pourrait servir de conclusion. Peut-être la classe aura-t-elle du mal à la formuler. Mais il n'est pas indispensable d'aller aussi loin, de même que l'on peut, éventuellement, dépasser ce stade en abordant l'idée de création. Dieu est en effet le Créateur, idée qui peut donner lieu à des réflexions intéressantes et amusantes sur les deux types de création suggérées dans le dessin : celle du "péché originel" et celle du chantier...

Professeur : Fijaos en que Dios es el Creador...

Classe : Pero la creación, según nos la presenta Ballesta, es ante todo destrucción : destrucción de la naturaleza, contaminación, etc.

Professeur : ¿No os parece que Adán y Eva pueden evocar una creación más auténtica?

Classe : El "pecado" de amor es en efecto un pecado creador...

Professeur : Pero si entiendo bien a Juan Ballesta, la evolución de nuestras sociedades está desterrando este tipo de creación...

Classe : Y vemos que tiene un poco razón si nos fijamos en que va bajando peligrosamente la tasa de natalidad en nuestras "sociedades desarrolladas"...

Après quoi on pourra procéder à la synthèse finale en faisant exprimer clairement l'intention de l'auteur :

Professeur : Yo creo que ya hemos entendido todos lo que habrá querido expresar el dibujante, ¿verdad?

Classe : - En este dibujo, Juan Ballesta hace una sátira de la urbanización moderna que destruye la naturaleza a todos los niveles : las excavadoras, así como la contaminación, destruyen los árboles de los bosques, las aguas, etc. ; y la ciudad echa fuera lo humano, simbolizado aquí por Adán y Eva expulsados del paraíso.

- Juan Ballesta nos sugiere también que la urbanización, el progreso es un dios que impera en nuestra civilización.

- La idea del dibujante es bastante pesimista porque sugiere que estamos condenados por una maldición divina a la infelicidad de estar fuera del edén natural. Y una falsa creación, que es a la vez destrucción, sustituye a la verdadera como lo afirmaba también Ángel Ganivet. Incluso esta destrucción puede llegar a ser autodestrucción, como lo vemos cada día con la contaminación... o con la baja de la tasa de natalidad.

2 - Travail personnel

Si le vocabulaire essentiel n'a pas été joint au dessin, on le fera noter sur le cahier, ou on en donnera une liste préparée à l'avance selon les modalités définies à la fin de l'étude du tableau d'Ángel Orcajo (cf. p. 183-184).

Puis l'on donnera aux élèves les consignes de travail personnel pour le cours suivant. Si l'on donne le vocabulaire sur une feuille polycopiée, ces consignes pourront, évidemment, y figurer également. Face à un tel dessin, comme face à la plupart des documents, la préparation du cours peut permettre de prévoir le travail personnel sans grand risque d'erreur. Quitte à apporter, à la fin de l'heure, les modifications qui pourraient s'avérer nécessaires.

Nous proposons un court exercice écrit de rédaction destiné à aider la classe à rassembler les idées exprimées "en vrac" pendant le cours et résumées à la fin ; ainsi qu'une "leçon" s'appuyant sur ce même exercice écrit, mais un peu plus complète, de façon à ce que soient abordés tous les aspects du document sans que la préparation entraîne un travail excessif. Le caractère quelque peu humoristique du sujet proposé, outre qu'il s'accorde avec la tonalité générale du document, est destiné à colorer le travail de la classe d'une note piquante qui ne peut qu'ajouter à l'agrément et à l'efficacité.

Puede ser... No puede ser... :
1 - ¡Vaya paraíso!

2 - Oye, Antonio, ven a ver con quién me he topado... Y trae la escopeta, que hay una serpiente.

3 - ¡Fuera de aquí! Que si ustedes son Adán y Eva, adivinen quién soy yo...

• **Écrit**

Si tuvieras que hacer hablar al capataz eligiendo una de estas tres frases, ¿cuál elegirías? Justifica tu elección en unas 15 líneas.

• **Oral**

Pour la leçon de la prochaine fois, vous serez capable de critiquer les trois propositions ci-dessus :

– en exposant, pour chacune d'entre elles, les raisons pour lesquelles elle vous semble -ou ne vous semble pas- pouvoir être prononcée par le contremaître du dessin de Ballesta ;

– en désignant celle qui vous semble convenir le mieux et en justifiant votre choix.

DOCUMENT ANNEXE

Mi ciudad

Mi ciudad la hicieron de cristal y cemento,
arrancan flores y plantan faroles,
ensanchan calles,
asfaltan valles.
Mi ciudad la hicieron de ruidos y olores.
Son horizontes de rascacielos,
nubes de humo negro,
anuncios de colores.
Si pudiera haber soluciones,
respirar sin pulmones,
crecer sin jugar,
no estaría mal vivir en mi ciudad,
no estaría mal vivir en mi ciudad.
Mi ciudad la hicieron con asfalto y sin aire,
con bancos de viejos al sol,
niños jugando al fútbol
en medio de la calle.
Si pudiera haber soluciones...

Joan FERRES
El otro cantar
Ediciones
Don Bosco
Barcelone

Deuxième séquence pédagogique
classe de troisième

La caza

Document 1 : **Texte d'Isabel Allende, *La casa de los espíritus***

Document 2 : Texte *Se ha muerto la milana...* - Miguel Delibes

Document 3 : Séquence du film *Los Santos Inocentes* - Mario Camus

Document 4 : Texte *No tienes más remedio* - Rosa Montero

Document 5 : Dessin de Ballesta

Document annexe : Tableau *Partida de caza* - Francisco de Goya

DOCUMENT 1

Muy pronto empecé a sentirme a gusto en el campo. Mis vecinos más próximos quedaban a una buena distancia a lomo de caballo, pero a mí no me interesaba la vida social, me complacía la soledad y además tenía mucho trabajo entre las manos. Me fui convirtiendo en un salvaje, se me olvidaron las palabras, se me acortó el vocabulario, me puse muy mandón. Como no tenía necesidad de aparentar ante nadie, se acentuó el mal carácter que siempre he tenido. Todo me daba rabia, me enojaba cuando veía a los niños rondando las cocinas para robarse el pan, cuando las gallinas alborotaban en el patio, cuando los gorriones invadían los maizales. Cuando el mal humor empezaba a estorbarme y me sentía incómodo en mi propio pellejo, salía a cazar. Me levantaba mucho antes que amaneciera y partía con una escopeta al hombro, mi morral y mi perro perdiguero. Me gustaba la cabalgata en la oscuridad, el frío del amanecer, el largo acecho en la sombra, el silencio, el olor de la pólvora y la sangre, sentir contra el hombro recular el arma con un golpe seco y ver a la presa caer pataleando, eso me tranquilizaba y cuando regresaba de una cacería, con cuatro conejos miserables en el morral y unas perdices tan perforadas que no servían para cocinarlas, medio muerto de fatiga y lleno de barro, me sentía aliviado y feliz.

Cuando pienso en esos tiempos, me da una gran tristeza.

Isabel ALLENDE
La casa de los espíritus
Novela
Plaza & Janés
Barcelone, 1985

Ce texte d'Isabel Allende, d'une grande richesse linguistique, figurait en troisième position dans notre progression de deuxième cycle, mais rien n'interdirait, bien évidemment, de le situer différemment. Nous le placerions en première position dans la présente séquence pédagogique, destinée à une classe de troisième. D'aucuns s'étonneront de trouver le même document étudié à des niveaux aussi différents. C'est que ce texte nous semble aussi bien adapté, effectivement, à de jeunes élèves de troisième qu'à des grands sur le point de passer leur baccalauréat.

L'explication elle-même ne différerait pas fondamentalement de celle que nous avons envisagée dans les pages précédentes. Aussi ne nous répéterons-nous pas. Tout au plus pourrait-on supprimer, à la rigueur, et seulement dans une classe de troisième très faible, une phrase du texte qui, pour être essentielle, n'est pas pour autant indispensable : *Como no tenía necesidad de aparentar ante nadie, se acentuó el mal carácter que siempre he tenido.* Cette suppression ôterait au texte une idée importante, elle en modifierait sensiblement la signification, mais il n'en garderait pas moins un sens. Et cela présenterait l'avantage de ne pas faire perdre de temps à la classe sur une idée peut-être quelque peu difficile à appréhender et qui n'est pas exprimée dans une langue telle que l'on puisse regretter, en la supprimant, d'amputer le texte d'un matériel linguistique fondamental. Cela ne serait pas vrai pour n'importe quelle phrase...

La grande différence entre l'exploitation envisagée en classe de troisième et celle que nous avons exposée ci-dessus pour une classe de seconde ou première tient davantage aux documents qui suivent dans la progression. Il s'agit ici du thème de la chasse, qui apparaît dans la deuxième moitié du texte d'Isabel Allende. Ceci impliquera qu'on lui accorde une importance accrue, sinon dans l'explication elle-même qui -répétons-le- peut fort bien se dérouler de la même façon car le sens à faire appréhender est identique, du moins dans le travail personnel. La langue à mémoriser aura davantage trait au registre de la chasse, en prévision des réemplois qui pourront s'avérer indispensables, nécessaires ou précieux lors de l'étude des documents suivants.

Pour l'explication-commentaire du texte, on se référera donc à la simulation que nous avons faite ci-dessus (p. 185 et suivantes).

Travail personnel

Tout comme dans une classe de lycée, le travail personnel s'articulera autour de la phrase clé : "Me fui convirtiendo en un salvaje". Un bref exercice écrit pourra être destiné à approfondir le mécanisme de cette formule progressive. D'autres seront orientés vers l'explication de l'idée, ainsi que vers le repérage et la mémorisation de la langue du texte employée pendant l'heure de cours. En prévision de l'étude des documents à venir, on imaginera une question destinée à faire mémoriser le vocabulaire de la chasse.

Les consignes suivantes étant assez longues, il sera délicat de les faire noter sur le cahier de textes des élèves. On les distribuera donc polycopiées. Cette longueur des consignes n'implique pas une longueur proportionnelle du travail à fournir. On remarquera, par exemple, que la leçon est très largement préparée dans le premier exercice écrit. Toutefois, si le cours suivant a lieu le lendemain et si l'on craint que le travail donné ne soit excessif (il faut penser que les élèves n'ont pas que de l'espagnol à étudier, et qu'il convient d'éviter tout bâclage), on pourra supprimer l'un des deux exercices écrits.

- **Écrit**

1 - Relis attentivement le texte, efforce-toi d'en retenir le vocabulaire et les expressions que nous avons maniées pendant l'heure de cours, rappelle-toi les idées que nous avons exprimées. Puis complète les phrases suivantes de la façon la plus précise possible, en ne te référant au texte qu'en cas de besoin, ou pour t'assurer de la justesse de ce que tu as écrit :
- El narrador afirma que se fue convirtiendo en un salvaje porque…
- Cuando el mal humor empezaba a estorbarle y se sentía incómodo en su propio pellejo, se desahogaba…
- Años después, al narrador le da una gran tristeza…

2 - "Me fui convirtiendo en un salvaje."
Transformer les phrases suivantes en utilisant la forme progressive soulignée :
- Se me olvidaron las palabras.
- Se me acortó el vocabulario.
- Me puse muy mandón.

Ce deuxième exercice écrit ne sera donné que si on a manié la forme progressive pendant le cours.

3 - Sur ton cahier personnel d'espagnol, dessine (ou colle la photo d') un chasseur. Après avoir appris tout le vocabulaire ayant trait à la chasse, désigne à l'aide de flèches tous les accesoires du chasseur que tu sais dire en espagnol.

- **Oral**

1 - Apunta en la segunda mitad del texto todo lo que muestra que el narrador, en sus cacerías, se portaba como un depredador. Recuérdalo para la lección de la próxima vez.

2 - Lección : El narrador afirma que se fue convirtiendo en un salvaje. Explícalo apoyándote en el texto.

• **Travail de préparation sur le texte** "Se ha muerto la milana..." (Miguel Delibes, *Los Santos Inocentes*).

- Lee atentamente el texto "Se ha muerto la milana..." e intenta comprenderlo todo lo posible, sin buscar nada en el diccionario.
- Fíjate en la técnica narrativa, muy original : ¿A qué corresponden los párrafos? ¿No se distinguen algunos de los demás? ¿Cuáles? ¿En qué son diferentes? ¿Cómo se justifica esta diferencia?
- Fíjate también en el estilo del relato : ¿En qué te hace pensar?

Le professeur distribuera aux élèves le texte de Miguel Delibes, situé en deuxième position dans la séquence pédagogique.

Ce type de préparation présente l'inconvénient majeur de "déflorer" le texte avant son explication. Elle se justifie néanmoins, dans le cas présent, par la nécessité d'étudier ce texte en une séquence de cours. Il s'agit en effet d'un document formant un tout indivisible et qui n'est pas assez lourd de sens pour qu'on lui consacre davantage de temps. Or, ce texte est relativement long et riche en vocabulaire nouveau, peu usité et donc très difficile à introduire au préalable. En outre, la technique narrative et le style du morceau déconcerteront peut-être la classe, dont la curiosité sera aiguisée, sans aucun doute, ce qui imposera une interprétation et des commentaires. Autant de menus obstacles qui ne sauraient être rédhibitoires, mais qui, dans le cadre d'une approche classique, interdiraient d'envisager le commentaire en moins de deux heures de cours. La nécessité fait ici loi, et justifie cette approche atypique, guidée par quelques questions ciblées qui permettront d'accélérer l'analyse stylistique globale et de consacrer plus de temps à l'étude de détail.

Cela fera peut-être beaucoup de travail personnel, surtout si le prochain cours est rapproché. Si on le craint, on pourra prévoir un "cours-tampon" entre l'étude du texte d'Isabel Allende et celui de Miguel Delibes. Ce cours pourrait être consacré à l'étude du tableau "Partida de caza" de Goya, que nous avons choisi comme document annexe dans notre programmation. Le commentaire de ce tableau, qui devrait permettre nombre de réemplois, pourrait déboucher sur un travail personnel visant à en faire reconstituer la description. Dans ce cas, le travail de préparation sur le texte de M. Delibes ne serait donné qu'à la fin de l'étude du tableau. Cela permettrait de mieux répartir le travail.

Document 2
Se ha muerto la milana...

1. une corneille

(*Azarías, campesino simple y algo bobo, inocente, tiene una graja¹ amaestrada, "la milana", que es el único ser con el que tiene auténticas relaciones. Es tal su conocimiento de los pájaros que el señorito Iván, su amo, rico terrateniente, suele llevarlo consigo a cazar el palomo. Ese día, han pasado la mañana esperando sin matar ni uno...*)

2. pièce de bois mobile sur laquelle sont posés des pigeons domestiques pour qu'ils servent d'appeaux
3. ses affaires

[El señorito Iván] regresó junto al árbol y le dijo al Azarías,
    desarma el balancín² y baja, Azarías, esta mañana no hay nada que hacer, veremos si a la tarde cambia la suerte,
y el Azarías recogió los bártulos³ y bajó y, conforme franqueaban la ladera soleada, camino del Land Rover, apareció muy alto, por encima de sus cabezas, un nutrido bando de grajetas y el Azarías levantó los ojos, hizo visera con la mano, sonrió, masculló unas palabras ininteligibles, y, finalmente, dio un golpecito en el antebrazo al señorito Iván,
    atienda,
dijo,
y el señorito Iván, malhumorado

4. =imbécil
5. bavait
6. les croassements

    ¿qué es lo que quieres que atienda, zascandil⁴?
y el Azarías babeaba⁵ y señalaba a lo alto, hacia los graznidos⁶, dulcificados por la distancia, de los pájaros,
    muchas milanas, ¿no las ve?
y, sin aguardar respuesta, elevó al cielo su rostro transfigurado y gritó haciendo bocina con las manos⁷,

7. mettant ses mains en porte-voix

    ¡¡quiá!!
y, repentinamente, ante el asombro del señorito Iván, una grajeta se desgajó del enorme bando y picó en vertical, sobre ellos, en vuelo tan vertiginoso y tentador, que el señorito Iván se armó⁸, aculató⁹ la escopeta y la tomó los puntos¹⁰, de arriba abajo como era lo procedente¹¹, y el Azarías al verlo, se le deformó la sonrisa, se le crispó el rostro, el pánico asomó a sus ojos y voceó fuera de sí,
    ¡no tire, señorito, es la milana!

8. =se preparó
9. il épaula
10. = apuntó (il visa)
11. comme il fallait faire

12. =excitándole

pero el señorito Iván notaba en la mejilla derecha la dura caricia de la culata, y notaba, aguijoneándole¹², la represión de la mañana y notaba, asimismo, estimulándole, la dificultad del tiro de arriba abajo, en vertical y, aunque oyó claramente la voz implorante del Azarías,

13. de grâce !
14. il visa un peu devant lui
15. la gâchette, la détente

    ¡señorito, por sus muertos¹³, no tire!
no pudo reportarse, cubrió al pájaro con el punto de mira, lo adelantó¹⁴ y oprimió el gatillo¹⁵ y, simultáneamente a la detonación, la grajilla dejó en el aire una estela de plumas negras y azules, encogió

16. elle se recroquevilla
17. =se vino abajo
18. en tourbillonnant
19. =hierbas del monte

las patas sobre sí misma, dobló la cabeza, se hizo un gurruño[16], y se desplomó[17], dando volteretas[18] y, antes de llegar al suelo, ya corría el Azarías ladera abajo, los ojos desorbitados, regateando entre las jaras y la montera[19], la jaula de los palomos ciegos bamboleándose ruidosamente en su costado, chillando,
    ¡es la milana, señorito! ¡me ha matado a la milana!
y el señorito Iván tras él, a largas zancadas, la escopeta abierta, humeante, reía,
    será imbécil, el pobre,
como para sí, y, luego elevando el tono de voz,
    ¡no te preocupes, Azarías, yo te regalaré otra!

20. =cerca de una jara

pero el Azarías, sentado orilla una jara[20], [...], sostenía el pájaro agonizante entre sus chatas manos, la sangre caliente y espesa escurriéndole entre los dedos, sintiendo, al fondo de aquel cuerpecillo roto, los postreros, espaciados, latidos de su corazón, e, inclinado sobre él, sollozaba mansamente,
    milana bonita, milana bonita,
y, el señorito Iván, a su lado,

21. =no logré (conseguí) resistir
22. =j'étais hors de moi

    debes disculparme, Azarías, no acerté a reportarme[21], ¡te lo juro!, estaba quemado[22] con la abstinencia de esta mañana, compréndelo,
mas el Azarías no le escuchaba, estrechó aún más el cuenco de sus manos sobre la grajeta agonizante, como si intentara retener su calor, y alzó hacia el señorito Iván una mirada vacía,
    ¡se ha muerto! ¡la milana se ha muerto, señorito!
dijo, [...]

Miguel DELIBES, *Los Santos Inocentes*, Editorial Planeta, Colección Narrativa, Barcelone, 1981

A travers une scène de chasse, le texte de Miguel Delibes présente un double système de relations : d'une part, celles qui se sont tissées entre un pauvre innocent, aux attitudes parfois proches de l'animal, et son oiseau familier ; de l'autre les rapports qui existent, dans l'Estrémadure des années 50, entre ce même pauvre hère et un riche propriétaire terrien. La chasse crée ici une circonstance propice à la révélation de ces rapports. Prétexte à l'exploit individuel, source de plaisir et d'assouvissement des frustrations, elle fait fi de toute autre considération et sera le détonateur du drame.

Le texte présente un double intérêt : psychologique, d'une part, en montrant le double système de rapports que nous avons évoqué ; son écriture, d'autre part, ne manque pas d'originalité : en détachant chaque scène dans un paragraphe parfois très court et en réservant les alinéas aux répliques de discours direct, elle prépare la voie au réalisateur de cinéma : au début et à la fin du texte, chaque paragraphe est centré sur un seul personnage, alors que les paragraphes centraux sont plus complexes, les différentes actions s'y coordonnant, s'y télescopant presque. Cette technique narrative, qui va de pair avec un style basé sur le polysyndète, restitue toute la vivacité du récit oral et contribue à souligner les changements de rythme. Comment Mario Camus l'aura-t-il mis à profit ? Nous envisageons de le voir lors de la prochaine heure de cours, qui sera consacrée à l'analyse de la séquence correspondante du film ***Los Santos Inocentes***.

En dépit de sa longueur et de l'abondance du vocabulaire nouveau qu'il contient, ce texte n'est pas très difficile et devrait pouvoir être étudié en une heure, à condition toutefois que la classe l'ait préparé au préalable en suivant les directives données à la fin du cours précédent (cf. le travail personnel donné à la fin de l'étude du texte n° 1 de la séquence). L'explication, en marge, d'un assez grand nombre de termes difficiles et peu usités, pour la plupart, facilitera la compréhension initiale.

1 - Étude du texte

La préparation effectuée chez eux par les élèves permettra de faire l'économie d'une lecture magistrale initiale. On passera donc d'emblée à l'exposé des fruits de cette préparation.

Professeur : Supongo que todos habéis entendido bien de qué se trata en este texto...

Classe : - En **una cacería** (réemploi document 1), el amo de Azarías, el señorito Iván, le mata la milana a su criado.

Professeur : Sí. Y también supongo que os habrán llamado la atención la técnica narrativa y el estilo del pasaje...

Classe : - Lo que más llama la atención en este texto, es que no hay ningún punto, sólo comas.

- Parece que cada párrafo enfoca a un solo personaje : el primero al señorito Iván, el segundo a Azarías, etc. En cuanto a las respuestas de estilo directo, forman párrafos separados por punto y aparte.

- No todos los párrafos enfocan a un solo personaje. Los hay, en el centro del texto, que enfocan a los tres : Azarías, el señorito Iván y la grajeta.

- Es de notar que estos párrafos coinciden con una aceleración de la acción relatada. O sea que la técnica narrativa se adecua al ritmo de la acción.

- Las más de las veces, las frases se encadenan por medio de una conjunción, que es a menudo "y".

- Así concebido y organizado, el relato se parece mucho a un relato oral. La técnica utilizada por el autor le da mucha vivacidad.

On n'insistera pas outre mesure si on n'obtient pas exactement ces précisions, d'autant que l'analyse de la séquence cinématographique permettra difficilement de mettre en évidence ces changements de rythme. On passera donc à l'explication-commentaire des premières lignes du texte. Le professeur relira l'introduction, et les quatre premières lignes, jusqu'à "... y bajó", en expliquant, au fil de la lecture, "bobo" (idiot), "amaestrada" (dressé), "el palomo" (le pigeon) ; "desarmar" (démonter).

Ce premier fragment, purement narratif, permettra à la classe de mieux se représenter la situation en se faisant une image mentale précise de la scène. Cette image mentale revêt à nos yeux une grande importance au début de l'étude d'un texte. Elle permet en effet de rendre la scène plus concrète et de lui donner une épaisseur en l'incluant dans des circonstances précises : temps, lieu, situation des personnages, etc.

Pour cela, le professeur focalisera l'attention des élèves sur le verbe "bajar", répété deux fois. La lecture du morceau doit permettre à la classe de situer Azarías dans l'arbre. Le professeur parachèvera l'explication en donnant quelques brèves précisions supplémentaires sur le "balancín". Il s'agit là d'un simple détail sans grande importance dans la perspective de la compréhension du texte, mais qui permettra de satisfaire les esprits curieux et d'anticiper sur le prochain cours : la situation d'Azarías dans l'arbre, au début de la séquence cinématographique, sera ainsi expliquée et comprise.

<u>Professeur</u> : "... y el Azarías recogió los bártulos y bajó..." ¿Comprendemos de dónde?

<u>Classe</u> : La primera línea del texto dice que "el señorito Iván regresó junto al árbol" y le pidió a Azarías que desarmara el balancín, lo que da a entender que Azarías estaba en el árbol, con el balancín...

<u>Professeur</u> : Sí, e incluso podemos imaginar lo que estaría haciendo en el árbol... Fijaos en lo que dice el texto en las líneas 37-38 : "... ya corría el Azarías ladera abajo [...], la jaula de los palomos ciegos bamboleándose ruidosamente a su costado..."

Au besoin, on expliquera "la jaula" (la cage) et "bamboleándose" (se balançant). Cela devrait suffire à susciter l'explication souhaitée. Si celle-ci tarde trop, le professeur la donnera lui-même, sans perdre de temps sur ce qui n'est qu'un détail.

<u>Classe</u> : Podemos suponer que estaría manejando los reclamos en el balancín...

<u>Professeur</u> : En efecto. Como lo dice su nombre, el balancín es un trozo de madera móvil al que están atados los palomos ciegos. Y cuando pasa un vuelo de palomos, con una cuerdecilla se mueve el balancín y los palomos ciegos aletean, lo cual atrae a los demás... Y, para volver a la situación del texto, ¿comprendemos por qué el señorito Iván le pidió a Azarías que desarmara el balancín?

<u>Classe</u> : Le dijo que **no había nada que hacer.** Podemos suponer que se refería a la caza de la mañana, que había sido muy mala. Como lo dice la introducción, "habían pasado la mañana sin matar ni un palomo". Para el señorito Iván, no valía la pena esperar más. A lo mejor cambiaría la suerte por la tarde...

Après ces éclaircissements, le professeur relira le texte jusqu'à la ligne 19 ("¡¡quiá!!"). Au fil de la lecture, il expliquera "conforme franqueaban la ladera soleada" (franquear = franchir - alors qu'ils passaient par le versant ensoleillé), "nutrido" (= denso, apretado), "hizo visera con la mano" (il mit sa main sur le front en guise de visière), "masculló" (= farfulló ; il marmonna), "atienda" (= mire, oiga).

Ce fragment, très narratif, vaut essentiellement par l'attitude d'Azarías, qui ne saurait passer inaperçue de la classe. Au besoin, le professeur focalisera son attention sur les termes signifiants qui décrivent cette attitude.

Classe : - En este trozo parece muy bobo Azarías, e incluso algo degenerado, puesto que babeaba y el texto dice que "masculló una palabras ininteligibles".

- También se puede pensar que **se puso muy nervioso** (réemploi document 1) al ver el bando de grajetas, porque sabía que entre ellas estaba la suya.

- No cabe duda de que sabía que estaba la suya puesto que al ver el bando de grajetas, **levantó los ojos, hizo visera con la mano** y sonrió. Esta sonrisa da a entender que había reconocido a la milana. Por eso la llamó después.

- Hay un adjetivo que refleja bien la personalidad y el estado de ánimo de Azarías, y es "transfigurado". Además, el autor escribe : "elevó al cielo su rostro transfigurado", y esta expresión refleja bien la felicidad de Azarías al ver a su milana ; pero esta felicidad es una consecuencia de su bobería. Si no fuera bobo, no estaría tan contento.

On s'efforcera d'aller plus loin dans le commentaire en montrant toute la portée de cette phrase. Pour cela, on pourra établir le rapport avec le titre du roman :

Professeur : Y fijaos en el título de la novela de donde está sacado el texto. ¿No os parece que esta frase cobra otro significado a la luz de este título?

Classe : El título de la novela es ***Los Santos Inocentes***. Azarías ya era inocente, y en esta frase, puso cara de santo al ver a su milana. Ésta representaba para él la máxima felicidad, capaz de transfigurarle por completo.

Professeur : En cambio, el señorito Iván no parecía compartir su felicidad...

Classe : El autor lo califica de "malhumorado". Podemos suponer que **lo ponía nervioso (le daba algo de rabia** - réemploi document 1) la actitud de Azarías. O a lo mejor estaba malhumorado por no haber disparado ni una vez en toda la mañana... Lo cierto es que su mal humor se tradujo en sus palabras, cuando trató a Azarías de "zascandil". Quizás en esta palabra haya también algo de desprecio...

Lecture du fragment suivant, de "... y, repentinamente..." (ligne 20) à "¡no tire, señorito, es la milana!" (ligne 26). Ce fragment ne présente guère de difficultés. On expliquera éventuellement "voceó" (= gritó). Pour des raisons de fond (technique de présentation de la scène par le narrateur), mais aussi de forme (réemploi récurrent possible d'un fait de langue rencontré et manié dans le texte d'Isabel Allende), il sera intéressant de faire remarquer le "gros plan" sur le visage d'Azarías, et de déboucher sur une analyse de la technique narrative.

Professeur : "... y el Azarías, al verlo, se le deformó la sonrisa..." ¿la sonrisa?

Classe : Azarías estaba sonriendo porque **le complacía ver** (réemploi document 1) que su milana le obedecía. Por eso **se le deformó** esa sonrisa al ver lo que estaba haciendo su amo.

Professeur : Sí, pero el lector que lee la novela todavía no sabe que se trata de la milana de Azarías...

Classe : - No lo sabe, pero lo comprende al ver la descripción del rostro de Azarías, muy significativo. El autor escribe que **se le crispó** el rostro y que **el pánico asomó a sus ojos (se le llenaron los ojos de pánico).**

- este enfoque del rostro de Azarías, con el paso de una cara "transfigurada" por la sonrisa a una expresión dominada por el pánico, es en efecto muy elocuente, como en el cine un primer plano.

On lira ensuite le fragment suivant, de "pero el señorito Iván notaba..." à "... lo adelantó y oprimió el gatillo" (ligne 32). On expliquera "la mejilla" (la joue), "la culata" (la crosse), "reportarse" (= aguantar ; se contenir) ; et, éventuellement "asomó" (apparut - ligne 25).

L'intérêt, ici, sera de faire apparaître clairement les traits du personnage d'Iván à travers les raisons qui expliquent son attitude, raisons soulignées par la triple répétition de "notaba". La classe y sera peut-être sensible d'emblée, surtout si le professeur a souligné cette triple répétition dans sa lecture. Sinon, il relira de "... y el Azarías, al verlo..." (ligne 24) à "... no pudo reportarse..." (ligne 32), en soulignant bien la répétition de "notaba". Peut-être devra-t-il intervenir encore dans l'explication-commentaire afin d'opérer les focalisations qui s'imposeront.

Classe : - En este trozo se nos presenta como muy aborrecible el señorito Iván.

- El autor se vale de la triple repetición de "notaba" para exponer las razones por las que no **pudo reportarse** el señorito Iván. Este verbo "notar" expresa la captación subjetiva de unos influjos y alicientes externos expresados por la palabra "caricia" y por los dos gerundios "aguijoneándole" y "estimulándole". Todos estos elementos conllevan la idea de placer tras tanta espera frustrada.

- Entre estas razones destaca la primera, por la expresión, que es casi un oxímoron, "la dura caricia". Ésta expresa la sensualidad táctil del disparo.

- Y comprendemos también que si disparó el señorito Iván fue por "la represión de la mañana", es decir por desquitarse de no haber podido disparar una sola vez en toda la mañana ; **le complacía tanto la caza** (réemploi document 1) y se sentía tan defraudado por la larga espera inútil de la mañana, que cualquier pretexto era válido... Y también por "la dificultad del tiro de arriba abajo", o sea por querer probarse su destreza, como en una competición, un desafío, cuanto más difícil, mejor...

- Esta razón parece incluso ser la primera, a juzgar por la expresión "en vuelo tan vertiginoso y tentador" del párrafo precedente. En esta expresión, la tentación está asociada con la velocidad del vuelo, es decir con la hazaña deportiva.

- El autor añade "aunque oyó claramente la voz implorante del Azarías", como para no dejarle al señorito Iván ninguna atenuante : su propio gusto estaba por encima de todo lo demás, incluso por encima del pesar de un fiel ayudante.

<u>Professeur</u> : Sí, y fijaos un poco más en la repetición de "notaba" : Miguel Delibes no ha escrito "notó", y podía haberlo hecho...

<u>Classe</u> : - Es que el imperfecto de indicativo subraya la duración de la impresión, y expresa mejor que el pretérito indefinido, por lo tanto, el placer egoísta del señorito Iván.

Avec une bonne classe de troisième, on pourra peut-être faire apprécier davantage cette notion de durée, sensible dans l'emploi de l'imparfait, certes, mais également dans l'étirement du récit par l'émiettement des actions. Cette technique, proche du ralenti cinématographique, produit un effet de suspens en allongeant le temps.

<u>Professeur</u> : Esta noción de duración parece importante en este trozo, ¿no? Fijaos : ¿os parece corresponder la duración del relato con la duración real de la escena?

<u>Classe</u> : No. La escena duró sin duda muy poco tiempo, mientras que el relato se alarga por el desmenuzamiento de las acciones : las sensaciones del protagonista, en la triple repetición de "notaba" ; y luego una serie de pretéritos que parecen tener por objeto aplazar el desenlace. Esto produce un efecto de suspense, como en el cine la "cámara lenta".

Le fragment suivant pourrait être la vision de la mort de l'oiseau, brièvement mais minutieusement narrée des lignes 33 à 36 (de "... y, simultáneamente a la detonación..." à "... dando volteretas..."). On expliquera le mot "estela" (sillage - on s'assurera de la compréhension de ce mot en français).

Il s'agira ici de mettre l'accent sur la vision de la scène en "gros plan", et comme au ralenti, et d'en tirer quelques conclusions.

<u>Classe</u> : Se trata del relato de la muerte de la grajeta.

<u>Professeur</u> : Sí. Y fijaos en cómo está relatada.

Classe : - El primer verbo, "dejó en el aire...", parece enfocar la escena desde lejos, desde donde están los dos hombres, expresando su visión. Luego, tenemos una serie de acciones precisas que nos presentan una visión de cerca de la grajeta, y parecen también alargar la acción, como en las líneas precedentes.

- **A mí me dan lástima** (réemploi document 1) los tres primeros de estos verbos.

- Se puede pensar que al contar así la escena, el autor ha querido mover a compasión a su lector. Una visión de lejos, por los ojos de los dos hombres, hubiera sido más lógica, pero mucho menos patética.

Guidée, éventuellement, par les questions du professeur, la classe devrait parvenir assez facilement à ces conclusions.

On pourra passer alors à l'explication de la fin du texte, qui pourra se faire en lecture cursive, au cours de laquelle on expliquera le vocabulaire nouveau ; on s'arrêtera sur les détails signifiants.

Lecture de "... y, antes de llegar al suelo.." à "¡me ha matado a la milana!" Explication de "regateando" (zigzagant) ; "la jaula", "bamboleándose", si ce n'est déjà fait. On soulignera l'emploi de la préposition "a".

Classe : Al emplear la preposición "a", Azarías muestra que consideraba a la milana como una persona. Para él, ese pájaro familiar era tan importante o más, quizás, que alguien de su familia...

Lecture de "... y el señorito Iván tras él..." (ligne 41) à "... yo te regalaré otra!" (ligne 45). Expliquer "zancadas" (enjambées) et, éventuellement, "humeante" (de "humo", "humear").

Classe : - La insensibilidad del señorito Iván contrasta con el dolor de Azarías, a quien despreciaba y no parecía comprender en absoluto cuando dijo **para sí** : "Será imbécil, el pobre".

- El texto dice que "reía", y este detalle muestra a las claras que el señorito Iván no sólo no comprendía a Azarías, sino que también se reía de él, considerándolo quizás con condescendencia, como se miran las actitudes graciosas de un niño...

- La insensibilidad y la incomprensión del señorito Iván son patentes en su última respuesta, cuando le prometió a Azarías que **le regalaría otra.** Como si todas las grajetas fueran equivalentes, como si "la milana" fuera una de tantas, como si se tratara de un regalo intercambiable...

En reprenant les lignes 36 à 42 ("... ya corría el Azarías ladera abajo, los ojos desorbitados..." à "y el señorito Iván tras él, a largas zancadas, la escopeta abierta, humeante, reía") et en soulignant la position des verbes, on pourra focaliser l'attention de la classe sur la structure en chiasme de l'ensemble des deux phrases, qui marque l'opposition des comportements et des sentiments.

Classe : En la primera de estas dos frases, el verbo está situado al principio, mientras que en la segunda está al final y produce cierta sorpresa. Me parece que esta estructura opuesta traduce bien la oposición de los dos comportamientos : la acción apresurada de Azarías, expresada por la anteposición del verbo así como por los detalles que siguen (agitación, ruido, prisa, pánico, ...) se opone al insensible sosiego, reflejado por las "largas zancadas" y la risa final del señorito Iván.

Lecture des lignes suivantes, jusqu'à "... milana bonita...". Au cours de cette lecture, on expliquera "chatas" (courtes, grossières), "postreros" (ultimes), "sollozaba mansamente" (sanglotait doucement), et, éventuellement, "latidos" (battements du cœur).

Classe : - Esta escena resulta muy patética por los numerosos detalles que da el autor...
- **Da lástima** (réemploi document 1) el pobre Azarías sollozando y hablándole tiernamente a su milana muerta...
- Lo que más infunde lástima es cuando el autor describe lo que sentía Azarías : los adjetivos "postreros, espaciados", que califican los latidos del corazón y traducen, pues, todo el dolor del protagonista ante los últimos instantes de la vida de su milana. Y también la expresión "el cuerpecillo roto", en la que el sufijo "-illo" viene a traducir toda la ternura, la compasión y el dolor de Azarías...

Lecture de la fin du texte. On expliquera éventuellement "estrechó" (= apretó ; il serra) et "el cuenco" (le creux). Ce morceau vaut par l'embarras maladroit du señorito Iván, dont les explications et les excuses, en soulignant une dernière fois son égoïsme, pèsent bien peu face au désespoir d'Azarías. La classe devrait le remarquer sans trop de difficultés. Au besoin, on focalisera son attention sur l'indifférence d'Azarías ("mas el Azarías no le escuchaba") et on la fera expliquer.

Classe : - Parece molesto ya el señorito Iván al pedirle a Azarías que le disculpe...
Como si le diera unos remordimientos (réemploi document 1) el haber

matado a la milana, como si se arrepintiera de haberlo hecho...

- Pero también parecen muy vanas, fútiles y ridículas las disculpas del señorito Iván frente al dolor de Azarías. Y lo subraya la indiferencia de éste, para quien lo único que importaba era la muerte de su única amiga...

On pourra à présent procéder à la synthèse finale. Celle-ci portera sur la présentation des personnages (leurs sentiments) et de la scène, que l'auteur veut pathétique.

<u>Professeur</u> : Me parece que ya vemos lo que ha querido hacer Miguel Delibes en este texto, ¿no?

<u>Classe</u> : - El autor ha querido relatar un drama debido al amor de uno de los protagonistas, Azarías, por la víctima, su grajeta amaestrada.

- Frente a este drama, ha querido mostrarnos las reacciones totalmente opuestas de los dos protagonistas : El señorito Iván es un hombre dominado por el egoísmo : **le complacía tanto la caza** (réemploi document 1), **se sentía tan defraudado** por la larga espera inútil, era tan deseoso de probarse que era capaz de hacer una hazaña en la puntería que **no pudo reportarse** al ver a la milana y la mató, **aunque oyó** claramente los gritos de súplica de Azarías. Fue su egoísmo lo que le impidió ser sensible al dolor de Azarías, de quien se rió descaradamente. Al contrario, Azarías era un pobre inocente, pero somos sensibles a su felicidad al ver a su milana, y también a su dolor final.

- **Nos da mucha repulsión ver** (réemploi document 1) actuar al señorito Iván, y mucha lástima y tristeza el pobre Azarías.

<u>Professeur</u> : Y ¿a qué se deben esos sentimientos que experimentamos, los lectores?

<u>Classe</u> : Parece que el autor lo hace todo para **infundirnos esos sentimientos** : repitiendo tres veces "notaba", insiste en las sensaciones egoístas del señorito Iván ; precisando "aunque oyó claramente la voz implorante del Azarías", remacha el clavo... Luego, nos muestra desde muy cerca una serie de detalles patéticos o dramáticos, como en unos primeros planos cinematográficos : "**la sonrisa que se le deformó a Azarías, el rostro que se le crispó, los ojos que se le llenaron de pánico** ; describe muy detenida y precisamente la muerte de la grajeta ; y al final nos da en el mismo párrafo una visión exterior de Azarías, con el detalle patético de la sangre escurriéndole entre los dedos, y una visión interior, con sus sensaciones frente al "cuerpecillo roto" y a "los postreros, espaciados, latidos de su corazón"...

2 - Travail personnel

Dans la perspective du prochain cours, mais aussi de ceux qui vont suivre, l'essentiel sera de faire en sorte que la classe :

- retrouve l'opposition des deux personnages à travers leurs sentiments ;
- retrouve les grands traits de la présentation de la scène et les différents procédés et détails générateurs du pathétique ;
- ait mémorisé la langue du texte, c'est-à-dire
   . le vocabulaire essentiel sur la chasse,
   . celui qui a été manié pendant l'heure de cours et qui lui sera nécessaire pour rappeler l'essentiel du texte (vocabulaire des sentiments, détails pathétiques).

Dans le but d'atteindre ces objectifs, on pourrait donner les consignes suivantes :

• **Écrit**

Après avoir relu attentivement le texte et t'être efforcé de mémoriser le vocabulaire relatif à la chasse, complète, sur ton cahier d'espagnol, le travail commencé sur le dessin ou la photo de chasseur : désigne par des flèches les objets dont tu viens d'apprendre le nom en espagnol.

Il s'agit d'un travail commencé suite à l'étude du texte d'Isabel Allende. (Cf. travail personnel donné sur ce texte, pp. 207-209.)

• **Oral**

1 - Entresacar del texto e intentar recordar todos los detalles
   - que expresan o reflejan los sentimientos de los dos personajes ;
   - que reflejan el deseo del autor de generar cierta impresión en el lector.

2 - La próxima vez serás capaz de contestar las dos preguntas siguientes :
   - ¿Cómo se nos presentan los dos protagonistas del texto?
   - Algunos detalles del texto nos dan una gran tristeza, otros repulsión. ¿Cuáles? ¿Qué medios usa el autor para infundirnos estos sentimientos?

DOCUMENT 3 : Séquence du film *Los Santos Inocentes*, Mario CAMUS

PLANO	IMAGEN	SONIDO	Duración
1 - general	Panorámica vertical ascendente que termina en plano fijo : Un árbol en cuya cima aletean pájaros. Al pie, un hombre.		7-8"
2 - americano	El señorito Iván fumando.	Desarma el balancín y baja, Azarías, a ver si mañana hay mejor suerte.	4"
3 - medio	Azarías desarmando el balancín en lo alto del árbol.		2-3"
4 - americano	El señorito Iván fumando. De pronto, coge su escopeta y apunta al suelo.	¡Qué hijos de la gran puta!	3"
5 - Primer plano	Dos descargas destrozan una planta silvestre.	*Dos disparos "en off"*.	1"
6 - de conjunto ; americano al final	El señorito Iván y Azarías se vienen acercando a la cámara por el camino. Azarías levanta la cabeza. El señorito Iván, quien va delante, vuelve la cabeza hacia Azarías. Luego levanta también la cabeza. Tiene la escopeta abierta en la mano derecha. Se prepara para cogerla con la mano izquierda.	¡Quiá! ¡Quiá!	10"
7 - de conjunto	Un pájaro volando por entre los árboles		2"
8 - medio corto	Los dos hombres. El señorito Iván, mirando al cielo, coge la escopeta con la mano izquierda. Azarías llama a la milana.	¡Quiá! ¡Quiá!	3"
9 - de conjunto	El pájaro volando	*Graznido.* *En off :* ¡Quiá! ¡Quiá!	3"
10 - Primer plano	El señorito Iván, mirando al cielo, apunta con un leve fruncido de nariz. En su rostro se lee la voluntad y el odio.		5"

11 - medio corto	Azarías, de frente. Se le llenan los ojos de pánico.	¡No tire, señorito! ¡Es la milana!	2"
12 - medio corto	El señorito Iván, de espaldas, apuntando.		1"
13 - medio corto	Azarías, de frente, deja sus bártulos y se precipita despavorido hacia su amo.	¡Por sus muertos, señorito, no tire!	2"
14 - Primer plano	De frente, el señorito Iván, apuntando. Dispara.	*Disparo.*	1"
15 - de conjunto	La milana cae al suelo.		1"
16 - medio corto	Azarías y el señorito Iván, de frente. El señorito Iván baja la escopeta.		1"
17 - medio corto	Los dos personajes de espaldas. Azarías echa a correr y desaparece de la imagen por la derecha.		1"
18 - Primer plano	El señorito Iván, de frente, mira, con una leve sonrisa de satisfacción.		2"
19 - de conjunto	Azarías, de espaldas, corre, se detiene, se agacha.	*Ruido de los pasos de Azarías.*	5-6"
20 - Primer plano ; medio corto al final	La milana en el suelo, inmóvil. La cogen unas manos. Panorámica ascendente. Azarías solloza, sentado, con la milana en manos.	*Suspiro o sollozo de Azarías.*	7"
21 - de conjunto	El señorito Iván, de espaldas, se dirige lentamente hacia Azarías, sentado en el suelo.	No te preocupes, Azarías, ...	4"
22 - Plano-secuencia	Los dos personajes, de frente. En el primer plano, Azarías, sentado cerca de una rama seca. El señorito Iván viene avanzando despacio, con la escopeta abierta sobre el brazo derecho. Panorámica hacia la izquierda por detrás de la rama seca en primer término. A la izquierda, el señorito Iván, de espaldas. A la derecha, sentado de espaldas, Azarías solloza. El señorito Iván se detiene, mira a Azarías. Luego reanuda la marcha hacia el fondo y se va alejando lentamente. En el primer plano, Azarías, sentado, solloza.	... yo te regalaré otra. - Entiéndeme. ¡Estaba quemado! ¡Toda la mañana sin estrenarme! - Se ha muerto. Se ha muerto la milana, ... señorito. - No te lo tomes así, Azarías. Carroña de ésa es lo que sobra aquí. *Sollozos de Azarías.*	30"

La séquence décrite ci-dessus correspond exactement à la scène du texte de Miguel Delibes étudié comme document n° 2 dans notre séquence pédagogique. La description que nous en faisons est approximative. La durée de chaque plan, notamment, n'est pas exacte puisque nous parvenons à une durée totale minimum de 1' 37", alors que la durée réelle de la séquence est de 1' 31".

L'adaptation cinématographique de la scène du roman est assez fidèle, y compris dans les dialogues. On remarquera quelques différences mineures : le "señorito Iván" se défoule en tirant deux coups de feu sur une plante sauvage ; la "milana" vole seule et assez bas, entre les arbres, et non, comme dans le roman, très haut et dans un vol serré ; la fin de la séquence emprunte la dernière réplique à un passage situé un peu plus avant dans le roman ; etc. Il existe toutefois, entre le film et le roman, une différence de taille : le film reste, du moins sur cette scène, très pudique, discret, beaucoup moins pathétique que le texte de Delibes. Ici, pas d'effets spéciaux générateurs de suspense, pas de très gros plans sanguinolents... Ce qui n'enlève rien à l'émotion. Mais celle-ci est discrète, contenue, même chez le personnage d'Azarías.

L'étude d'une séquence cinématographique est facilitée si la classe possède certaines connaissances techniques ainsi que le vocabulaire afférent. Il est inutile d'aller trop loin en surchargeant la mémoire des élèves de connaissances qui ne leur seront pas indispensables, mais, comme on a besoin de certains termes techniques de base pour expliquer un texte littéraire, le nom de certains plans, par exemple, pourra parfois être utile. Il n'entre pas dans notre propos de donner ici ce matériel de base, d'autant que le lexique seul, sans les connaissances techniques correspondantes, ne saurait être d'un grand secours. Les collègues intéressés et non formés trouveront facilement les informations qu'ils jugeront nécessaires.

1 - Étude du document

Nous proposons d'étudier ce document comme tout autre document, c'est-à-dire hors de son contexte, sans que la classe ait connaissance du film dans son ensemble. Cela permettra de concentrer l'attention des élèves sur la seule réalisation de la séquence, sans aucune considération extérieure. Car, on l'aura compris, étudiée juste après le texte de Delibes correspondant, la séquence cinématographique vaudra essentiellement par la comparaison qu'elle ne manquera pas de susciter, et qui sera facilitée si la classe a bien appris sa leçon. Il sera toujours possible, bien évidemment, de visionner l'ensemble du film par la suite, après la fin de la présente séquence pédagogique, par exemple, de l'étudier et d'orienter le cours dans une autre direction...

Pour étudier les détails de la séquence, il sera utile de disposer d'un magnétoscope offrant un bon arrêt sur image. Mais ce ne sera pas une panacée. On aura remarqué que, si certains plans sont relativement longs - le dernier, véritable plan-séquence, dure trente secondes - d'autres, en revanche, sont très courts. Et ce n'est certainement pas un hasard si ces plans courts se situent au milieu de la séquence, soit au moment précis où le drame se noue. Cela correspond au moment du texte de Delibes où les actions des différents personnages "se télescopent" au sein d'un même paragraphe. Nous avons parlé d'accélération de l'action, mais aussi d'effet de ralenti créateur de suspens. La comparaison entre les deux documents devrait, ici, s'avérer fructueuse... à condition que les élèves aient les moyens d'appréhender la variété et l'enchaînement des plans, ce qui est loin d'être facile lorsque l'on visionne normalement le film. On pourra analyser ce passage en procédant à un arrêt sur image à chaque plan de façon à permettre à la classe d'identifier chacun d'entre eux et d'en montrer l'intérêt et la fonction dans le récit cinématographique. On pourra aussi fournir à la classe un descriptif du document tel que celui que nous avons présenté ci-dessus. Cela permettrait, notamment, de travailler sur la durée et la situation des différents plans. Cela faciliterait aussi la compréhension des dialogues, difficiles à saisir si l'on travaille sur une version non sous-titrée. Nous optons pour cette solution dans le "scénario" de cours que nous imaginons ci-après. Mais la distribution de ce descriptif ne se fera qu'après les premières réactions des élèves, de façon à ce que ceux-ci réagissent d'abord au film lui-même.

Ce document correspondant exactement au texte étudié lors de la dernière heure, son étude, exceptionnellement, ne sera pas précédée de la traditionnelle leçon. La comparaison entre les deux documents, inévitable et qui constituera le but du cours, sera une excellente leçon, plus longue que d'habitude puisqu'elle se prolongera tout au long de l'heure.

On commencera par visionner l'ensemble de la séquence, sans interruption. Cela ne manquera pas de susciter des réactions. Après avoir reconnu la scène étudiée au cours de la dernière heure, peut-être la classe éprouvera-t-elle le besoin, ou l'envie, de la décrire en soulignant les ressemblances. Mais on en arrivera forcément très vite aux différences, qui devraient se situer, dans un premier temps, au niveau des simples faits relatés.

<u>Classe</u> : - Se trata de la escena que estudiamos la última vez.

- Lo que parece evidente, es que, en efecto, las escenas son muy parecidas. Al principio, Azarías está en lo alto del árbol manejando el balancín, y se ven, desde lejos, los palomos ciegos que aletean en **las ramas más altas** (réemploi document 1). El señorito Iván le pide **que desarme el balancín** (réemploi document 2). Y se van por el camino hasta que ...

- Incluso los diálogos me parecen muy parecidos a los del texto que estudiamos en la última clase.

- Yo he notado sin embargo algunas diferencias. Al principio, el señorito Iván **se pone furioso** (réemploi document 1). **Le da rabia** (réemploi document 1) haber esperado toda la mañana sin disparar un solo escopetazo. Por eso le dispara a bocajarro (a quemarropa) a una jara para **desahogarse** (réemploi document 1).

- También es diferente la aparición de la milana de Azarías. En el texto, volaba muy alto, **en un nutrido bando de grajetas** y **picaba en vertical** (réemploi document 2), lo cual era un incentivo (un aliciente) para el señorito Iván ; mientras que aquí, vuela sola por entre los árboles, y no muy alto.

- En el texto, Azarías se precipitaba hacia la milana **con la jaula de los palomos ciegos bamboleándose en su costado** (réemploi document 2), mientras que aquí deja caer al suelo **sus bártulos** (réemploi document 2) antes de echar a correr.

- También es algo diferente la secuencia en la presentación del final de la escena : ....

Les jeunes élèves de troisième, qui possèdent en général un sens aigu de l'observation, remarqueront sans nul doute d'autres détails différents, ce qui ne manquera pas de susciter d'assez nombreux réemplois récurrents du texte de Delibes. Après quoi, on procédera à un nouveau visionnement, non sans leur avoir demandé de remarquer, si possible, d'autres différences. Cela pourrait aboutir à ce qu'ils repèrent la pudeur de Mario Camus dans la présentation des personnages. S'ils ne le font pas spontanément, le professeur pourra orienter leur regard en procédant aux focalisations qui s'imposent.

<u>Classe</u> : - Es de notar que el personaje de Azarías es bastante diferente en la película de lo que es en el texto. En éste, parece mucho más bobo, degenerado.

Al ver a su milana, **se pone muy nervioso, emocionado** (réemploi document 1), **babea, pronuncia unas palabras ininteligibles y se le transfigura el rostro** (réemploi document 2). Aquí, se conforma con llamar a su pájaro, con una leve sonrisa...

- En lo que toca al señorito Iván, parece ser un poco lo mismo. No parece tan despreciativo como en el texto. Por ejemplo, al principio, no le trata a Azarías de zascandil, aunque está muy malhumorado por la mala caza de la mañana.

- Y al final, le dice a Azarías que le regalará otra milana, como en el texto, y dijimos que esta frase reflejaba su insensibilidad. Ésta es notable también en su última respuesta, después de la cual se aleja lentamente de Azarías, dejándolo solo con su grajeta muerta y su dolor... Pero en cambio, no se ríe de Azarías al ver su reacción frente a la muerte de su milana. Apenas si asoma una sonrisita de satisfacción en su rostro después de disparar. Y luego, incluso parece algo molesto, **como si le diera algo de pena ver** (réemploi document 1) las consecuencias de lo que ha hecho. En el texto también nos daba la misma impresión.

- Pocas veces nos infunde realmente repulsión o rencor el personaje del señorito Iván. Sólo al principio de la secuencia, cuando **se pone nervioso** (réemploi document 1) y le dispara a una jara ; y también justo antes de disparar, cuando **se le frunce la nariz** (réemploi document 1 et 2) en una señal de voluntad y odio...

L'expression "se le frunce la nariz" ne sera pas obtenue - si tant est qu'elle le soit - immédiatement. A la demande des élèves, le professeur sera peut-être amené à donner le verbe "fruncir" pour permettre l'expression de l'idée. Et l'on passera inévitablement par des étapes intermédiaires telles que "su nariz se frunce". On pourra alors faire améliorer l'expression en rappelant des formules des textes d'Isabel Allende et de Miguel Delibes telles que "se me acortó el vocabulario", "se me olvidaron las palabras", "se le crispó el rostro" ou "se le deformó la sonrisa" pour les faire appliquer ici...

<u>Professeur</u> : Recordad las expresiones que vimos en el primer texto sobre la caza. ¿Por qué se fue convirtiendo en un salvaje el narrador?

<u>Classe</u> : Porque **se le acortó el vocabulario y se le olvidaron las palabras**.

<u>Professeur</u> : Sí. Y no dijo que "se acortó su vocabulario", sino que "se <u>le</u> acortó <u>el</u> vocabulario". Podemos usar el mismo giro aquí...

<u>Classe</u> : **Al señorito Iván se le frunce la nariz.**

Le moment sera venu de distribuer à la classe le descriptif de la séquence et de l'inviter à analyser l'enchaînement et la durée des plans.

<u>Professeur</u> : En este cuadro, tenéis una descripción de toda la secuencia, plano por plano. A ver si esto os sugiere otros puntos de comparación posible con el texto de Delibes...

<u>Classe</u> : - Lo que se nota es que los planos son mucho más cortos en medio de la secuencia, es decir en el momento de la muerte de la milana. En ese momento varían muchísimo puesto que se enfoca sucesivamente a cada uno de los dos personajes, en planos diferentes, de frente o de espaldas, y al pájaro. Y duran apenas uno o dos segundos, cuando en el resto de la secuencia, al principio y al fin, son mucho más largos...

- A este desmenuzamiento corresponde un procedimiento semejante en el relato del texto. Notamos, al estudiarlo, que intervenían varios personajes en un mismo párrafo, mientras que en el resto del texto, el autor dedicaba un párrafo a cada personaje. Esto corresponde a la aceleración de la acción, que provoca las reacciones atropelladas de los personajes...

- Pero en el texto, también hablamos de un efecto de suspense debido a este desmenuzamiento. Es decir que se aplazaba el hecho decisivo y el relato se demoraba en todo lo que precedía. Aquí, en la película, no parece que haya nada parecido. El director hubiera podido usar (podía haber usado) la cámara lenta, por ejemplo, para obtener un efecto parecido...

- Parece como si el director se negara a emplear procedimientos demasiado vistosos. En el texto, notamos que menudeaban los detalles patéticos : el narrador nos enseñaba a la milana muriendo en una especie de "primer plano" algo ilógico por el alejamiento ; también al final usaba el mismo procedimiento para mostrarnos **la sangre escurriéndole entre los dedos a Azarías** (réemploi document 2)...

- Y también nos daba las razones por las que el señorito Iván no podía reportarse (réemploi document 2). Y al final, las sensaciones de Azarías sintiendo **los postreros y espaciados latidos del corazón** (réemploi document 2) de la milana agonizante resultaban también muy patéticos y conmovedores...

On pourra saisir l'occasion pour susciter une réflexion sur le pouvoir respectif de chacun des deux types de récit, ainsi que sur les moyens dont dispose le cinéaste pour transcrire certaines idées exprimées par écrit. Et l'on terminera en suscitant une synthèse sur la différence d'intention des deux auteurs, ou encore, tout simplement, en demandant aux élèves de désigner, des deux documents, celui qu'ils préfèrent et de justifier leur choix. Cela les amènera forcément à reprendre l'essentiel des idées et de la langue utilisées pendant le cours.

Professeur : Pero ¿podía el director de cine expresar todo eso?

Classe : Es muy difícil para un cineasta penetrar, como lo hace un narrador omnisciente, en la mente de sus personajes. El único recurso que tiene es hacerlos hablar, pero aquí no hubiera sido natural ; o utilizar el "flash-back", lo que tampoco era posible, debido a la rapidez de la acción.

Professeur : De modo que, si entiendo bien lo que hemos dicho, el director de cine no siempre podía expresar lo que expresó el novelista. Pero a veces podía haberlo hecho y no lo hizo. Esto corresponderá tal vez a una diferencia de intención, ¿no?

Classe : - El cineasta era impotente para expresar toda la subjetividad de sus personajes, como pudo hacerlo el novelista. Pero también vimos que podía haber insistido más en los detalles patéticos, enfocando la muerte de la milana en un primer plano, por ejemplo ; o mostrando la sangre del pájaro **escurriéndole entre las manos a Azarías** (réemploi document 2). También podía haber recalcado el desprecio del señorito Iván por Azarías, o el carácter degenerado, casi animal, de éste. En la secuencia, todo resulta, al fin y al cabo, más matizado, menos extremado y maniqueo. Incluso el dolor de Azarías, al final, parece más discreto.

- En resumidas cuentas, en los dos documentos pasa un drama, tan trágico en uno como en otro. Pero si el documento visual es impotente para expresar ciertos detalles del texto, parece que se desquita relatando de modo más sutil, menos contrastado. A lo mejor, sin el patetismo, el texto resultaría soso, mientras que la secuencia cinematográfica no lo es...

2 - Travail personnel

Ce cours ayant été préparé par l'étude du texte de Miguel Delibes, il sera peut-être inutile de faire noter quoi que ce soit sur le cahier d'espagnol des élèves. Cela pourra malgré tout s'avérer nécessaire. Au professeur de juger.

• Écrit

Un travail écrit ne s'impose pas ici a priori. On pourra toutefois en donner un pour faire approfondir un point linguistique travaillé durant le cours.

• **Leçon**

Tout le cours ayant porté sur la comparaison entre le récit écrit et le récit cinématographique, on imaginera un sujet de leçon allant dans le même sens. Celui-ci pourrait être le suivant :

- De los dos documentos que estudiamos en las últimas dos horas de clase, di cuál prefieres ; justifica tu elección apoyándote en las semejanzas y diferencias existentes entre ambos.

• **Travail exceptionnel de préparation**

Ce travail est destiné à préparer la classe à l'étude du texte suivant, en précisant des notions qui seront précieuses pour sa compréhension) :

- Rechercher dans un dictionnaire français le sens des mots "essentiel", "ironie" (ironique) et "sarcasme" (sarcastique).
- Dans un dictionnaire des noms propres, rechercher : Darwin (Charles).

DOCUMENT 4
No tienes más remedio

... A la hora de la cena, Mo anunció :
- Mañana vamos a ir de caza.
    La frase, expresada a media voz, tenía sin embargo una reciedumbre imperativa.
5   - ¿Quiénes? - preguntó Agua Fría.
- Nosotros. Tú y yo.
- ¿Yo? - se asombró la muchacha -. Desde luego que yo no voy a ir.
- Escucha, Agua Fría : va a empezar a nevar pronto y necesitamos provisiones para el invierno. Convendría ahumar algo de carne.
10 Mañana iremos a cazar.
- Pero, ¿por qué quieres que te acompañe?
- No quiero que me acompañes. Quiero que tú también caces.
    ¡Matar ella! Impensable, imposible. Las mujeres estaban congénitamente incapacitadas para ejercer la violencia. Su biología
15 las colocaba en un estado superior de la evolución espiritual. No se trataba de un impedimento físico : era una repugnancia heredada, esencial, definitiva. Un tabú inscrito en su memoria genética. Así como los peces no eran capaces de volar y los pájaros no podían sobrevivir bajo las aguas, así los varones permanecían atrapados por
20 el primitivo y atroz instinto de la violencia, mientras que las mujeres carecían de esas debilidades sanguinarias.
- Pero Mo, eso es imposible - explicó con paciencia Agua Fría -. No puedo hacerlo.
[...]
- Pero luego sí puedes comer la carne que otros cazan, ¿no es así?-
25 ¿Y qué tiene eso que ver?
- Mucho - respondió Mo -. Agua Fría, estamos hablando del invierno. de nuestro invierno. De las provisiones. Nuestras provisiones. Si quieres comer este invierno, tendrás que venir de caza.
- No puedo... - insistió la muchacha con angustia.
30 - Podrás.
- ¡Y además no quiero! - gritó, enfurecida.
- No tienes más remedio. Aquí, en Renacimiento, dependes de ti misma. Saber cazar o no puede suponerte en un momento dado la muerte o la vida. Tienes que venir conmigo.
35   Y Agua Fría se sintió perdida. La dura y calmosa voz de Mo no dejaba lugar para las negativas.

© Rosa MONTERO, *Temblor*, Novela, 1990

Par rapport aux trois documents qui le précèdent dans la séquence pédagogique, ce texte présente une conception totalement différente de la chasse. Celle-ci n'est plus -ou pas encore- un simple défoulement entaché de cruauté et de sadisme, mais reste une activité saine et indispensable à la survie des deux personnages. Ceux-ci figurent en outre un microcosme social qui n'est pas sans rappeler notre propre société : Agua Fría est conditionnée dans son rôle de femme par une éducation qui lui a inculqué des préjugés et des tabous la rendant inapte, de façon "congénitale et essentielle", à subvenir aux besoins de la communauté. C'est aussi cette éducation qui lui a donné une conscience aiguë de sa supériorité, laquelle est avant tout spirituelle ou intellectuelle : face à elle -et pour elle-, Mo, l'homme, est primaire parce que violent et sanguinaire. Son calme, sa détermination et la force de ses arguments viendront pourtant à bout de la résistance d'Agua Fría qui, bien que consciente de sa supériorité, reste soumise à l'homme. A travers l'ambiguïté de ces relations, se dessine peut-être l'opposition activités intellectuelles-activités manuelles, mais aussi les rapports hommes-femmes dans nos sociétés... On subodore la fable et son côté parabolique, qui invite ici le lecteur à une réflexion sur les notions d'égalité des sexes et de responsabilité.

Le document, glissant, n'offre pas toujours les prises souhaitées pour le commentaire. S'il ne présente pas de difficulté de compréhension majeure, son étude en classe de troisième n'en sera pas moins, de ce fait, relativement ardue. Elle ne sera possible, en tout état de cause, qu'après une préparation minutieuse au cours de laquelle on aura bien repéré tous les détails signifiants susceptibles d'éclairer le sens du passage. Il sera indispensable, notamment, de faire en sorte que la classe comprenne rapidement la situation des deux protagonistes, dont l'existence dépend des moyens de survie qu'ils se donnent. Parmi ceux-ci la chasse occupe une place de choix à l'entrée de l'hiver.

1 - Étude du texte

Le texte est narratif et devrait être facilement compris par une classe de troisième moyenne, mais l'omniprésence du dialogue peut être un obstacle à un abord audio-oral si on ne dispose pas d'un enregistrement à plusieurs voix. C'est la raison pour laquelle nous proposons une lecture magistrale initiale "à livres ouverts", les élèves ayant le texte sous les yeux. A la suite de cette lecture, on attendra de la classe qu'elle soit capable de présenter brièvement les deux personnages à travers la situation qui les oppose : la nécessité d'aller chasser et le refus d'Agua Fría de participer à une telle activité.

<u>Classe</u> : En el texto se oponen dos personajes : un hombre, Mo, quien expresa la necesidad de ir a cazar para tener provisiones para el invierno ; y Agua Fría, una mujer, quien se niega a acompañar a Mo.

Cette brève présentation semble tout à fait à la portée d'une classe de troisième, sans que le professeur intervienne. Au besoin, il fera préciser les raisons de la nécessité de la chasse, ce qui permettra de déterminer d'emblée, et avant d'aborder l'étude de détail, la situation et l'identité des personnages. Cette précision est importante dans la mesure où elle permettra à la classe de ne pas être en porte-à-faux par rapport à la société évoquée. Nous sommes loin du texte d'Isabel Allende, dans un milieu naturel, que les élèves qualifieront peut-être de primitif - si tel est le cas, la conclusion pourra être en partie consacrée à critiquer cette qualification en montrant que les réactions des protagonistes témoignent d'une civilisation certaine-, où la chasse est encore une nécessité, un moyen de survie.

<u>Professeur</u> : Esto nos permite situar la escena y comprender quiénes serán los dos protagonistas, ¿no?

<u>Classe</u> : - Si necesitan cazar para pasar el invierno, podemos pensar que no vivirán en una sociedad como la nuestra, sino en un país mucho menos desarrollado. A lo mejor serán dos indios de una tribu americana...

- Sus nombres parecen confirmar esta impresión, en particular el de la mujer, Agua Fría, que hace pensar en el nombre de una india.

Ces précisions une fois obtenues, la classe sera à même d'entrer de plain-pied dans le texte. On pourra alors passer à l'étude de détail. Pour cela, le professeur relira les huit premières lignes, qui posent déjà les bases de la situation : l'annonce de Mo, l'étonnement et le refus d'Agua Fría, la justification de la décision de Mo. Mais ce découpage du texte se justifie essentiellement par l'évolution du ton de Mo, sensible entre le "mañana <u>vamos</u> a ir de caza" initial, dont la calme fermeté est soulignée par la phrase narrative suivante, et le "mañana <u>iremos</u> a cazar" final. Cela peut être un détail signifiant sur lequel on focalisera l'attention de la classe, et qui pourra servir de point de départ pour faire expliquer l'attitude de chacun des deux personnages.

Au cours de la lecture, on traduira d'abord le titre (Tu n'as pas le choix) ; et on expliquera "reciedumbre" (= vigor, fuerza, firmeza), "ahumar" (= fumer ; de "humo" = fumée) ; et, éventuellement, "desde luego" (= évidemment), mais ce mot devrait être connu d'une classe de troisième.

Professeur : Fijaos : "- Mañana vamos a ir de caza". La frase, expresada a media voz, tenía sin embargo una reciedumbre imperativa". "¿Sin embargo...?"

Classe : - Al emplear "sin embargo", la autora subraya el tono de Mo, que parecía decidido (resuelto, tajante, ...), o imperativo como lo dice el texto, aunque habló **a media voz**.

- Si Mo habló **con una reciedumbre imperativa**, es porque sabía que tenían que **ir de caza**, necesitaban hacerlo porque ya venía el invierno, y **tenían que ahumar carne**, hacer provisiones...

- Y también conocía a Agua Fría y a lo mejor sabía que ella iba a negarse a acompañarle. Por eso habló así.

- Al hablar **con una reciedumbre imperativa, aunque a media voz,** Mo se nos presenta como un hombre calmoso, apacible (tranquilo, sereno), pero resuelto, responsable. No era **mandón** (réemploi document 1), pero sí sabía lo que quería...

Professeur : Sí. Y fijaos : al principio dijo : "<u>Mañana vamos a ir</u> de caza", y al fin : "Mañana <u>iremos</u> a cazar"...

Classe : Parece más seguro, tajante, decidido al final que al principio.

Professeur : En efecto. Y ¿cómo vamos a explicar este cambio de tono?

Classe : Es que Agua Fría se había negado a acompañarle y él tenía que convencerla. Como él era consciente de que necesitaban provisiones para el invierno, **no tenían más remedio que ir de caza.** De ahí ese tono perentorio, tajante aunque muy calmoso.

Professeur : Sí. Y fijaos precisamente en la actitud de Agua Fría : "¿Yo? - <u>se asombró</u> la muchacha -. <u>Desde luego</u> que yo no voy a ir."

Classe : Para Agua Fría parecía evidente que no iba a **ir de caza**. Por eso se asombró al oír a Mo decir que irían ella y él.

Cette attitude d'Agua Fría sera peut-être difficile à expliquer avant d'avoir étudié les lignes suivantes du texte. On pourra l'éluder provisoirement, et y revenir plus tard, lorsque la compréhension des élèves sera suffisamment affinée pour appréhender les raisons de l'évidence exprimée par "desde luego".

Après cette explication des premières lignes, le professeur relira de la ligne 11 ("- Pero, ¿por qué quieres...") à la ligne 23 ("... No puedo hacerlo"). Au fil de la lecture, il expliquera les mots "congénitamente" (= congénitalement ; on s'assurera que cet adverbe signifie quelque chose pour la classe en demandant de proposer une définition, ou un terme équivalent à "congénital" : inné, héréditaire, ...) ; "heredada" (= congénita ; puis on traduira : "heredar"

= hériter) ; "los varones" (= los hombres, de sexo masculino) ; "carecían de" (= no tenían) ; et, éventuellement, "las colocaba" (= las situaba).

Ce passage, composé de trois répliques de style direct et d'un paragraphe au style indirect libre, est très important car il éclaire le personnage d'Agua Fría d'un jour très intéressant tout en expliquant l'étonnement initial de la jeune fille et le "desde luego" de la ligne 7. On pourra tout d'abord attirer l'attention de la classe sur les deux premières répliques.

<u>Professeur</u> : "Pero, ¿por qué quieres que te acompañe?" Fijaos en esta pregunta de Agua Fría y en la respuesta que sigue de Mo. ¿Qué nos permite entender la pregunta de Agua Fría?

<u>Classe</u> : La pregunta de Agua Fría nos permite comprender que la muchacha no pensaba cazar, sino sólo acompañar a Mo. No había entendido lo que Mo quería que hiciera, es decir que cazara como él. En su opinión, Mo sólo quería que le acompañara a cazar.

L'analyse du paragraphe suivant permettra d'expliquer cette incompréhension et de mieux discerner les traits du personnage d'Agua Fría. Le professeur n'aura peut-être pas à intervenir pour lancer l'explication, car la stupéfaction de la jeune fille éclate dès le "¡Matar ella!" initial. Mais ses interventions seront sans doute inévitables en cours d'explication, pour induire les approfondissements nécessaires.

<u>Classe</u> : - Es que para ella **era impensable, imposible matar.**

 - Para Agua Fría, **era impensable matar** porque era una mujer, y las mujeres **estaban congénitamente incapacitadas para ejercer la violencia.**

Il faudra expliquer cette expression, ce que l'on fera en invitant la classe à lire le reste du paragraphe.

<u>Professeur</u> : ¿"Congénitamente incapacitadas"? ¿Es decir...?

<u>Classe</u> : Es decir que las mujeres, por ser mujeres, no podían matar, así como los peces **no eran capaces de volar** ni los pájaros de sobrevivir bajo las aguas.

<u>Professeur</u> : Sería, pues, porque eran más débiles física y mentalmente que los hombres...

Question-provocation du professeur, qui s'oppose au sens du texte et invite à la réaction les élèves ayant saisi, en partie ou en totalité, le message du paragraphe. S'il n'obtient aucune réaction, le professeur invitera la classe à scruter plus attentivement le texte, en focalisant au besoin son attention sur la phrase :

"No se trataba de un impedimento físico...".

Classe : No, puesto que el texto afirma que **"no se trataba de un impedimento físico"**...

Professeur : Y añade : "era una repugnancia heredada, esencial, definitiva. Un tabú inscrito en su memoria genética"...

Classe : Esta frase aclara bien **el tipo de impedimento de que se trataba.** Era un impedimento psicológico ya que el texto habla de "repugnancia" y de "tabú" : es decir que congénitamente, a las mujeres les repugnaba ejercer la violencia, y su condición de mujer les impedía, les prohibía matar.

Il sera sans doute possible, du moins avec une classe de troisième moyenne, de faire découvrir qu'une répugnance collective ne peut guère être "congénitale", et l'on en tirera les conclusions qui s'imposent. Sans doute sera-t-il nécessaire de passer par une étape intermédiaire d'explication des adjectifs "esencial" et "definitiva". Employé ici avec son sens premier, l'adjectif "esencial" serait difficile à comprendre en classe de troisième sans le travail de préparation prévu et donné en prévision de l'étude de ce texte (cf. travail personnel p. 230).

Professeur : Sí. Y esa repugnancia, Agua Fría la califica de "heredada, esencial, definitiva". ¿Comprendéis todos lo que quiere decir?

Classe : - Quiere decir que una mujer, por ser mujer, tiene forzosamente, necesariamente, esa repugnancia, que la constituye, forma parte de su ser.

- Y el adjetivo "definitiva" significa que este estado de cosas no puede cambiar porque esa repugnancia es esencial. Para Agua Fría, la mujer era así y sería siempre así.

Professeur : ¿Os parece posible que tal repugnancia sea "congénita", "heredada, esencial, definitiva"?

Classe : - No, se trataba, desde luego, de una repugnancia debida a la educación de la muchacha. Y a ella le parecía esencial y definitiva porque todas las mujeres recibían la misma educación, y por lo tanto eran todas iguales frente al problema.

- Pasa lo mismo en nuestras sociedades y civilizaciones. Las mujeres reciben una educación diferente de la de los hombres...

- Y la educación que reciben las mujeres en nuestra civilización se parece algo a la de Agua Fría : a ellas tampoco se las educa para ejercer la violencia. Son los hombres los que van a la guerra...

Il restera à faire découvrir le sentiment de supériorité généré par cette différence. Le professeur opérera donc un retour au document, en focalisant l'attention de la classe sur les deux phrases qui expriment cette idée.

<u>Professeur</u> : Desde luego. Y fijaos en cómo se consideraba Agua Fría a raíz de esta diferencia : "Su biología las colocaba en un estado superior de la evolución espiritual". Y más adelante dice el texto : "... los varones permanecían atrapados por el primitivo y atroz instinto de la violencia, mientras que las mujeres carecían de esas debilidades sanguinarias".

Cette focalisation ne manquera pas d'induire des réactions. Au besoin, on opérera des focalisations intermédiaires plus précises, sur "estado superior de la evolución espiritual", que l'on rapprochera de "permanecían atrapados" ; ou encore sur des expressions telles que "primitivo y atroz instinto", "debilidades sanguinarias".

<u>Classe</u> : - Esta diferencia "esencial" había generado en Agua Fría un sentimiento de superioridad. Para ella las mujeres eran superiores a los hombres, y lo afirma el texto al decir que "su biología las colocaba en un estado superior de la evolución espiritual" y que "las mujeres carecían de esas debilidades sanguinarias".

- La primera de estas dos frases quiere decir en efecto que para la muchacha las mujeres estaban más evolucionadas espiritualmente que los hombres ; y precisa su concepción al decir que "los varones permanecían atrapados por el primitivo y atroz instinto de la violencia..."

- En esta frase el verbo "permanecer" se opone, me parece, a la "evolución espiritual" que habían sufrido las mujeres. A la evolución del espíritu femenino se opone, en la opinión de Agua Fría, el estancamiento del masculino, visto todo ello en una perspectiva darwiniana, de la evolución de la especie humana...

- Este estancamiento viene reflejado por la palabra "instinto", que empleó Agua Fría contraponiéndolo al "espíritu" femenino ; así como por el participio "atrapado", que expresa la falta de libertad y el estancamiento del hombre, visto así como una víctima...

- Y frente a la triste condición del hombre, Agua Fría experimentaba un sentimiento de desprecio, reflejado en el adjetivo "primitivo" que califica la palabra "instinto". Incluso **le daba cierta repulsión y asco** (réemploi document 1) ese "instinto", como lo muestra el adjetivo "atroz".

Répétons-le : ces idées seront sans doute exprimées de façon plus hésitante et maladroite, elles s'enchaîneront moins naturellement, la "perspective darwinienne" ne sera obtenue que si on a pris soin d'exiger le travail de préparation envisagé à la fin de l'étude du document précédent ; et surtout, on n'obtiendra pas tout cela sans quelques focalisations que le professeur opérera sur les nombreux détails signifiants de cette fin de paragraphe. Il devrait être facile d'amener la classe à une vision claire des conceptions d'Agua Fría.

Ce passage étant très important et relativement compliqué, on pourra procéder à une conclusion partielle, en demandant à un ou plusieurs élèves de résumer l'essentiel. On pourra, pour ce faire, utiliser la réplique finale d'Agua Fría (ligne 22 : "Pero Mo, eso es imposible..."). Après quoi, on saisira l'occasion pour revenir en arrière et faire expliquer, à la lumière de la compréhension de ce passage, les raisons de l'étonnement initial d'Agua Fría et le "desde luego" de la ligne 7.

Professeur : Así que comprendemos bien, ahora, por qué Agua Fría concluyó diciendo : "Pero Mo, eso es imposible"...

Classe : - Para Agua Fría **era imposible que una mujer ejerciera la violencia** porque las mujeres **estaban incapacitadas congénitamente para matar**. Para ella las mujeres estaban más liberadas porque más evolucionadas espiritualmente que los hombres, los cuales, como unas fieras, obedecían a un instinto primitivo que los llevaba a matar. Por eso Agua Fría se sentía superior, experimentaba cierto desprecio por los hombres e incluso **le daba asco y repulsión el comportamiento masculino** (réemploi document 1).

Professeur : Esto aclara las reacciones iniciales de Agua Fría al principio del texto, me parece, ¿no? Recordad lo que hemos dicho...

Si on n'a pas abordé les réactions d'Agua Fría lors de l'explication des premières lignes du texte -ce qui est fort possible étant donné que ces réactions ne s'éclairent qu'après la lecture du passage au discours indirect libre- on procédera à une simple focalisation sur "se asombró" et "desde luego" (ligne 7).

Professeur : Me parece que todo lo que acabamos de decir aclara las reacciones de Agua Fría al principio del texto, ¿no? Fijaos en la línea 6 : "¿Yo? - se asombró la muchacha -. Desde luego que yo no voy a ir."

Classe : Desde luego. Primero Agua Fría **se asombró** cuando Mo le anunció que al día siguiente **irían de caza** porque para ella era evidente que una mujer, ser superior, no podía rebajarse, como los hombres, a la debilidad de matar animales. Esta evidencia, la expresó en el "desde luego" que encabeza su negativa.

On passera ensuite au fragment suivant, en relisant de la ligne 24 ("Pero Mo, eso es imposible...") à la ligne 28 incluse ("... tendrás que venir de caza."). Ce passage ne contient aucun terme susceptible de poser à la classe des problèmes de compréhension. En revanche, au cours de la lecture, le professeur soulignera les possessifs "nuestro" et "nuestras", évidemment très signifiants ici. La première focalisation pourra se faire sur la fin de la première réplique d'Agua Fría et la réplique suivante de Mo, laquelle, en reprenant à la forme positive le verbe "poder" employé par la jeune fille à la forme négative, est chargée d'un léger sarcasme que la classe pourra déceler. Pour fixer l'attention sur les éléments signifiants, le professeur pourra relire l'ensemble, puis reprendre seulement, dans un deuxième temps, les deux emplois successifs du verbe "poder". Cela devrait suffire à provoquer les réactions de la classe. Sinon, il sera toujours possible de poser une question plus précise sur le ton de la réplique de Mo.

<u>Professeur</u> : "- ... No puedo hacerlo. - Pero luego sí puedes comer la carne que otros cazan, ¿no es así?" Fijaos : "- ... <u>No puedo</u> hacerlo. - Pero <u>sí puedes</u> comer..."

<u>Classe</u> : Parece que hay algo de sarcasmo en la respuesta de Mo, en la que se opone "puedes comer", reforzado por el "pero sí" inicial, al "no puedo hacerlo" de Agua Fría. Como si Mo quisiera darle a entender a su amiga que, aunque se negaba a participar en las tareas que abastecían a la comunidad, dejándoselas a los "otros", se aprovechaba de ellas comiendo. En esta respuesta, Mo **se puso algo hiriente** (réemploi document 1), sarcástico, **le daba algo de rabia** (réemploi document 1) el comportamiento de Agua Fría, a quien daba a entender, de forma alusiva, que se portaba como un parásito, un zángano.

<u>Professeur</u> : Sí. Y añadió : "Agua Fría, estamos hablando <u>del</u> invierno, de <u>nuestro</u> invierno. De <u>las</u> provisiones. <u>Nuestras</u> provisiones."

<u>Classe</u> : - Repitiendo el posesivo "nuestro" y contraponiéndolo al artículo "el", "las", Mo quería dar a entender a Agua Fría que los dos estaban metidos de igual manera en la misma situación, a la que tenían que hacer frente juntos por medio de las provisiones, que les concernían tanto a ella como a él.

- En el posesivo "nuestro" están unidos los dos protagonistas, y Mo quería que Agua Fría comprendiera que esta unión en la misma situación (<u>su</u> invierno) conllevaba una unión, una participación de ambos en las obligaciones, es decir las tareas que ésta implicaba. Como lo dijo al final : si quería comer, **tendría que venir de caza**, aunque se creyera incapacitada para ello.

- Se puede pensar que Mo quería que Agua Fría se percatara (tomara conciencia) de que cada miembro de una comunidad, es decir de una sociedad, tiene que participar activamente en las tareas que le imponen las circunstancias. En una comunidad no puede haber zánganos. Cada cual tiene que ser útil cumpliendo con su deber o desempeñando una función útil para todos.

La compréhension du passage suscitera peut-être d'autres idées, d'autres réactions. Puis on passera à la fin du texte, que l'on relira.

L'intérêt de ces dernières lignes réside dans l'attitude d'Agua Fría, qui va de l'angoisse ("con angustia") à une sorte de désespoir résigné ("se sintió perdida"), en passant par la fureur ("enfurecida") ; mais surtout dans les calmes explications de Mo, qui permettront de comprendre définitivement sa ferme volonté de voir Agua Fría participer à la chasse, et de donner au texte toute sa portée.

On pourra donc partir de l'évolution de l'attitude d'Agua Fría.

<u>Professeur</u> : "No puedo... - insistió la muchacha <u>con angustia</u>". Y luego : "¡Y además no quiero! - gritó <u>enfurecida</u>"... "Con angustia... enfurecida"...

<u>Classe</u> : - Primero Agua Fría se **puso angustiada** (réemploi document 1), y luego furiosa, al comprobar la firmeza de Mo, que resalta en el carácter perentorio de la frase : "Si quieres comer este invierno, tendrás que venir de caza" ; así como en la brevedad del futuro "podrás", que se opone al "no puedo" de la muchacha.

- Estos sentimientos también se explican por la influencia de las concepciones de Agua Fría, es decir la impregnación de toda una educación, que las exigencias de Mo la obligaban a abandonar de pronto. Hemos dicho que para ella, las mujeres **estaban congénitamente incapacitadas para ejercer la violencia**. También hemos hablado **del asco y de la repulsión que le daba matar** (réemploi document 1). Así que su resistencia, su negativa y la violencia de estos sentimientos se explican sin duda por la brusquedad de las exigencias de su compañero, las cuales acababan con una forma de ser que resultaba mucho menos "esencial y definitiva" de lo que creía Agua Fría...

<u>Professeur</u> : Por eso, quizás, escribe Rosa Montero : "Y Agua Fría se sintió perdida"...

Cette focalisation-retour au texte a pour but de faire creuser le sens et la portée du participe "perdida" qui, au-delà de la simple résignation ou du désespoir, exprime littéralement une perte : perte de soi, c'est-à-dire d'une manière d'être. Il faudra amener la classe à réfléchir sur la valeur et le sens du pronom réfléchi "se", déterminé par le participe. Ce sera sans doute difficile avec certaines classes qui auront du mal à dépasser le premier niveau d'interprétation, mais le professeur sera là pour apporter les éléments nécessaires à un approfon-

dissement. Quelques questions fermées seront peut-être indispensables pour guider l'analyse de l'expression et mettre l'explication sur la bonne voie.

Classe : La palabra "perdida" traduce todo el desamparo y la resignación de Agua Fría frente a la inquebrantable firmeza de Mo. Y este último sentimiento viene a confirmar lo que acabamos de decir, pero también la derrota de la muchacha.

Professeur : Sí. Pero si tomamos el participio "perdida" en su sentido propio, me parece que la frase cobra un alcance muy interesante. Fijaos : "Se sintió perdida"... Según esta frase, ¿qué había perdido Agua Fría?

Classe : - Se había perdido a sí misma, es decir su ser tal como lo veía antes, **"congénitamente incapacitado para ejercer la violencia"**...

- Y la conciencia de esta pérdida era al mismo tiempo la de su derrota. Todo esto explica la desesperación de la joven, expresada también por el participio "perdida".

Professeur : Desde luego. Y comprendemos el "No tienes más remedio" de Mo...

Classe : - Esta expresión de Mo resume bien la situación en la que se encontraba Agua Fría. Para ella, no había alternativa. **No tenía más remedio que ir de caza** con Mo porque tenía que participar en las tareas comunitarias...

- Y también podemos añadir las razones que expresó Mo entre las dos frases perentorias "No tienes más remedio" y "Tienes que venir conmigo" : Agua Fría **dependía de sí misma,** y **saber cazar o no podía suponerle en un momento dado la muerte o la vida.**

Ces expressions, très importantes car elles contiennent en germe toute la portée du texte, seront à faire expliciter. Cela ne sera peut-être pas facile dans certaines classes de troisième. Il faudra donc procéder à une "maïeutique" précise qui, sans doute, impliquera encore quelques questions fermées de manière à encadrer le raisonnement.

Professeur : Mo le dijo que dependía de sí misma. ¿Es decir...? Si se negaba a cazar, ¿dependía de sí misma?

Classe : No, desde luego. Si se negaba a **ir de caza**, dependía de los demás, de Mo en particular. Era dependiente. Mientras que si **iba de caza** con Mo para aprender a cazar, era independiente porque participaba en la satisfacción de las necesidades comunes, es decir que no debía nada a los demás, y además podía satisfacer sola sus propias necesidades vitales. Esto fue lo que quiso decirle Mo al declarar que **saber cazar o no podía suponerle en un momento dado la vida o la muerte.**

A partir de là, il sera sans doute possible de faire découvrir à la classe le caractère parabolique du texte, en l'invitant à extrapoler et à découvrir les parallélismes et ressemblances entre cette scène et des situations susceptibles de se présenter dans nos sociétés.

Professeur : Así que comprendemos el empeño y la firmeza, la reciedumbre de Mo. Le estaba dando una lección importante a Agua Fría, ¿no?

Classe : - Al decir que Agua Fría **dependía de sí misma,** Mo quería dar a entender a la joven que no tenía que fiarse de los demás, sino asumir su propia existencia, de manera responsable. Al fin y al cabo, era una lección de libertad en la independencia y la responsabilidad lo que le daba Mo. Y esa libertad, así como su independencia y responsabilidad, estaban en la participación en la satisfacción de las necesidades sociales.

- Pero **ir de caza** suponía, para una mujer, romper con toda su educación y todo su pasado. De ahí la fuerza de la negativa de Agua Fría, su angustia, su furor y su desamparo final, sentimientos que hacían de ella un ser sumiso a la calmosa fuerza del "ser inferior", de "primitivo y atroz instinto", que era Mo.

Professeur : Así que en el texto Mo no resulta tan inferior como lo presenta Agua Fría...

Classe : No, e incluso se le impuso a Agua Fría por la fuerza de sus argumentos, su tono calmoso, apacible, su inquebrantable firmeza. Y triunfó al final. Al contrario, **a Agua Fría le daba rabia** (réemploi document 1) tener que obedecerle, **se puso furiosa** (réemploi document 1) al final, lo cual es una prueba de impotencia y debilidad.

Professeur : ¿No os parece que la situación descrita puede encontrarse en la realidad, y que a lo mejor Rosa Montero ha querido, ella también, entregarnos un mensaje?

Classe : - Yo creo que el mensaje del texto es el que da Mo a Agua Fría, es decir el de la libertad en la independencia, el trabajo, la responsabilidad y la utilidad social...

- A mí Agua Fría me hace pensar un poco en una niña, que se cree superior y no lo es en realidad, y que pasa de la adolescencia a la edad adulta, en que tendrá que asumir su existencia...

- Lo que a mí me llama la atención es la oposición entre hombre y mujer, y entre su respectiva educación. Hace poco tiempo que la mujer tiene una actividad profesional en nuestras sociedades, y es cierto que, teniéndola, ha adquirido libertad, independencia e igualdad, lo cual es el mensaje de Mo a

Agua Fría... Pero para lograrlo, también ha tenido que romper, a veces dolorosamente, con su educación tradicional...

- Para mí el mensaje del texto es un mensaje de igualdad : Todos, hombres y mujeres, somos iguales frente a las necesidades sociales, las cuales imponen tareas y obligaciones que **no tenemos más remedio que cumplir**. Frente a ellas, no valen las repugnancias ni los complejos y tabúes (tabús) que siempre hemos considerado como "esenciales y definitivos" pero que resultan ser frutos de una educación. Pero nos resistimos a romper con ellos y **no acertamos a hacerlo** (réemploi document 2) solos. Para quitárnoslos de encima, necesitamos otra educación que nos abra los ojos mostrándonos la necesidad de hacerlo y los beneficios que podemos sacar de ello. Este papel de educador lo desempeña Mo en el texto...

2 - Travail personnel

- **Écrit**

Après avoir relu attentivement le texte et en avoir mémorisé la langue, compléter les phrases suivantes en essayant de rappeler l'essentiel des idées :

- Mo quería que.....

- Aunque....., Agua Fría no tenía más remedio que.... porque.....

- **Oral**

Sabrás contar la escena relatada por el texto y explicar por qué, al final, Agua Fría se sintió perdida.

Ce travail se situe dans le prolongement direct du cours. L'exercice écrit permettra aux élèves de rappeler l'essentiel des idées tout en travaillant quelques points linguistiques abordés durant le commentaire. Quant à la préparation de la leçon, l'explication de la phrase "Agua Fría se sintió perdida" implique le recours aux conceptions de la jeune fille et à son évolution sous la pression des arguments de Mo : c'est encore là l'essentiel des idées du texte.

Document 5

Ce dessin, qui présente une caricature mordante de la chasse et des chasseurs, devrait permettre de réemployer assez facilement la langue des documents qui le précèdent dans la séquence pédagogique.

Le problème posé par le dessinateur dépasse de beaucoup la simple anecdote, mais la situation est claire, le nombre de personnages réduit et le dessin très dépouillé. Cela en facilitera l'étude. C'est pourquoi il nous semblerait judicieux de l'inclure dans un devoir de synthèse sur le thème de la chasse, dont il pourrait constituer la dernière partie.

Dans ce devoir, d'une durée d'une heure, l'étude du dessin de Ballesta sera guidée par deux questions de difficulté progressive qui permettront de le décrire et d'en analyser le sens et la portée. Elle sera précédée d'autres questions sur les documents étudiés auparavant dans la séquence pédagogique. Celles-ci seront de nature diverse : certaines seront des exercices grammaticaux ; d'autres impliqueront de la rédaction, mais sur des documents déjà étudiés et des idées déjà exprimées.

Cette conception d'un devoir de synthèse répond à plusieurs objectifs :

- Les questions sur les documents étudiés doivent permettre aux élèves les moins imaginatifs, mais travailleurs, de tirer leur épingle du jeu en restituant, de façon ordonnée, des idées non originales à l'aide d'un matériel linguistique mémorisé. C'est une façon de ne pas décourager en récompensant le travail fourni ; c'est aussi une façon d'encourager le travail régulier, ainsi que les révisions, dont l'importance dans la mémorisation de la langue n'est pas à démontrer. Car, évidemment, ce devoir ne serait pas donné à l'improviste. La classe serait prévenue plusieurs jours à l'avance.

- Le travail sur le dessin de Ballesta requiert d'autres qualités : un sens de l'observation, davantage de créativité et la faculté de réemployer une langue en l'appliquant à un sujet différent. La première question invitera à l'observation et à la description. Elle sera donc, du moins en partie, à la portée du public visé dans la première série de questions. La deuxième sera davantage une question de réflexion et de synthèse, destinée à pousser les meilleurs éléments de la classe dans leurs derniers retranchements.

Juan BALLESTA, *Cambio16* n° 822, 31 août 1987

L'allure et le comportement des chasseurs figurant sur le dessin font inévitablement penser à des soldats et à une scène de guerre : ils en portent l'uniforme, la tenue de camouflage ainsi que les chaussures ("rangers") ; ils en ont les attitudes et les mots... S'ils le remarquent, les meilleurs élèves pourront peut-être discerner les comportements visés par les traits acérés du dessinateur : le chasseur matamore jouant à la "gué-guerre", la chasse comme exutoire aux frustrations dans l'affirmation ostentatoire de la virilité... On n'en demandera pas forcément autant à des élèves de troisième, mais peut-être sera-t-il possible de faire germer ces idées lors de la correction du devoir, au cours de laquelle on pourra se livrer à une analyse du document semblable à celle que l'on fait durant un cours "normal"... En prenant garde de ne pas froisser de susceptibilités : certains élèves peuvent avoir un père chasseur, ou l'être eux-mêmes...

Une telle analyse ne sera possible, en tout état de cause, que si la classe dispose du matériel linguistique nécessaire, soit, en l'occurrence, un certain lexique relatif à la vie militaire : des termes tels que *soldado, uniforme, traje de camuflaje, botas de militar, fusil* seraient ici précieux. Les donner aux élèves serait orienter l'analyse. C'est pourquoi il serait souhaitable que la classe en dispose déjà, c'est-à-dire que l'on ait trouvé ces termes lors de l'étude de documents antérieurs.

D'autres termes indispensables à l'analyse et au commentaire seront, en revanche, fournis avec le dessin : *la madriguera* (le terrier) ; *la cartuchera, la canana* (la cartouchière) ; *el cartucho* (la cartouche) ; *el puñal* (le poignard) ; *de bruces* (à plat ventre). Cela devrait suffire, les autres termes indispensables (*la escopeta, el morral, el conejo, apuntar, disparar, el acecho,* etc.) ayant été rencontrés dans les documents étudiés.

Sujet du devoir

1 - Completa las frases siguientes (2 pts.) :

- Aunque......, el señorito Iván......

- Mo quería que..... porque para él, ...

2 - "Me fui convirtiendo en un salvaje", afirma el narrador del texto de Isabel Allende. Explica por qué en un texto de unas 10 líneas. (3 pts.)

3 - "<u>Me fui convirtiendo</u> en un salvaje".

Transforme la phrase suivante en utilisant cette même tournure : A Azarías <u>se le crispó</u> el rostro, <u>se le deformó</u> la sonrisa, <u>se le llenaron</u> los ojos de pánico. (2 pts.)

4 - Describe y comenta el dibujo contestando las dos preguntas siguientes :

a) Describe el documento y muestra lo ridículos que son los personajes representados. (5 pts.)

b) Hemos estudiado varios documentos sobre la caza :

- un texto de Isabel Allende
- un texto de Miguel Delibes, <u>Se ha muerto la milana...</u>
- una secuencia cinematográfica
- un texto de Rosa Montero, <u>No tienes más remedio</u>

Todos estos documentos nos presentaban diferentes visiones de la caza. A tu parecer, ¿se parece la de los cazadores del dibujo a una de esas visiones? ¿A cuál se parece más? Justifica tu opinión comparando, es decir mostrando en qué son parecidas las dos visiones y en qué son diferentes. (8 pts.)

Lors de la correction du devoir, une grande partie de l'heure sera consacrée à la description et au commentaire du dessin de Ballesta. On procédera comme d'habitude. Ce sera pour les élèves une bonne occasion de pratiquer de nombreux réemplois récurrents, et pour le professeur de parfaire la formation de sa classe en montrant clairement ce qu'il attendait d'elle : des idées intéressantes, si possible originales, une analyse approfondie, mais surtout une expression élégante grâce au réemploi du vocabulaire et de nombreuses expressions que l'on avait rencontrées dans les documents étudiés auparavant.

DOCUMENT ANNEXE

Francisco de GOYA, *Partida de caza*. Droits réservés, © Museo del Prado, Madrid, 1996

Troisième séquence pédagogique
classe de première ou terminale

Salvajismo y palabra

DOCUMENT 1 : **Texte d'Isabel ALLENDE, *La casa de los espíritus***

DOCUMENT 2 : Texte *Apoderarse de las palabras* - Isabel ALLENDE

DOCUMENT 3 : Dessin de QUINO

DOCUMENT ANNEXE : Article de ***El País***, *Edición internacional*

Cette troisième séquence ne donnera pas lieu à des simulations de cours telles que celles que nous avons faites jusqu'à présent. Nous nous contenterons de reproduire les documents en les assortissant de brefs commentaires.

Le texte d'Isabel Allende figurant comme document 1, a été étudié dans notre première séquence pédagogique. Nous ne l'étudierions pas différemment ici

1. Belisa Crepusculario había nacido en una familia tan mísera, que **ni siquiera poseía** nombres para llamar a sus hijos. 2. **Vino al mundo y creció en la región más inhóspita,** donde algunos años las lluvias se convierten en avalanchas de agua que se llevan todo, y en otros no cae ni una gota del cielo, el sol se agranda hasta ocupar el horizonte entero y **el mundo se convierte** en un desierto. Hasta que cumplió doce años no tuvo otra ocupación ni virtud que sobrevivir al hambre y la fatiga de siglos. Durante una interminable sequía **le tocó enterrar a cuatro hermanos menores** y cuando comprendió que llegaba su turno, decidió echar a andar por las llanuras en dirección al mar, a ver si en el viaje lograba burlar a la muerte. 3. La tierra estaba erosionada, partida en profundas grietas, sembrada de piedras, fósiles de árboles y de arbustos espinudos, esqueletos de animales blanqueados por el calor. De vez en cuando tropezaba con familias que, como ella, iban hacia el sur siguiendo el espejismo del agua. Algunos habían iniciado la marcha llevando sus pertenencias al hombro o en carretillas, pero apenas podían mover sus propios huesos y a poco andar debían abandonar sus cosas. Se arrastraban penosamente, **con la piel convertida en cuero de lagarto** y los ojos quemados por la reverberación de la luz. Belisa los saludaba con un gesto al pasar, pero no se detenía, porque **no podía gastar sus fuerzas en** ejercicios de compasión. Muchos cayeron por el camino, pero ella era tan tozuda que **consiguió atravesar** el infierno y arribó por fin a los primeros manantiales, finos hilos de agua, casi invisibles, que alimentaban una vegetación raquítica, y que más adelante se convertían en riachuelos y esteros.

4. Belisa Crepusculario salvó la vida y además descubrió por casualidad la escritura. Al llegar a una aldea en las proximidades de la costa, el viento colocó a sus pies una hoja de periódico. Ella tomó aquel papel amarillo y quebradizo y estuvo largo rato observándolo sin adivinar su uso, hasta que la curiosidad pudo más que su timidez. Se acercó a un hombre que lavaba un caballo en el mismo charco turbio donde ella saciara su sed.

- ¿Qué es esto? - preguntó.

      - La página deportiva del periódico - replicó el hombre sin **dar muestras de asombro** ante su ignorancia.

40   **La respuesta dejó atónita a la muchacha**, pero **no quiso parecer descarada y se limitó** a inquirir el significado de las patitas de mosca dibujadas sobre el papel.

      - Son palabras, niña. Allí dice que Fulgencio Barba noqueó al Negro Tiznao en el tercer round.

45   **5.** Ese día Belisa Crepusculario se enteró que <u>**las palabras andan sueltas** sin dueño</u> y cualquiera <u>con un poco de maña</u> puede apoderárselas para <u>comerciar</u> con ellas. Consideró su situación y concluyó que aparte de prostituirse o emplearse como sirvienta en las cocinas de los ricos, eran pocas las ocu-

50 paciones que podía desempeñar. <u>Vender palabras</u> le pareció una alternativa <u>decente</u>. A partir de ese momento ejerció esa profesión y nunca le interesó otra. Al principio ofrecía <u>su mercancía</u> sin sospechar que <u>**las palabras podían también escribirse fuera de los periódicos**</u>. **6.** Cuando lo supo <u>calculó las infinitas

55 proyecciones de su negocio</u>, con sus ahorros le pagó veinte pesos a un cura para que le enseñara a leer y escribir y con los tres que le sobraron se compró un diccionario. Lo revisó desde la A hasta la Z y luego lo lanzó al mar, porque **no era su intención** <u>estafar a los clientes</u> con <u>palabras envasadas</u>.

Isabel ALLENDE
*Cuentos
de Eva Luna*
Plaza & Janés
Barcelone, 1989

Dans le texte ci-dessus,

– sont soulignés les mots et expressions signifiants et pouvant donner prise à l'explication et/ou au commentaire. C'est sur ces détails que pourraient porter les focalisations ;

– sont écrits en caractères gras les mots ou expressions susceptibles d'être facilement réemployés ;

– sont numérotés de 1 à 6 les fragments de l'explication-commentaire.

Ce texte pourrait être étudié en deux heures de cours, la première étant consacrée à l'explication des trois premiers fragment qui forment une unité de sens, et la deuxième à la fin du document. On pourra, éventuellement, le distribuer également en deux fois, ce qui permettrait de ne pas en déflorer la deuxième partie lors du premier cours. Dans ce cas, la première partie pourrait être intitulée *Atravesando el infierno* ; et la deuxième pourrait conserver le titre que nous avons donné à l'ensemble du texte.

L'exploitation du premier fragment pourrait s'appuyer sur *ni siquiera poseía* pour faire ressortir l'extrême dénuement, matériel et intellectuel -les "noms" renvoient aux mots- de la famille de Belisa, dénuement qui va de pair avec la fécondité et le nombre d'enfants... Cette interprétation est confirmée par la suite du texte (*... le tocó enterrar a cuatro hermanos menores...* - lignes 9-10). Le réemploi immédiat de *ni siquiera* présenterait en outre l'avantage de faire mémoriser une locution importante, toujours signifiante et qui fait néanmoins partie -curieusement et anormalement- de ces nombreux adverbes dont le sens est ignoré ou mal connu au niveau du baccalauréat.

Outre l'explication de *la región más inhóspita* par le caractère extrême des manifestations climatiques ; de *el mundo se convierte en un desierto,* qui s'oppose en un saisissant contraste à *el sol se agranda hasta ocupar el horizonte entero,* réduisant l'univers au petit monde privé et traduisant ainsi le repli des protagonistes sur leurs soucis obsessionnels -idée corroborée par *no tuvo ocupación ni virtud...-* ; et de *le tocó enterrar a cuatro hermanos menores,* que l'on pourra interpréter de différentes façons mais qui est explicité par *cuando comprendió que llegaba su turno* ; l'exploitation de ce fragment pourra souligner l'alternance d'un passé simple de narration et d'un présent qui a pour effet de situer le récit dans la réalité. Processus qui renvoie sans doute à la portée même du conte...

Dans le troisième fragment, *no podía gastar sus fuerzas en ejercicios de compasión* rappelle certaines idées évoquées dans le deuxième ; quant à *era tan tozuda que consiguió atravesar el infierno,* il s'agit d'une phrase qui pourra être utilisée pour une conclusion : au premier degré, la métaphore de l'enfer représente sans doute la traversée du désert qui vient d'être relatée, d'autant que ce désert est écrasé de chaleur ; mais son caractère hyperbolique désigne un ensemble plus vaste, qui est la vie même de Belisa Crepusculario, désert peuplé seulement d'innombrables frères et soeurs...

Le quatrième fragment pourra être étudié en une lecture cursive qui fera expliciter et commenter brièvement les détails du texte soulignés. La stupéfaction de Belisa face à une réponse qui n'a rien que de très banal s'oppose au flegme de l'homme devant l'incroyable ignorance de la jeune fille, en soulignant la relativité de la "normalité". Quant à la phrase *no quiso parecer descarada y se limitó a inquirir...*, son caractère très énigmatique et son discret humour pourront s'expliquer à la lumière de cette même relativité : qu'est-ce que *parecer descarada* pour Belisa ? Et *limitarse a...* sonde les profondeurs de l'ignorance de Belisa en donnant à la misérable feuille de chou une dimension mythique qui va bien au-delà des simples *patitas de mosca* dessinées sur le papier. Le faire découvrir à la classe nécessitera sans doute quelques questions fermées destinées à encadrer rigoureusement le raisonnement :

<u>Professeur</u> : "... se limitó a inquirir el significado de las patitas de mosca dibujadas sobre el papel". "Se limitó", dice el texto. Pero, ¿qué podía haber inquirido?

...

<u>Professeur</u> : En resumidas cuentas, lo que inquirió era lo esencial, ¿no? Entonces, ¿qué nos da a entender esta "limitación"?....

L'explication du cinquième fragment pourra souligner le bon sens mercantile de l'activité de la protagoniste (*comerciar, vender, mercancía*), mais aussi l'humour contenu dans l'adjectif *decente* ; et surtout l'ambivalence de termes comme *comerciar* ou *maña*, qui laisse présager une évolution. Impression confirmée par la fin du passage, avec la découverte du livre annoncée par *... sin sospechar que las palabras podían también escribirse fuera de los periódicos*. Il faudra, évidemment, faire expliquer cette phrase.

Le sixième fragment joue également sur l'ambivalence de la langue - des mots aux *infinitas proyecciones* - pour évoquer, déjà, une évolution de la protagoniste vers des sentiments plus nobles. C'est sans doute ce que signifie la dernière phrase du texte...

La synthèse finale pourrait souligner l'évolution de la protagoniste, de l'indigence du "désert" initial (et en particulier "désert de mots") à la richesse des *palabras sin envasar* aux projections infinies, en passant par le bon sens de l'activité mercantile ; et, bien évidemment, donner au texte sa portée symbolique.

Le travail personnel sur l'ensemble du texte pourrait donner lieu à une leçon dont le sujet serait en prise directe sur la synthèse imaginée : *Contar las tres etapas de la evolución de Belisa Crepusculario, desde la indigencia del "desierto" a la opulencia sugerida al final.*

D'autre part, les brefs commentaires ci-dessus suggèrent quelques exercices écrits simples destinés à faire travailler et approfondir certains faits linguistiques maniés pendant les cours, parmi lesquels l'emploi de la locution *ni siquiera* et l'expression *tocarle a uno hacer algo* :

- ... *en otros no cae ni una gota del cielo.*

Dans la phrase ci-dessus, remplacer le mot souligné par une formule équivalente tirée du texte.

- ... *cuando comprendió que llegaba su turno, decidió echar a andar...*

Dans la phrase ci-dessus, expliciter l'expression soulignée à l'aide d'une formule de sens voisin employée dans le texte (lignes 9-10).

Étant donné les perspectives ouvertes par la fin du texte, l'occasion serait bonne, également, pour demander à la classe de se livrer à un bref exercice de rédaction en imaginant une fin au texte.

Document 3

QUINO, *Déjenme inventar*, Editorial Lumen, 1986

Ce dessin de Quino rappelle évidemment le *se le acortó el vocabulario* du texte d'Isabel Allende qui constitue l'axe de nos trois séquences pédagogiques. Il pourrait être assorti de la reproduction d'un article de "El País" du mois de septembre 1994 sur le débat linguistique en Argentine. Ce texte est trop pauvre pour être étudié, mais sa lecture, à la fin de l'étude du dessin, donnerait à ce dernier une portée concrète qui ne manquerait pas d'intérêt. D'autant plus que Quino est lui-même argentin... Nous reproduisons cet article en annexe à la présente séquence.

Le commentaire s'appuiera sur les détails signifiants que sont :

– l'herbe haute et "sauvage" de la première vignette, qui n'est autre que des mots ou des fragments de phrases. Un examen attentif montre qu'ils sont empruntés à quatre langues, au moins : l'espagnol, l'anglais, le français et l'italien. Cela n'est pas sans rappeler les origines ethniques de la nation argentine. L'étude de ce document sera d'autant plus intéressante si la classe a entendu parler de ces problèmes ;

– le gazon "normalisé" (*alineado, recortado*) de la dernière vignette : texte écrit entièrement en espagnol, mais en un espagnol dont la technicité le rend incompréhensible dans son ensemble. Seules quelques phrases émergent, et prennent même un certain relief à la lumière du dessin lui-même. Ainsi : *la admisión de esa ambigüedad de significado, de la coexistencia inseparable de los sentimientos de atracción y de aversión, es requisito indispensable para cualquier entendimiento* (deuxième colonne) ;

– la transformation de la cabane délabrée des trois premières vignettes, qui va dans le même sens que celle du gazon.

On débouchera sur les implications d'une excessive rationalisation linguistique -c'est-à-dire culturelle-, qui passe par l'exclusion et débouche sur une conscience exacerbée du "chez-soi" : forme civilisée de la sauvagerie aux dangereuses connotations nationalistes...

Ce dessin rappelle donc à la fois le texte de Ganivet (document n° 1 de notre première séquence pédagogique) et celui d'Isabel Allende. Il ne dépareraît aucunement dans notre première séquence et pourrait même, sans nul doute, susciter d'assez nombreux réemplois. On pourra envisager des prolongements possibles sur les problèmes linguistiques et les nationalismes en Espagne.

DOCUMENT ANNEXE

El gobierno argentino aparca el proyecto de ley para la defensa del castellano

El gobierno argentino no enviará al Congreso el proyecto de ley elaborado por la Secretaría de Cultura para preservar el uso del idioma español en todo el país.

El presidente Carlos Menem trató el miércoles 7 de impedir que el debate se extendiera a través de los medios de comunicación al advertir que "ese proyecto debe pasar primero por la Secretaría General antes de que vaya al Parlamento, y no creo que prospere".

El proyecto de ley, de ocho artículos, decía que toda inscripción o anuncio destinado a la información en la vía pública y en los medios de transporte y lugares públicos, debían estar formulados en lengua española. Cuando la naturaleza de la comunicación exigiese, por alguna razón, que se utilicen palabras de un idioma extranjero, deberían acompañarse de la traducción correspondiente. El idioma español también debería ser obligatorio en las emisiones de los mensajes y discursos del Gobierno a través de las cadenas oficiales y se exceptuaba de la imposición sólo a las obras cinematográficas y audiovisuales que se emitiesen en su versión original. El último artículo del proyecto advertía que "la transgresión de las normas que anteceden originan la actuación del poder de policía" y se delegaba en la posterior reglamentación de la ley la forma de control y sanción de los incumplimientos.

Polémica

En sólo tres días de polémica, los argentinos se han enterado de que desde 1989, cuando comenzó la apertura económica, han incorporado unas 400 palabras extranjeras.

Hoy un conjunto de piezas o elementos es un *set*, las tiendas ya no liquidan sino que están en *sale off*, las calcomanías son *stickers* y ante la evidencia de la invasión los ciudadanos no se deprimen sino que están *down*. Para ponerse nuevamente *a full*, de buen ánimo, las mujeres recurren al *lifting*, operaciones de cirugía plástica, y los hombres se entrenan, hacen *training*. El proyecto de ley propone una serie de medidas "para tutelar en su integridad (…) la lengua castellana (…), elemento fundamental de la personalidad y patrimonio cultural de Argentina".

La escritora María Elena Walsh, autora de relatos, poemas y célebre por sus canciones infantiles, no está de acuerdo con la reglamentación de una ley para obligar al uso de un determinado idioma, pero cree que "el proyecto ha sido útil al menos para que la sociedad repare en el uso de su propia lengua y discuta sobre cuáles son las mejores formas de protegerla y enriquecerla".

Carlos ARES, El País, Edición internacional, 12 septembre 1994 (extrait de l'article)

Les premiers cours en classe de quatrième

Les situations de début d'apprentissage se rencontrent dans les classes de grands débutants et en sixième, mais surtout, évidemment, en classe de quatrième. Telle est la raison pour laquelle nous avons choisi cette classe pour proposer, parmi les applications pratiques de la méthode exposée dans la première partie de cet ouvrage, quelques illustrations de ce que peuvent être les premiers contacts avec la langue espagnole. Mais nous n'excluons nullement -bien au contraire- la possibilité de transposer à un autre niveau les techniques et les méthodes que nous évoquerons, en leur faisant subir les adaptations requises par l'âge du public visé.

Les premières heures de cours sont destinées à poser les fondements des apprentissages ultérieurs, c'est-à-dire à amorcer la "boule de neige" qui ira s'étoffant, grossissant, tout au long de l'année et des années scolaires qui suivront. Il est inutile de gloser sur l'importance de cette prise de contact, qui conditionne bien souvent toute une scolarité en espagnol. L'élève y acquiert en effet ses premières connaissances, qui sont et resteront fondamentales ; mais il prend surtout contact avec une méthode, très différente de celles auxquelles il a été confronté jusque là, et il importe qu'il s'y adapte progressivement et, si possible, rapidement. C'est le début de la formation de la classe, dont nous avons parlé au chapitre XI. C'est dans ces premières heures de cours, et dans les travaux personnels auxquels elles donneront lieu, que la classe prendra des habitudes. Et il est très important que celles-ci soient bonnes...

Il s'agit d'autre part d'un moment privilégié : s'il est vrai que le choix de la langue a pu s'opérer selon des critères qui débordent assez largement des goûts et des intérêts de l'enfant, celui-ci n'en arrive pas moins au premier cours animé d'une curiosité, voire d'un enthousiasme, qui le rend disponible et très perméable à l'enseignement. Du reste, celui qui lui sera dispensé au cours des premières semaines restera très souvent à jamais gravé dans sa mémoire. Il appartient au professeur de profiter au maximum de telles circonstances, en étant conscient d'une chose : ces circonstances seront sans doute éphémères, du moins pour une partie de la classe, mais elles dureront d'autant plus que le professeur aura su mieux les utiliser. Tant il est vrai que les progrès suscitent et soutiennent l'intérêt.

Il appartient donc au professeur d'utiliser au mieux l'atout que sont ces circonstances, en fournissant d'emblée à la classe les bases solides dont elle a besoin pour élever, dans les semaines et les mois à venir, l'édifice de son apprentissage. Et ces bases, comme toujours, se situent à deux niveaux, scientifique et méthodologique : au niveau de l'apprentissage de la langue et à celui de la formation de la classe.

Les premiers apprentissages scientifiques

Les premières heures de cours seront consacrées aux apprentissages de base : acquisition du premier vocabulaire, maniement des verbes *ser, estar, saber, tener,* etc., de façon à donner à la classe les moyens de quelques situations élémentaires : désignation d'un objet (*ser*), situation dans l'espace et le temps (*estar*), expression de l'heure, etc. Le professeur pourra, peu ou prou, suivre la progression proposée par les premiers chapitres du manuel, pris dans l'ordre. Il lui faudra allier deux exigences essentielles : la simplicité et la rigueur. La première s'impose naturellement du fait que nous sommes au "degré zéro", ou presque, et qu'il ne sert à rien de vouloir brûler les étapes. La classe aura besoin de choses compréhensibles pour elle, et son expression sera forcément élémentaire. Quant à l'exigence de rigueur, si elle est toujours nécessaire, elle l'est encore davantage ici, à un moment où l'élève a besoin, pour progresser, de s'appuyer sur des bases solides, saines et univoques. A ces deux exigences, s'ajoute une troisième qui découle de la première : la diversité des documents et des exercices, rempart contre la lassitude et l'ennui, gage d'intérêt, et donc de qualité d'apprentissage. Simplicité, rigueur, diversité : ce sont là autant de qualités des premiers chapitres des manuels de quatrième, qui justifient que l'on ait assez fréquemment recours -une fois n'est pas coutume - à des documents non authentiques, fabriqués en vue d'objectifs précis.

Il est souhaitable que l'accès à la langue étrangère s'opère par des moyens exclusivement audio-oraux : le discours du professeur et des enregistrements que l'on fera écouter à la classe. Il serait aberrant, en effet, de prétendre faire lire les élèves avant qu'ils aient eu accès à la prononciation et au maniement du vocabulaire et des sonorités étrangères. Les toutes premières heures de cours s'assigneront donc un objectif d'imprégnation par l'audition et le maniement. Celui-ci, dans un premier temps, sera essentiellement imitatif et très artificiel : on maniera les verbes *ser, llamarse,* etc., en utilisant la situation de chaque élève. Une telle "communication" ne sera soutenue que par l'intérêt de la découverte de la langue, le jeu des questions-réponses n'ayant d'autre but que leur propre formulation : il s'agit de "parler pour parler", et non pour communiquer.

De tels échanges, s'ils sont inévitables pour asseoir des bases (lexicales, prononciation, intégration et maîtrise de certaines formules, accentuation, intonation, etc.), s'avéreront très vite lassants. C'est pourquoi le professeur ne saurait s'en contenter, et il devra impérativement et très rapidement -dès la première heure de cours - y ajouter des ingrédients susceptibles de les pimenter. Ces ingrédients sont, évidemment, ce qui manque à cette communication : le naturel, la créativité et la variété.

Certaines situations pourront fournir de bonnes occasions d'ajouter du naturel aux premiers échanges : peut-être y aura-t-il dans la classe quelque élève venant de l'extérieur ; ou l'effectif sera composé d'élèves appartenant à plusieurs classes. La présentation des élèves pourra alors se dérouler de façon relativement naturelle, comme préalable aux futurs travaux de classe, où la connaissance mutuelle sera une condition importante de la bonne communication.

Si les conditions de la créativité -qui implique que l'on dépasse le stade de la simple répétition d'une question ou d'une réponse- ne sont guère réunies lors des tout premiers échanges, elles ne tarderont pas à l'être dès que la classe possédera un volume de connaissances suffisant pour permettre une certaine variété dans leur utilisation. Cela sera possible dès les premières heures de cours.

Variété : c'est peut-être là le maître mot pour les premières heures de cours de quatrième. Car c'est bien dans la variété que se trouvent réunies les conditions des deux premiers "ingrédients" recherchés : le naturel et la créativité. C'est en dépassant très vite le stade des questions-réponses artificielles que l'on mettra la classe dans des situations plus naturelles et qu'elle sera en mesure d'utiliser différemment ses connaissances. Cette variété va de soi, du reste : il est difficile d'imaginer une heure entière de cours passée au jeu monotone de la question *y tú, ¿quién eres?* et à l'invariable réponse *yo soy...*, même si cette question varie quelque peu au cours de l'heure. Les manuels, nous l'avons dit, proposent d'autres exercices pour une même heure de cours : le commentaire succinct d'une ou plusieurs photos, images, courts textes ou autres documents authentiques permettra aux élèves une autre application des connaissances tout en les initiant, d'emblée, à ce qui constituera, plus tard, l'essentiel de l'activité de classe : le commentaire de ce type de documents par le réemploi de la langue mémorisée. C'est donc, encore une fois, à un double apprentissage que l'on se livre ici, dès le premier accès à la langue : un apprentissage scientifique, avec l'appréhension d'un matériau linguistique ; et un apprentissage méthodologique, avec l'application immédiate des acquisitions par le réemploi. Inutile de souligner l'importance de cette pratique, dans la perspective des acquisitions ultérieures... Il s'agit, ni plus ni moins, de faire comprendre intuitivement aux élèves que l'on ne peut s'exprimer en espagnol qu'en réemployant ce que l'on connaît.

Le professeur pourra imaginer d'autres situations permettant ces premiers réemplois. Parmi elles, les situations ludiques peuvent prendre une place de choix : dans le désir de gagner, ou de trouver, la nécessité de réemployer la langue est naturelle. Il sera inutile d'imaginer des jeux très élaborés. L'intérêt et la bonne volonté de la classe suppléeront au simplisme, et un jeu de devinettes, par exemple, pourra s'avérer intéressant et efficace. Au professeur d'en imaginer les règles, et de les compliquer éventuellement au fil des cours si cette activité est récurrente (une récurrence trop régulière n'est pas souhaitable, car on ne tarderait pas à tomber dans la routine) : le jeu pourra consister à faire deviner à la classe *en quién pienso*, qui pourra évoluer dans le sens de *en quién estoy pensando* ou *¿en qué estará pensando Fulano?* en suivant la progression des acquisitions. Les questions, très simples au début (*¿es un chico? ¿es una chica? ¿es una chica rubia? ¿es una chica de la clase de español? ¿está a la derecha?, etc.*), s'étofferont peu à peu en intégrant les connaissances nouvelles. Quant aux réponses, on demandera évidemment à l'élève interrogé de les étoffer en formulant chaque fois une phrase complète : *No, no es una chica de la clase de español,* etc.

La fin des premières heures de cours pourra enfin être consacrée à l'apprentissage de la lecture, c'est-à-dire de la prononciation, de l'intonation et de l'accentuation. Après une quarantaine de minutes passées à manier la langue, c'est-à-dire à la prononcer sans le moindre texte écrit sous les yeux, les conditions sont optimales pour un premier accès à l'écrit. L'élève a encore en mémoire la prononciation qu'il doit "superposer" aux phrases qu'il a sous les yeux. Le professeur exigera la meilleure restitution possible, en tenant compte, bien évidemment, des possibilités et incapacités de chaque élève : certains seront peut-être incapables de "rouler" les r, d'autres buteront sur la prononciation du s, etc. On sera le plus exigeant possible, mais en restant dans les limites du possible, et sans froisser les suceptibilités. Ce sera sans doute un moment privilégié de formation de la classe, au cours duquel on fera améliorer, corriger, en expliquant au besoin que c'est dans cette collaboration constante entre les membres du groupe classe que se situent les progrès individuels, de chaque élève à son niveau. Il est inutile de préciser que tous ces exercices initiaux (maniement de la langue, prononciation, lecture) sont véritablement fondamentaux : un élève à qui l'on aura appris à bien prononcer, à bien lire, prononcera et lira bien durant toute sa scolarité. Or, les premières heures de cours de quatrième fournissent des conditions idéales pour ces apprentissages de base : le professeur dispose de plus de temps qu'il n'en aura par la suite, et la bonne volonté de la classe est en général sans faille.

En ce qui concerne le contenu proprement dit des premiers apprentissages, il paraît judicieux de donner à la classe les moyens de dépasser rapidement le stade de formulation d'une phrase trop simpliste, dont elle ne saurait se contenter longtemps. On introduira assez tôt des formules simples exprimant l'opposition (*mientras que*), la comparaison (*como, tan... como..., más... que..., menos... que...*), la déduction (*por eso podemos pensar que..., por lo tanto pienso que...*), etc. ; ou permettant de nuancer l'expression pour formuler une opinion personnelle (*yo creo que..., a mí me parece que..., a mi parecer, ...*), une conjecture (*imagino que..., me figuro que...*), une réaction, un sentiment (*a mí me extraña..., me sorprende..., me llama la atención...*), etc. Autrement dit, on donnera à la classe du matériel linguistique propre à lui permettre d'exprimer une pensée simple mais complète. Cela sera évidemment précieux dès que l'on abordera le commentaire, même succinct, de documents authentiques.

Cette panoplie d'expressions sera complétée par des formules destinées à permettre, progressivement, une adaptation à toutes les situations générées par le déroulement du cours. La première de ces expressions sera, évidemment, la traditionnelle question *¿cómo se dice...?*, que l'on pourra formuler de différentes façons. Cette question, répétons-le, ne saurait constituer une clef passe-partout dispensant la classe du travail de réflexion et de remémoration indispensable à l'expression personnelle. Mais elle sera précieuse, ponctuellement, et notamment lors de cette première phase d'apprentissage, en permettant à l'élève d'exprimer une pensée en dépit des nombreux obstacles d'ignorance lexicale qui se dressent sur le chemin de sa formulation. Au gré des nécessités et des situations créées par le cours, on pourra fournir également des formules destinées à contredire une opinion, ou, au contraire, à abonder dans son sens (*[no] estoy de acuerdo contigo..., [no] estoy conforme con...*) ; à compléter une phrase ou une idée (*puedo completar... diciendo que..., añadiré que...*) ; à renouer avec le fil d'une idée exprimée il y a quelque temps (*volviendo a lo que dijimos..., para completar lo que decía X, ...*) ; etc. Pour une liste plus fournie de ces expressions possibles, on pourra se référer à notre commentaire du script qui constitue la première section de la deuxième partie du présent ouvrage. Mais on pourra aussi, et surtout, en imaginer de nouvelles ou, mieux encore, en faire imaginer de nouvelles par la classe en suscitant le réemploi de matériel linguistique acquis. Cela sera de plus en plus facile, évidemment, à mesure que les acquisitions s'étofferont et s'enrichiront.

Tout ce matériel sera fourni progressivement, à la demande ou en fonction des nécessités qui se feront jour dans les activités de classe. On lui consacrera les premières pages du cahier personnel de l'élève, qui, peu à peu, se rempliront : dans un premier temps, on y fera rajouter telle ou telle nouvelle expression que l'on aura maniée pendant le cours ; puis celles que l'on trouvera dans les textes étudiés, ou celles que l'on composera, éventuellement, à l'aide de la langue des textes. On les fera mémoriser et on suscitera leur réemploi afin de donner à la classe des réflexes, tant dans son expression que dans son attitude, qui lui permettront de réagir naturellement et spontanément face aux différentes situations qui se présenteront.

Ces acquisitions, à la fois méthodologiques et scientifiques, viendront compléter les connaissances de base, grammaticales et lexicales, qui constitueront le but premier des cours : vocabulaire utilisé dans les activités de classe, conjugaisons, etc., qui seront mémorisés grâce au travail personnel des élèves. Le travail sur les temps des verbes nous semble digne d'un intérêt particulier.

Durant les premières heures de cours, l'expression des élèves se fera au présent. Il s'agira en effet de manier les verbes de base -*ser, estar, saber, tener,* etc.- en utilisant, comme nous l'avons déjà évoqué, la situation personnelle des élèves et les documents susceptibles de susciter un réemploi plus naturel des acquisitions. Mais une telle "situation", cantonnée dans les étroites limites du présent, s'avérera sans doute assez vite étriquée et inconfortable. Une "situation" temporelle authentique implique que l'on ait le futur et, surtout, le passé comme points de référence. Aussi évitera-t-on de trop tarder pour donner à la classe les moyens de se "situer" véritablement en maniant d'autres temps que le présent de l'indicatif. Ici encore, il ne s'agit pas de brûler les étapes et de tomber dans la confusion. Mais l'accès ponctuel à des formes verbales telles que *quisiera*, par exemple, qui permet d'exprimer un souhait, tient davantage du lexique que de la grammaire à ce niveau d'apprentissage, et l'on pourra sans doute l'introduire assez tôt. On pourra, par exemple, donner ou suggérer la formule *quisiera decir...* comme substitut de la traditionnelle question *¿cómo se dice...?*. L'idéal étant que cette introduction se fasse en application-réemploi, éventuellement guidée ou suggérée par le professeur à la suite de l'exploitation d'un texte où on l'aura rencontrée. Mais pourquoi ne pas la donner, tout simplement, au lieu de *¿cómo se dice...?* Au professeur de juger de l'intérêt respectif de l'une et l'autre formule, ou d'autres encore...

Car l'on pourrait multiplier les exemples de formules idiomatiques, composées sur la base d'une forme verbale, et susceptibles d'être fournies très tôt à la classe, après seulement quelques heures de cours. Au lieu de *como*, on pourra donner *como si fuera...* et peut-être, au détour d'un cours, déboucher sur *como si quisiera* si cette dernière forme verbale est connue ; des formules au passé simple ou au passé composé, telles que *dijimos, notamos, vimos, estudiamos* ou *hemos dicho, he comprendido, no he oído,* etc., sont aussi très faciles à réutiliser ; peut-être pourra-t-on penser également à certaines expressions au conditionnel (*me gustaría..., podría [¿cómo podría decir...?]*). Il ne s'agit évidemment pas -surtout pas !- de "faire un cours" sur ces temps, mais de fournir ces formules à la demande, ou lorsque le besoin s'en fait sentir, et de les faire mémoriser pour que la classe soit capable de les réemployer telles quelles. Dans leur acquisition et leur réemploi, ces formules s'assimilent alors au lexique. L'intérêt de les introduire très tôt est confirmé par la constatation des traces pratiquement indélébiles que laissent dans la mémoire des élèves les premières acquisitions. Cela vaut pour de telles formules, mais également pour toutes celles -pas forcément basées sur une forme verbale- que le professeur jugera important de donner. Que l'on pense à tout le parti que l'on peut en tirer. Cela confirme, s'il en était besoin, l'importance des premiers apprentissages.

Dans ce processus de diversification des formes verbales disponibles, l'accès au gérondif, par le biais de la forme progressive (après le verbe *estar*) est possible dès que la classe a pris conscience des trois formes d'infinitif (en *-ar, -er* et *-ir*). Les manuels de quatrième le proposent du reste, à juste titre, dès les premières leçons. Lorsque la classe manie convenablement le présent de l'indicatif, on pourra lui faire entrevoir la formation du présent du subjonctif. Cela est assez facile après *quiere que...* ou *para que....* Le futur de conjecture est aussi accessible. Mais l'imparfait de l'indicatif nous semble revêtir une importance particulière. D'une part parce que la référence au passé, à partir du présent, est une situation qui se présente de façon très fréquente ; et, d'autre part, parce que le maniement de l'imparfait, assorti de quelques formules au passé simple telles que *dijimos, notamos,* etc., permettra d'introduire une "situation" que l'on ne cessera d'exploiter par la suite : la situation par rapport à un document vu antérieurement, et notamment celui que l'on a étudié durant la dernière heure de cours. On aura compris qu'il s'agit d'introduire la "leçon", ou contrôle des acquisitions récentes.

Facile à utiliser, l'imparfait de l'indicatif est, de surcroît, un temps facile à appréhender : le mécanisme de sa formation est des plus simples, et ce d'autant plus que le nombre de formes irrégulières est extrêmement réduit. Autant de raisons qui plaident pour un accès rapide des jeunes élèves à ce temps.

Le premier contact avec l'imparfait de l'indicatif pourra avoir lieu dès les toutes premières heures de cours, par le biais de l'une des formes irrégulières celle du verbe *ser* et au moyen d'un "rituel" dont les jeunes élèves de quatrième sont la plupart du temps friands et qu'il sera possible d'introduire dès le début de l'année scolaire. Il s'agira, au début de chaque cours, de procéder à un bref rappel du cours antérieur. Celui-ci, qui n'aura pas grand-chose à voir, encore, avec les leçons ultérieures, sera introduit de la façon la plus naturelle possible, par le biais de la date, par exemple. On habituera peu à peu les élèves à formuler clairement la date "d'aujourdhui" : *Hoy es... (martes a veinticinco de septiembre)*, que l'on prolongera par un rappel de la date du cours précédent : *Y la clase pasada era... (el viernes pasado, veintiuno de septiembre)*. On pourra même en profiter pour introduire quelques passés simples : *Y ¿qué vimos (estudiamos) en la clase del viernes pasado?*...Systématique en début de cours, du moins pendant les premières semaines de l'année, ce bref rappel habituera ainsi progressivement les élèves à manier quelques formes du passé naturellement, en situation. On pourra compliquer quelque peu le rituel : faire inscrire à tour de rôle la date au tableau en posant la question *¿a quién le toca hoy escribir la fecha en la pizarra?* Réponse attendue : *Hoy me toca a mí escribir...* ou *hoy le toca a X escribir....* Ainsi seront posées les bases d'une progression ultérieure. Car c'est bien de cela - poser des bases - qu'il s'agit dans ces premières heures de cours...

La véritable introduction de l'imparfait se fera un peu plus tard, lorsque la classe aura manié au présent les trois conjugaisons régulières. On pourra alors envisager l'utilisation d'un court texte à l'imparfait, tel que le poème suivant de José Agustín Goytisolo, mis en musique par Paco Ibáñez :

El Lobito bueno

Il était une fois	Érase una vez
	un lobito bueno
Verbe "maltratar"	al que maltrataban
	todos los corderos.
Verbe "haber" : Hay = il y a	Y había también
	un príncipe malo,
	una bruja hermosa
	y un pirata honrado.

		Todas estas cosas
Verbe	"soñar"=	había una vez,
rêver		cuando yo <u>soñaba</u>
		un mundo al revés.

© José Agustín GOYTISOLO, *Palabras para Julia y otras canciones*, Laia Literatura, Barcelone, 1980

Ce court poème-chanson bien connu présente plusieurs avantages : il réunit un échantillon relativement complet de formes d'imparfait de l'indicatif, puisque outre la forme *érase*, on y trouve deux formes de la première conjugaison (*maltrataban* et *soñaba*) et une forme, répétée, de la deuxième (*había*) ; pour le reste, si les termes nouveaux sont relativement nombreux, la structure des phrases est simple, excepté les deux derniers vers de la première strophe, où l'inversion verbe-sujet et l'emploi de la préposition *a* dans le relatif *al que* peuvent poser un petit problème dans un premier temps. Le sens de ces vers deviendra clair dès que la classe aura compris comment fonctionne ce "monde à l'envers" que décrit J.A. Goytisolo, et l'exploitation du texte ne manquera pas de le faire élucider. Ce document nous semble donc pouvoir être exploité sans trop de difficultés au bout de quelques heures de cours.

Nous parlons "d'exploitation" du texte, et non "d'étude", "d'explication" ou de "commentaire", car à ce niveau de l'année on ne saurait être trop exigeant. L'objectif sera de faire manier les imparfaits de l'indicatif pour commencer à en faire appréhender la formation. On aboutira néanmoins à un résultat qui constituera sans doute plus qu'un simple embryon d'explication, en utilisant des techniques proches de celles qui seront employées lors des études de textes ultérieures. Et c'est en cela que réside sans doute l'intérêt majeur de ce poème : en alliant la simplicité et la richesse, il permet une exploitation précoce et une initiation de la classe, dès les premières heures de cours, à une démarche d'appropriation de la langue qui sera la leur durant toute leur scolarité.

QUELQUES PISTES POSSIBLES POUR UNE EXPLOITATION DU POÈME

1 - Comment aborder le document ?

Nous proposons la présentation ci-dessus, en indiquant, en marge les infinitifs des verbes, afin que la classe garde des éléments précis susceptibles de lui permettre, dans son travail personnel, et aussi par la suite, de reconstituer la formation de l'imparfait. Nous ne traduirions pas d'autre mot pour habituer les élèves à une démarche d'appréhension du sens du texte qui consiste non à retenir un terme hors de son contexte -démarche qu'induirait la traduction, en marge, de tout le vocabulaire nouveau-, mais à appréhender le mot dans la phrase, en comprenant celle-ci grâce à l'explication du terme difficile effectuée par le professeur. Les choses pourront être différentes par la suite, lorsque la classe sera déjà habituée à cette démarche qui, de surcroît, facilite la mémorisation du lexique : il est plus facile de retenir une idée qu'un mot, le sens d'une phrase que celui d'un de ses éléments et celui-ci sera, la plupart du temps, facilement déduit si l'on a compris le contexte.

Sauf à avoir préparé la classe, auparavant, par l'introduction du vocabulaire nouveau, ce qui semble difficile en aussi peu de temps compte tenu du caractère disparate dudit vocabulaire, il ne servirait à rien d'aborder le texte de façon audio-orale, "à livres fermés" : la classe ne serait pas en mesure de comprendre grand-chose. On distribuera donc le poème aux élèves dès le début du cours, et on procèdera à l'élucidation du vocabulaire nouveau au fil de la première lecture. On expliquera ainsi *lobito* (*lobo* - loup - *pequeño*), *corderos*, *príncipe*, *bruja*, *honrado*, *al revés* et, peut-être, *hermosa*. On fera attention également au démonstratif *estas*, qui ne sera pas forcément connu de la classe à cette période de l'année scolaire. Après cette première lecture hachée par l'élucidation des mots nouveaux, on pourra relire le texte en une lecture fluide, plus apte à favoriser la compréhension.

2 - Quelques exploitations possibles

– **Cuando el poeta soñaba un mundo al revés, imaginaba que** había (existía) un lobito que era bueno, etc.

– El poeta (autor) **soñaba un mundo al revés** cuando... era niño y su madre (su padre) le contaba cuentos que hablaban de un lobo grande y malo, un príncipe bueno, una bruja fea y un pirata que siempre robaba a los buenos...

El poeta **soñaba un mundo al revés** porque... no le gustaba su mundo, ni el de los cuentos, en el que siempre los lobos son grandes, negros y malos, los príncipes buenos, las brujas feas... Cuando era niño, al autor le gustaba imaginar un mundo diferente, en el que...

El poeta **soñaba un mundo al revés** donde... el lobo no era un lobo grande, negro y malo, como en todos los cuentos, sino un lobito pequeño, bueno y amable ; **en el mundo al revés que soñaba**, los príncipes no eran siempre buenos, sino malos ; etc. Podemos imaginar que el lobito que soñaba el autor no era negro, sino blanco... ¡o color de rosa!

– **En el mundo que soñaba el autor**, el lobito era bueno, **mientras que** en los cuentos que los padres cuentan a los niños, el lobo es... ; el príncipe era malo, **mientras que**... ; etc.

En el mundo que soñaba el autor, los corderos eran malos porque maltrataban al lobito bueno ; **mientras que** en los cuentos los lobos se comen los corderos.

– **Cuando era niño, el poeta soñaba un mundo al revés** porque le parecía que todo era posible y le gustaba imaginar un mundo diferente ; **mientras que** ya es mayor y no sueña un mundo al revés porque sabe que no puede existir...

– **Cuando era niño, yo también** soñaba.... ; pero ahora...

Cuando era niño, a mí también me gustaba... ; pero...

Ces phrases expriment des idées qu'il sera sans doute possible de faire formuler à partir du texte. La forme -ou une forme similaire- devrait également être possible au bout de quelques heures de cours de quatrième, du moins avec une classe de bon ou assez bon niveau. Mais il s'agit, encore une fois, d'un résultat final, que l'on n'obtiendra qu'après force tâtonnements, notamment sur les formes verbales. Le professeur interviendra forcément pour faire appréhender la formation de l'imparfait à la lumière des imparfaits du texte.

3 - Lecture

"L'explication" ci-dessus débouchera naturellement sur une lecture du texte, à haute voix, par les élèves. On fera travailler la prononciation, l'accentuation et l'intonation. Puis on pourra faire écouter la chanson interprétée par Paco Ibáñez, et on la chantera ensemble.

4 - Travail personnel

• **Écrit**

On pourra demander à la classe de compléter une phrase sur le texte, dans le prolongement du cours : Cuando...., el autor soñaba un mundo en el que............. ; mientras que en los cuentos que los padres cuentan a los niños.........

On demandera également à la classe d'imaginer une strophe supplémentaire, en utilisant le vocabulaire appris depuis le début de l'année. Ce travail pourra être individuel ou collectif (par groupes de deux ou trois élèves) s'il y a un laps de temps assez long entre ce cours et le prochain.

• **Oral**

On pourra demander de savoir rappeler l'essentiel du texte en utilisant les amorces données à compléter à l'écrit.

On demandera d'apprendre le texte par cœur en faisant bien attention à la prononciation, à l'intonation et à l'accentuation tonique.

- Une partie du cours suivant sera consacrée à la récitation du texte et à la lecture, par les élèves, des strophes qu'ils auront imaginées. Puis on pourra les faire noter, toutes ou seulement celles que les élèves auront désignées comme étant les meilleures, sur le cahier d'espagnol. On les fera lire et chanter.

5 - Prolongements

Ce travail sur l'imparfait trouvera des prolongements naturels dans les leçons, que l'on pourra désormais systématiser en début de cours, en habituant ainsi la classe à fournir régulièrement un travail personnel. Ce sera d'autre part un tremplin pour l'introduction du passé simple, qui aura peut-être déjà été abordé, comme nous le suggérons, mais pourra être appréhendé de façon plus méthodique dans quelques semaines.

La première formation méthodologique

La formation de la classe en début de quatrième ne diffère pas fondamentalement de ce qu'elle sera par la suite. Elle revêt simplement une importance particulière parce qu'elle va conditionner en grande partie les futurs apprentissages de l'élève, et aussi, répétons-le, parce que les circonstances sont particulièrement favorables et qu'il convient d'en profiter. Avec tact et sans brûler les étapes, de façon progressive et naturelle, dans la compréhension de l'élève mais aussi dans la rigueur. Cette formation est souvent indissociable de l'accès à la langue elle-même, et une grande partie de l'apprentissage scientifique évoqué ci-dessus va de pair avec une formation méthodologique.

Nous n'allons pas répéter ici les idées que nous avons exprimées au chapitre XI de la première partie du présent ouvrage, auquel nous renvoyons nos lecteurs. Nous nous attacherons seulement à préciser un ou deux points qui nous paraissent particulièrement importants.

L'adaptation de la classe devra se faire à tous les niveaux d'activités et de travail. Dans les activités de classe, il faudra essentiellement faire comprendre ce qu'est la participation en cours d'espagnol, indiquer que cette participation doit être à la fois libre et ordonnée : libre dans la mesure où chacun doit pouvoir s'exprimer, face à un document donné, hors du carcan traditionnel des questions du professeur - réponses de l'élève, c'est-à-dire en exprimant une réaction personnelle face au document. Et cette réaction peut être multiforme : cela peut être une réponse à une question ; mais cela peut être aussi une question, ou une impression, l'expression d'un désaccord, d'un sentiment, d'un souhait... L'essentiel et l'idéal sera d'être naturel : dire qu'on n'a pas compris quand on n'a pas compris, qu'on n'a pas entendu lorsqu'un camarade n'a pas parlé assez fort, etc. En sachant que certains seront plus "forts" que d'autres, mais que l'essentiel sera que chacun progresse à son rythme et à partir de son niveau.

La participation sera ordonnée dans la discipline collective et l'écoute des autres, conditions d'une véritable communication ; mais aussi dans la langue utilisée : progresser, en langue, passe forcément -par définition- par le souci de réutiliser les acquisitions.

Pour que celles-ci soient effectives, il faudra impérativement un travail appliqué et régulier.

Cette formation se fera d'abord et avant tout "sur le tas", dans les activités de classe elles-mêmes et, surtout, dans la langue que l'on fera apprendre. C'est là un point qui nous semble particulièrement important pour l'orientation de la participation de la classe. Il est en effet inutile, du moins dans un premier temps, d'expliquer que l'expression passe par le réemploi. Celui-ci se fait naturellement. Il suffira alors de susciter des réemplois qui impliquent un comportement pour que celui-ci soit effectif. D'où l'importance, en début d'apprentissage, de formules comme *quisiera..., me parece..., me figuro que..., me gustaría..., a mí me extraña...*, etc., formules qui introduisent l'expression d'un souhait, d'une impression personnelle ou d'un sentiment... En les réutilisant, la classe va donc, naturellement, exprimer un souhait, une impression, un sentiment. Et elle n'attendra pas les questions du professeur pour le faire. On pourrait dire la même chose à propos des formules que nous avons maintes fois évoquées dans cet ouvrage à partir de l'analyse du film dont nous publions le script (page 113). Des expressions telles *que puedo completar la frase de X diciendo que..., añadiré que..., para volver a lo que dijo X...*, etc., sont intéressantes pour la langue qu'elles mettent en jeu, mais aussi et surtout pour les attitudes qui les sous-tendent : écoute des camarades, adaptation constante à l'évolution des débats, etc. En même temps qu'il exprime une idée, l'élève qui les utilise manifeste que ces attitudes sont les siennes. Ainsi sont intimement liées attitude et participation. C'est là, à n'en pas douter, un idéal.

Dans son désir de susciter des comportements, le professeur veillera néanmoins à ne pas aller trop loin en abreuvant la classe de formules. Il ne s'agit pas de tout vouloir d'un coup, mais, dans ces premières semaines de cours, de poser des bases orientant le travail de la classe. Ces bases s'étofferont, se compléteront, se nuanceront peu à peu, en fonction des besoins et de la langue à laquelle on accédera par l'étude des textes.

L'évaluation et, surtout, son commentaire, viendront parachever ce travail de formation. L'évaluation de l'oral nous semble, de ce point de vue, particulièrement importante, dans la mesure où elle peut intégrer, en tant que critères, pratiquement toutes les facettes du travail de l'élève : depuis son travail personnel, et notamment l'apprentissage des leçons -facile à évaluer pour le professeur à travers la quantité, la régularité et la qualité des restitutions- jusqu'à la participation aux travaux de classe, dont la qualité dépend, en grande partie, du travail personnel, en passant par des critères tels que l'attention ou l'attitude vis-à-vis des camarades... Comme nous l'avons suggéré au chapitre X de la première partie, l'explication-commentaire des notes attribuées, en mettant le doigt sur les lacunes et les failles du travail de chacun, est propre à induire les infléchissements nécessaires. Ce sera également une occasion, pour le professeur, de dialoguer de temps en temps avec le groupe classe en général et donc d'expliquer, de corriger et de fixer des objectifs, individuels et collectifs.

Il va sans dire que toutes les modalités pratiques que nous avons décrites dans les pages ci-dessus ne sont que des suggestions, parmi de nombreuses autres possibles, destinées à illustrer une démarche pédagogique qui nous apparaît, elle, fondamentale. Cette démarche prend un relief et une importance particuliers en début d'apprentissage, et c'est une des raisons qui nous ont incités à présenter ces quelques illustrations sur ce que peuvent être les premiers cours de quatrième. Mais elle n'est qu'un aspect, à un moment déterminé, de la méthode d'enseignement de l'espagnol en général, telle que nous l'avons décrite depuis la première page du présent ouvrage. Comme la méthode en général, cette démarche vise à allier les différentes facettes de l'apprentissage dans le maximum de naturel et d'efficacité.

Crédit photographique :

- Francisco de Goya, *Partida de caza*, Museo del Prado, Madrid
- Photo de couverture : ARCADIA - Fabrice Rambert, pour *Votre Maison*, Paris

Réimpression
Imprimé en France
Gin Impressions 44240 La Chapelle-sur-Erdre

juin 2002

Dépôt légal : 1er trimestre 1996